萧红传

赵京龙 著

河南文艺出版社

· 郑州 ·

图书在版编目(CIP)数据

萧红传／赵京龙著. --郑州:河南文艺出版社,
2021.8

ISBN 978-7-5559-1188-3

Ⅰ.①萧…　Ⅱ.①赵…　Ⅲ.①萧红（1911—
1942）-传记　Ⅳ.①K825.6

中国版本图书馆 CIP 数据核字(2021)第 127341 号

策　　划	李勇军
责任编辑	张　阳　张馨月
书籍设计	小　花
责任校对	殷现堂
书名题字	冯　杰

出版发行	河南文艺出版社
本社地址	郑州市郑东新区祥盛街 27 号 C 座 5 楼
承印单位	河南匠心印刷有限公司
经销单位	新华书店
纸张规格	890 毫米×1240 毫米　1/32
印　　张	9.25
字　　数	192 000
版　　次	2021 年 8 月第 1 版
印　　次	2021 年 8 月第 1 次印刷
定　　价	35.00 元

目录

童年

少女

成长

情殇

童年

双亲不亲

1911年农历五月初五,萧红出生在黑龙江省南部、松花江北岸的一个小县城——呼兰县(今哈尔滨市呼兰区)。这是一个特殊的年代,清朝行将土崩瓦解,一场旨在推翻封建帝制、建立共和政体的伟大革命——辛亥革命即将爆发。加上出生这天恰逢端午节,是伟大诗人屈原投江的日子,这些似乎都注定了萧红坎坷的一生。

萧红本姓张,名廼莹,"萧红"是她后来发表小说《生死场》时的笔名。萧红祖上本来是在山东生活的,后来流落到了黑龙江阿城。张家刚到阿城的时候,一无所有,经过几代人的奋斗,终于成了远近闻名的地主,声望和财富随之而来。

早先,张家还过着贵族一样的生活,衣食无忧,家境富足。然而,流光易逝,到了萧红的爷爷张维祯这一代,家道中落,张家的底子渐渐薄了。后来分家,张维祯分得了一些土地和房屋,随后他就离开了这个大家族发迹的地方,迁到了呼兰。张维祯是读书人出身,性情散漫,家务事全部交给妻子打理,后来过继了一个儿子,名为张选三,家里的事就慢慢交到了儿子手中。张选三就是萧红的父亲,萧红的苦难从他开始。

在萧红的记忆中，父亲总是冷冷的。她曾经在作品中这样写道："父亲常常为着贪婪而失掉了人性。他对待仆人，对待自己的儿女，以及对待我的祖父都是同样的吝啬而疏远，甚至于无情。"一个内心柔软的女人，必然是失望至极才会说出这样无情的话。也许她这样书写的时候，内心也是极度复杂的。

张选三在黑龙江省立优级师范学堂学习，被授予"师范科举人"，毕业后进入政府部门工作，历任汤原县农业学堂教员、呼兰农工两级小学校长、呼兰县教育局长、巴彦县教育局督学、黑龙江省教育厅秘书等职。他给同事的印象是谦谦君子，可是对萧红来说，他却是个魔鬼。萧红在父亲身上没有感受到如山的父爱，没有感受到一丝温情。

萧红的父亲是一个表面上文质彬彬，实际上贪婪而又冷酷无情的人，他对萧红管教非常严格，经常会打骂她。关于这一点，萧红的文章中也常有提及。这对父女的关系并不好，甚至一度达到了水火不相容的地步，再加上幼时无意中听到家里的老厨子说过一句"苦命的孩儿啊，没有了亲妈，爹也不是亲爹"，萧红一度怀疑自己和弟弟不是父亲的亲生子女。

后来萧红的弟弟张秀珂将这一怀疑告诉了萧军，萧军又将这怀疑公之于众，引起了学者们的广泛关注。不过后来据萧红的邻居回忆，萧红的父母感情很好，结婚三年后有了萧红，并且萧红小时候深得祖父张维祯的喜爱，因此，萧红和弟弟应该就是张选三的亲生儿女。而父亲之所以对萧红冷淡，甚至宣布与其脱离父女关系，将其从宗谱除名，是因为萧红的一些行为，诸如逃婚、与未婚夫同居等,已经大大超出了当时人们的接受底线,更不要提张选三还是一位刻板严肃的教育者,他更不能接受女儿这些大胆而出格的举动,对女儿很是失望。

然而到了晚年,张选三却时常到图书馆找女儿的作品来看,和老朋友聊天时也常常说起萧红儿时的事,可见他的心里还是记挂着女儿的。这份转变也被萧红看在眼里,她在《小城三月》里描述父亲时,说他是一位"开明人士",可见这时父女二人已经化解矛盾,互相牵挂了。只是可惜了中间数年,二人都未能好好享受这段父女缘分。

萧红出生这天,恰逢农历端午,本来是一桩喜事,硬是被迷信说法弄成了衰事。端午节是屈原的忌日,民间俗称"恶月恶日",说"恶月恶日"出生的人,"男杀父,女杀母",萧红因生在这天而被视为不祥。更为凑巧的是,姜玉兰生下萧红后,久病不愈,张家人很怕魔咒应验,张选三也惶恐不安,对萧红自然不亲近。

姜玉兰虽然体弱多病,但继萧红后,依旧为张选三诞下了三个男婴,其中两个夭折了,只有张秀珂活了下来。张选三夫妇将大部分精力和时间都花在了张秀珂的身上,祖母范氏更是把张秀珂当作"金宝贝"般呵护着,因为他是男丁,是张家香火的传承人。

萧红六岁时,祖母患重病去世了。在萧红的记忆中,祖母甚至用针扎过她的手指。这个童年阴影,萧红在其自传式小说《呼兰河传》中有过描述,可谓是刻骨铭心。

萧红八岁那年,母亲病故了。

姜玉兰去世，最伤心的估计就是张选三了。自二十一岁与姜玉兰结婚，十几年间，夫妻俩感情甚好。现在妻子离开，留下自己与一对儿女，张选三内心的凄楚不是旁人能够理解的。原本就冷漠的张选三开始变得暴戾，用人偶然打碎一只杯子，他就要骂到人发抖。

母亲去世了，还是个孩子的萧红，却表现出了超乎年龄的冷静，她曾在散文《感情的碎片》里回忆道："母亲并不十分爱我，但也总算是母亲。她病了三天了，许多医生都来过了。我知道，这是母亲要去了。""母亲并不十分爱我，但也总算是母亲"，能说出如此酸苦的话，自是伤心到了极点。

在回忆起和垂危的母亲诀别时，萧红是怀着深情的。那时，她垂下头，从衣袋里掏出母亲为她买的小洋刀，泪花闪烁："小洋刀丢了就从此没有了吧？"字里行间透露出她心底里对母爱的渴望。

双亲不亲，让她的生活极其悲苦。

祖父后园

幸而，萧红获得了另一份温暖的爱，足以让她在悲伤中展颜。

这份爱来自祖父。

在萧红的笔下，这位身材高大的老人总喜欢拿着手杖，嘴里含着一杆旱烟管，眼睛笑盈盈的。祖父给予的爱，是柔和温润的，这对萧红来说仿佛是春天里从寒冷的枝头探身出来的嫩芽。

萧红长到懂事的时候，祖父已经是快七十岁的人了。一个寂静安闲的老人，一个活泼俊俏的女童，两个人只是放在一起，就生出了无限的爱与快乐。

在萧红看来，祖父一天到晚自由自在地闲着。但他也是一个寂寞的老人，他只有一件事可做，就是擦锡器，单调而重复，仿佛在一遍一遍地温习一个古老的故事。萧红清晰地记得那时他的表情，沉静、闲适、安详……

萧红喜欢沐浴在他宁静的笑容里，如同饮那醉人的老酒，美妙而芳醇。

祖父也会挨骂，祖母骂他懒，骂他锡器擦得不干净。这时，萧红就会立刻上前去为祖父解难，她拉着祖父的手飞快地往屋外走,说:"我们去后园吧？"

一到后园,就到了另一个世界,一个宽广、明亮而温暖的世界,一个恍如隔世的仙境。

太阳光芒四射,冲淡了不快乐的阴霾,阳光之下,一切都是温暖、健康而鲜活的。萧红在那里用尽所有的力气,跳着、笑着、喊着,那是她最酣畅淋漓的快乐。

萧红感觉,只要拍一拍,连大树都会发出声响;叫一声,连对面的土墙也会回答。玩累了,她就在祖父身边躺下,看又高又远的天空,看大团大团的白云。有时,就在房子底下找个阴凉的地方,盖上草帽睡觉。

长大一点儿,若是遇上晴好的夜,萧红喜欢独自待在草丛深处,窥看萤火虫美丽而神秘的闪光,倾听蟋蟀幽幽的吟鸣。她也爱仰望夜晚的天空,夜幕深沉,她昂起头,静静地望着深邃的远方……

这也正是后来萧红笔下花草丰美、蓬勃生机的后园的灵感根源,在那里,有毫无遮拦的阳光、蓝天与白云,有小孙女的笑声与老祖父的慈祥。

那是萧红一生中最明丽的时光,她如含苞的花蕾,在后园里,恣意快乐地生长。然而,走出后园,她的阳光就逐渐少了,她的生命也开始变冷。

在《呼兰河传》里,萧红反复写道:"我家是荒凉的……"

有了小伙伴以后,萧红开始在这些破旧的房子中间来往穿梭。院子里租住着许多人家,有养猪的、开粉坊的、拉磨的、赶车的,都是挣扎在底层的人。她敏感地看到了后园之外的世界。她满怀困惑地观望,默默地摄取他们日常生活的图景,倾听他们的说话、歌唱和叹息,那些悲哀和寂寞在她的心中渐渐晕染。她心痛着,也哀悯着,常常拿了家里的馒头、鸡蛋等食物,分给穷人家的孩子。她喜欢看小伙伴们脸上绽放的幸福和喜悦,这让她也跟着幸福起来。

有一个冬天,她看见邻家的小女孩光着身子蜷缩在炕上,就立刻回家把母亲给她新买的一件绒衣送了过去。小女孩的一个微笑,让她心底涌出暖意,母亲的责难也被那暖意驱散了。可是现在,小女孩、老祖父,都早已化作灰尘离去。这后园修缮得再好,也没有了当日的风景。然而,萧红却用至美的文字,锁住了后园里的童年。

莺飞草长,浮转的流光在岁岁年年里辗转飘荡,萧红像一只灵巧的燕儿般慢慢成长。她的世界,自童年开始,就非同一般,是完全被割裂开的。

在自己家中,她是备受冷落的,而在姥姥家,她却被大家视如明珠。冰火两重天的日子,如同钢铁淬火,一冷一热,磨炼出了萧红刚韧的性子。

不仅如此,萧红的生活空间也同样是被割裂的。后园里,徜徉着的是她无忧芬芳的梦幻,鲜活而多彩;前厅正房,则是规规矩矩的家族声威,是老旧呆板的浮华。双重世界,是她落地而生的环境,年幼的她无可选择。

萧红情感世界也同样被"双面夹击",一面是父母和祖母对她的严厉管教，另一面则是祖父的温暖慈爱。

一个稚嫩的女童，穿梭于各色极端的世界，反反复复的落差，自然也锻造了她迥异的个性，成了她反叛和早熟的契机。

童年，正是认知世界之时，从触摸到辨别声色，萧红渐次体会到人世冷暖。周围的一切都给她带来不同的信息，那些美好的、崭新的、迂腐的、悲苦的、鲜活的、死寂的……对她来说，都是新的。

在祖母的住处看到钟表，萧红新奇地看着这个十分新鲜的器物，心生欢喜。那是她第一次领悟到现代文明。钟表虽是小器物，但在当时那个年代的小乡绅家中却昭示出维新的火苗。它是萧红一生跋涉的初始，命运的时针在那一刻拨动，悄然地，没有被任何人察觉。

后来，祖母去世了，萧红为了陪伴孤独的祖父，也为了躲避父母的管束，吵闹着搬去和祖父同住。祖父便开始教她念诗，祖父念一句，萧红跟一句，像婴孩咿呀学语一般。她不懂其中深意，却总能挑出喜欢的、韵律好的句子。在这么一小段时光里，她伴着祖父和诗句成长。她越读越觉得那些句子美，有形容不出来的色彩，这色彩凝聚在胸中，点染了她心里的画卷。

再看这世界，她仿佛品出了更多的味道。每一个朝阳初醒的晨曦，她都用双手盛满阳光，细细地分辨其中的七彩亮色。每到黄昏，她都极目远眺，夕阳下的呼兰小城，均匀地呼吸着，渐入她老旧的前尘浮梦。疏落的几只黑鸦，在小县城的头顶绕了几圈，天色也就沉下来了，进而深如墨染。寂寥的夜里，也会偶尔传来几声萧红稚嫩的呼喊。

诗中带愁,愁的是夜色寂寥,愁的是她后半生的浮沉凄冷。

在教了几十首诗后,祖父开始给萧红讲:"少小离家老大回,乡音无改鬓毛衰。儿童相见不相识,笑问客从何处来。"听了祖父的解释,萧红赶紧追问:"我也要离家吗?等我胡子白了回来,爷爷也不认识我了吗?"不承想一语成谶,点破了她后来离家的宿命。

祖父温厚地安抚着她孩童的天真与恐惧:"你不离家的,你哪儿能离家……快再念一首诗吧!"

就这样,在祖父的诗里,萧红对人世的感受力量渐次觉醒,这是她无法拒绝的成长。

萧红细心地观察她所能触及的世界,她的家庭和她平时能够接触到的房客。她忽然觉得荒凉,方知,世界上不仅有后园里的柔软美妙,还有更多超出她想象的萧索。她无能为力,只能静默地看着。

夏日,蒿草散发着浓浓的腥热的青草味,忽而阴云密布,大雨倾落,雨中一片迷蒙,雨滴敲打着散乱的农具。院子里的草棚不断倾斜,支撑的柱子越来越多,房客们只笑着说棚子会走,并不在意。

黄昏,胡琴在院口幽幽吟唱,和着夕阳暮色,老房客的口里喊着秦腔,萧红听得痴迷。这些房客,在贫苦的生活里挣扎一生,只为能吃饱、穿暖。可是,如此低微的愿望,却始终未能满足……那么自己的梦想又是什么呢?萧红经常在这混沌的沉思中出神,忘我于幽眇的世界,不知今夕是何年,不知身在何处,亦不知自己是谁……

　　带着对世界迷蒙的思考，萧红很快走到了她人生的一个转折点……

上学起始

1920 年，对萧红来说是不同寻常的一年，分外值得纪念，因为这一年，她背起了书包，走进了学校。

诞生，是萧红生命之旅的开始；上学，则是萧红灵魂之旅的开始。

幸，也是不幸。

幸在于，受到"五四"新文化运动的影响，越来越多的人认识到了让女子接受教育的重要性。在这种社会氛围的感召下，呼兰的两所小学都设立了女生部，萧红这才有机会走进学堂。

不幸在于，课堂里的知识，为萧红打开了灵魂上的锁铐，让她辉煌，亦让她受尽一生的苦难。

偶尔会想，若萧红的灵魂不曾被知识和思想唤醒，愚昧地遵守旧礼，嫁为人妇，相夫教子，她可愿意？安老此生和一生飘零，她究竟会做何选择？

书，是开启灵魂的钥匙，丰富了一个小女孩的眼界，让她萌生了对自由的渴望。无数次做梦，她在童年的后园中翩跹化蝶，飞向了一个多彩的世界。那是她最初的叛逆，源于她内心的渴望，这渴望在梦中凝结，为她埋下了一颗命运的种子，在痛苦降临前生根发芽、肆意生长。

在小学堂里，萧红度过了一段快乐的时光。初来时，许多同学觉得她不易接近，日子久了，才了解到，萧红性格恬静、温和，很平易近人，只是平时不爱说话。随着对萧红了解的增多，同学们也渐渐知道，萧红的性格和她在家里受的冷落是有一定关系的，更对她多了几分怜惜。

学校里的故事总是各色各样的，一些女孩为了显示自家的地位，不管离学校远近，都坐着马车去上学。去上学好像并不是为了学习知识，那劲头儿仿佛要赴一场华丽的盛宴，只为多掠取他人半寸艳羡的目光。

当时的张家在呼兰也算得上是比较富裕的家庭了，萧红却没有半分阔小姐的派头。她去学校来回都是步行，同学们十分不解，她笑着说："我不是小姐，可怕是要坐坏了身子。"可见，年幼之时，萧红就已经从自己身上剔除了来自家庭的封建陋习。

萧红不仅没有阔小姐爱显摆的性子，也没有娇生惯养的毛病。班级劳动，扫地、擦黑板、擦桌子，这些其他女孩子都唯恐避之不及的劳动，她都能很认真地耐着性子完成。她觉得，这是一个学生应尽的本分。课堂上她也很乖巧，遵守纪律，活脱脱一个模范好学生。

光阴荏苒，时间来到 1926 年。那一年的夏天，阳光格外明丽耀眼，太阳狠狠地吸干了空气里的水分，冷眼热望着世间的众生。

这个夏天，萧红迎来了她人生中的第一个毕业典礼。是告别，也是新的开始。童年拂手而去，放在心底，是流光里的影子。

毕业典礼上，起了点小风波。红榜直到毕业典礼开始前十分钟才贴出来。出乎意料的是萧红排在了第一名，连她自己也觉得惊讶。事实上，平时因为偏科，萧红的成绩总是在第十名左右徘徊。毕业成绩一跃榜首，难免惹人猜忌。而当时，她的父亲正神气十足地坐在下面，这个第一名难免有巴结她父亲的嫌疑。

萧红的毕业成绩优异，自然要作为学生代表上台讲话。学生们则在下面议论纷纷，鲜有人认真听她讲。大家在议论萧红和她父亲的眉眼有多相似，揣测她贵为榜首是否因为潜规则，这让萧红的脸上火辣辣地发烫。

一个倔强又敏感的少女，怎么经得起这种精神上的鞭笞，来自父亲的特殊荫庇让她觉得羞辱，她内心攒动起逃离的欲望，她想要挣脱家庭这根缠绕在她灵魂上的荆条。

梦圆中学

　　毕业季，萧红第一次走到人生岔路口，她和同学们一样，都面临着选择。其一是在本地读中学，师资不高，费用低廉；其二是到齐齐哈尔读学杂费全免的师范；还有一种更好的选择，就是去哈尔滨读中学。当然，更好的去处必定需要付出更高的代价，高昂的学费并不是一般家庭能够支付得起的。最后还有一种选择，就是不再上学，回家帮忙干活，等着嫁人，草草安度一生。

　　同学之间，萧红的前景应该是最好的，因为她具备去哈尔滨读中学的条件，并且，张家子弟中有很多都在哈尔滨读书。权衡之后，萧红自觉去哈尔滨念书是顺理成章的事情，这也是她最盼望的。然而，世事难料，先天厚遇，却难挡人祸。就在萧红一心想着去哈尔滨读书，逃离家庭，飞向她向往的世界时，她的父亲却阴下了一张脸，挡住了她前方的路，给她的世界，罩上了一层厚厚的阴霾。

　　在父亲看来，哈尔滨这座当时被称作"东方莫斯科"的城市极尽开放，萧红原本就是个任性的孩子，再放到那种毫无章法的环境中，岂不要出乱子？他对萧红下了绝对命令，不许她到哈尔滨去，且完全没有商讨的余地，祖父的劝阻也毫无用处。

父亲的态度让萧红愤恨,她实在受不住这样的倾轧,试图反抗和挣扎,结果被父亲一巴掌摆倒在地。那一掌,打得她脸上火辣辣地疼,也在她心里划出了一条血淋淋的口子。

　　这是她第一次受到如此重创,幼嫩的脸蛋上透着殷红的血色,仿佛隐喻着未来的悲凄,也隐约透着她内心的刚烈。

　　后来,萧红就病了,就这样,她郁郁寡欢地过了大半年。在这大半年的时光里,她每天都有强烈的渴望,想反抗,却又感到十分无力,她不断看到自己的弱小,感觉痛苦正慢慢将自己吞没,这是一种无法主宰自己人生的煎熬。

　　升入中学的小学同学会间歇地给萧红送来学校的信息,这些信息刺激着萧红的心灵,也折磨着她的身体。萧红的病变得越来越严重,不过最受折磨的还是脆弱的心灵。

　　新学年要开始的时候,萧红试图再次反抗,当内心闪现出这个想法的时候,她浑身充满了力量。萧红来到父亲面前,斩钉截铁地说:"如果你不同意我去上学,我宁愿出家,宁愿去做修女。"父亲是一个非常在意脸面的人,萧红的这种做法让父亲感觉到了丢尽脸面的风险。父亲怎么说也算是教育界的名流,萧红要撕破他的华丽面具,自然绝不允许,最终他只好顺从了萧红。

　　1927 年的秋天,萧红来到渴望已久的哈尔滨,进入"东省特别区区立第一女子中学"的初中部,成了一名初中生。

　　萧红梦中无数次浮现的场景,现在终于得以实现,心中十分喜悦。可是每当萧红想起经历的种种,内心总不免涌动着忧伤。

　　后来同学们回忆萧红时,也总是用"沉默寡言""内敛"等字眼来评价,说她平时笑容很少。

"东特女一中"位于哈尔滨市南岗区一处俄式住宅中,环境优雅,书香环绕,给初来的萧红内心添了许多宁静。这所学校远近闻名,学习西方的办学理念,请了一些受西方思想影响的教师,并且学校还非常重视体育。在这样的环境中,萧红犹如获得新生。

20世纪初的中国,有两次对历史产生深远影响的革命,一是辛亥革命,一是新文化运动。前者推翻了数千年的封建帝制,后者让现代白话文一时风起。本质上后者是前者的延续,通过猛烈批判封建礼教和政治专制,在中国掀起了巨大的新思潮风暴。这股思潮也吹到了哈尔滨,在冰层之下,自由在觉醒涌动,而学校是最先开始的地方。

哈尔滨是萧红离开家之后停留的第一个地方,从那以后,萧红便没了家,成了随着命运辗转流离的浮萍。书本为她打开了一扇窗,让她看到了远方,看到了希望,看清了脚下的路。

萧红记得她经历了怎样的斗争才赢得这样一个学习机会,可是却不知道,这仅仅是抗争的开始。

萧红投入学习中,读书、记笔记,把来自家庭的记忆和压力转化为读书的动力,身边渐渐有了几个比较亲密的朋友,他们都是有理想的青年,让她感受到了久违的温暖和欣喜。

萧红平时比较沉默内敛,只有在上绘画和文科的课时,才变得活泼。萧红的绘画老师毕业于上海美术专科学校,他身上的现代艺术色彩,让萧红向往不已。

在兴趣的驱使下，萧红越来越感受到自己在绘画方面的才华，她一度沉醉在绘画中，很多时候甚至以为自己就是一个伟大的女画家。画画对萧红来说是一种幸福，能够让她那焦灼的灵魂得到片刻的安宁。可能是独特的经历造就了独特的性格，萧红的画中总是有很多不平常之处，她从不循规蹈矩。

学校还有很多课外活动，同学们都感到非常充实，萧红也不例外。学校经常组织美术小组到野外写生，萧红每次都会报名参加。这种惬意舒服的经历让萧红生出了成为画家的想法，虽然后来画家梦没有实现，但这种对艺术的追求却贯穿了她的一生。

毕业的时候，美术老师在教室里放了一些静物，有水果、花卉、陶罐等，供学生选择。萧红偏偏都不选，自己跑到外面借了一杆黑色的短烟袋锅，搬来一块黑色的石头撑着，开始画。美术老师竟十分欣赏，还专门为她的作品起了名字。

萧红还非常喜欢历史课，讲课的是一位刚从北京大学毕业的老师，姓姜。姜老师年轻，又接受了新思想，身上完全没有迂腐的气息，在课堂上除了讲教材上的内容，还经常讲一些奇闻逸事，学生都被他吸引了。姜老师具有很深厚的文学修养，向学生介绍了很多新的文学作品，还借给萧红美国作家辛克莱的《屠场》，让她阅读。

文学之芽

文学改变了萧红的命运。

国文教师是个激进派,他把白话文引入课堂,常常拿鲁迅的作品当作范文讲给学生。就是在这里,萧红接触到了鲁迅。萧红学习非常努力,常常向国文老师请教,国文老师也欣赏萧红,见萧红比其他同学更积极、更具有新思维,就下更大的功夫培养她。在国文老师的指导下,萧红接触到了新文学,阅读了大量中外名著。萧红对文学的兴趣也愈加浓厚起来,文学的种子在萧红心中开始发芽、生长。

萧红常和几位要好的同学交换书籍,他们或是聚在一起漫谈,或是争论。鲁迅、莎士比亚、歌德的作品是萧红的最爱,这些作品给萧红的灵魂注入活力,让萧红发现了文学广阔的空间,发现了文学所具有的绘画无法呈现的意义。

在学校的三年里,萧红读完了自己所能接触到的所有新文艺书籍,这让她对新文艺如痴如醉。

看多了之后,心中的想法如泉涌,萧红也跃跃欲试,于是开始写散文、写诗,用"悄吟"的笔名发表在校刊上。这个笔名正如她的性格一样,沉默却倔强,悄然却坚强,述说悲苦,追求自由和发声,沉默中生长着坚韧的力量。

这个时候的萧红对于写作还没有清晰的概念,她只是简简单单地在自己的小世界里用只言片语书写自己的情思,诉说心中的情绪。

20 世纪 20 年代末,日本政府与奉系军阀秘密签订《满蒙新五路协约》,协约规定由日本投资,承包东北五条铁路的修建工程。之后,社会各界纷纷集会反对,要求保护路权。

1929 年 5 月 27 日,东北地方当局以苏方在哈尔滨总领事馆举行远东党员大会、"宣传赤化"为由,命令哈尔滨特警处前往搜查,逮捕了三十九人,同时关闭中东路苏联职工联合会。在爱国情绪的驱动下,东北境内掀起了一场反苏风潮。萧红和她的同学也都是热血青年,亢奋地投入这股风潮之中。

祖父去世

萧红正狂热地冲在风口浪尖，一封电报如晴天霹雳——祖父去世了。祖父是萧红对家的唯一牵挂，也是唯一给过她温暖的人。萧红陷入绝望和巨大的悲伤中，她反反复复地回忆在后园里与祖父相处的点点滴滴，那些温暖的过往，多次抚平她内心的伤口。当她发现人群中已再也找不到祖父的身影时，心里感到莫大的孤独。祖父的葬礼上，萧红是哭得最厉害的一个，一直哭到没有声音，只有泪水。

丧事办完，萧红立刻启程返回学校。她就像换了个人，从不爱说话到彻底自我封闭，郁郁寡欢，眼睛常常红着，脸上再也没有了往日的阳光，似乎只剩一副皮囊。她再也不像之前那样勤奋，晚自习也不上了，学会了抽烟，常常一个人躲起来喝酒，希望在放纵中忘掉心中的痛。可是酒精也只能暂时麻痹神经，不能真正解除痛苦。

常言道，福无双至，祸不单行，这话在萧红身上应了验。父亲为她订了一桩婚约，未婚夫叫汪恩甲，是省防军第一路帮统汪廷兰的次子。萧红对此人知之甚少，这桩婚事对于她，并不是比翼双飞的鸳鸯爱情，而更像是一副枷锁。

萧红上初中的时候，汪恩甲已经在哈尔滨道外三育小学做教师了。因为父亲是地方军官，所以汪恩甲生来就蛮横无理，有了婚约后，他经常到学校找萧红，有的时候甚至会不顾萧红的意愿就把她拉走。

汪恩甲的这种纠缠和蛮横就像土匪，让萧红十分反感。身边的同学都在传汪恩甲是个花花公子，一次偶然的机会，萧红看到他在吸食鸦片，这让萧红感到害怕。纵使萧红的性格再坚强，终归是个女孩子，面对被鸦片腐蚀肉体的未婚夫，她不知所措。

萧红从离家开始，就学会了抗争，她开始想办法解除与这个魔鬼的婚约。然而，汪家为了让萧红顺从，找了萧红的父亲以及萧红的校长，取消了萧红在女一中的学籍，这样残忍的做法，逼得萧红没了退路。

少女

叛逆远逃

经济制裁

离家失败

屈服现实

被困旅馆

喜悦重生

叛逆远逃

萧红伤心、愤怒，一时间觉得周围都是陌生的，她怒火中烧，决定再也不让别人随意摆布自己，一定要挣脱束缚，掌控自己的命运。

萧红在家里安静了一段日子，两家人都以为萧红妥协了，却不知道这段日子萧红一直在伺机而动。突然有一天，她就消失了。

7月，萧红来到北平。这是萧红第一次离家出走，她激动万分，心中充满了对未来的期待，她期待创造一个属于自己的全新的世界，一个自由温暖的世界。

萧红失踪了，家里人都不知道她的去向。只有一个关系很好的同学徐淑娟，收到了萧红寄来的照片，从照片中看到了她的近况。照片中萧红留着短发，穿着西装，手插裤兜，一副不羁的样子，酷酷的，很精神。看到自己的挚友变了样子，徐淑娟很是为她高兴，毕竟萧红之前忧郁了那么久，现在她的生活终于回到了正轨。

此时的萧红刚满二十岁，正是鲜花一样的年龄，却是一朵带着刺的花。萧红这次从哈尔滨到北平，不但是对家庭的抗争，而且是对封建社会的抗争。其实这次逃跑萧红是有计划的。祖父的离去、家长强行取消自己的学籍、被迫的婚姻,这种种命运的胁迫,让萧红痛苦不堪。她一次次在噩梦中惊醒,思前想后,终于下定决心,要为自己活一回,决不屈服。

萧红曾向徐淑娟诉说自己的愁苦,徐淑娟大胆建议:逃婚,逃往北平,去追求自己的理想。

刚听到这个建议的时候,萧红的心是发抖的。毕竟她还是一个涉世未深的小女孩,虽然叛逆,但也从未闹到这个地步。可是转念一想,这残酷的现实,这不通人情的家长,叫她如何安于当下,于是决定就这样干。决定之后,突然发现有很多问题要解决,比如在哪里住,靠什么吃饭……

与徐淑娟商量之后,萧红决定靠写稿子赚稿费来养活自己。萧红想,虽然靠微薄的稿酬生活比较艰苦,但总比在家里受罪强。这样想来,她心里一阵窃喜和兴奋,这件事就这样定下来了。

萧红的逃婚计划,还得益于另一个人的帮助,他就是萧红的远方表兄陆哲舜。陆哲舜家在哈尔滨太平区,萧红读女一中的时候,他就读于哈尔滨政法大学。因为两人住得比较近,所以来往渐渐频繁起来。萧红告诉陆哲舜,自己不愿意屈服,要逃婚,要去北京。这位表兄一直很同情萧红,表示愿意帮助萧红,帮助她抗争。

为了帮助萧红,陆哲舜可谓牺牲良多,他先是退了学,到北平找好旅馆和继续读书的大学,然后返回哈尔滨,想办法把萧红带走。二人在旅馆落脚,后来几经周折,住在了一个名叫"二龙坑"的地方,这里离两个人上学的地方都很近,比较方便。这是一个有十间房子的小院子,环境清静雅致,两个人分别住在北边的两个房间,中间有走廊连着。院子里有几棵枣树,微风吹拂,树叶摇曳,愈发显得院子安静。这院子对萧红来说非常完美,正是她一直心心念念的地方,刚刚脱离家庭的束缚,她心里喜悦无比。

安顿下来之后,萧红开始给好朋友写信,分享自己的喜悦,她在信中说起自己的居住环境,说起自己在女师大附中读书,说起院子里的那几棵枣树,有时还会给好友寄去几本杂志。

陆哲舜在北京有东北的同学,知道消息后前来探望,小院子一下子就变得热闹起来,每个周末都是这样。一群朝气蓬勃的学生,充满活力,聚在一起谈论理想、生活、政治、时事,时不时地也会产生争论,碰撞出很多火花。

一场场聚会中,萧红总是坐在同一个地方,不怎么说话,只是听其他人讲,感受着活跃的气氛,感受着一个个青春生命的光彩,她沉浸其中,忘了时间。

起初,同学们隔三岔五来访,屋子里总有五六个人,每次聚会大家都流连忘返,经常到了天黑才起身告别,踏着夜色回去。时日长了,大家各有各的事要忙,来的人渐渐少了,有一个人却从未缺席,他便是李洁吾。

李洁吾对萧红的印象极为深刻,他曾经多次在文字中回忆萧红:

她,不轻易谈笑,不轻易谈自己,也不轻易暴露自己的内心……

她的面部表情总是很冷淡的，但又现出一点儿天真和稚气……

她的眉宇间时常流露出东北姑娘所特有的那种刚烈、豪爽的气概,给人凛然不可侵犯的庄严感……

她有时也笑,笑得那样爽朗,可是当别人的笑声还在抑制不住的时候,她却突然地止住了。再看时,她的脑子似乎又被别的东西所占据而进入了沉思……

她走路很快,说到哪里去,拔腿就走……

李洁吾觉得萧红是个特别的女子,她的性格、眼光、对很多事的看法在李洁吾看来都是特别的。

李洁吾曾和萧红、陆哲舜一起去看了一场电影,电影讲的是一个富有才华的穷画家和一个流浪的姑娘相恋的故事。回来的路上,三个人从电影谈到了现实问题——

李洁吾说:"我觉得爱情不如友情，爱情必须在男女之间青春期才能发生，而友情却没有性别和年龄的限制，因而更为牢固。"

萧红立刻反对:"我不这样觉得,我觉得友情不如伙伴可靠,伙伴走的是一条路,有共同的前进方向,可以永不分离。"

李洁吾说:"那路要是走到尽头了呢？"

萧红说:"世上的路是无尽的,谁能走尽？"

随后三人陷入沉默。

只言片语中透露着苍凉，此时的萧红不知道将来她要面对的究竟是怎样的路，但不管怎样，这段日子对萧红来说是悠然自得的。

经济制裁

时间悄然推移,转眼已至冬天,一场大雪落在了北京城,世界变成了白色。萧红兴致大增,一大早就站在屋檐下赏雪。陆哲舜则拿起竹竿在院子里敲打枣树,期望能落下被人遗忘的枣子,偶尔落下一个,萧红开心极了,拿到砂锅里煮。

随后李洁吾来了,三个人围在炉子旁有说有笑。这样安静舒适的时光,深深刻在萧红的脑海中。过了一会儿,枣子煮好了,三个人高兴地吃起来,虽然不多,却足以解馋。

李洁吾曾提醒二人要注意煤气,说中毒了很危险,会要人命的,当时萧红和陆哲舜还不怎么在意。可就在这一天,大家正在交谈,萧红却突然晕倒了。李洁吾判断萧红应该是煤气中毒了,赶紧把窗户打开通风,忙活了好久才把萧红弄醒。然后,大家就谈到了死亡,萧红说:"我不愿意死。死后要一个人睡在坟墓里,没有朋友、亲人,多么寂寞啊!"这是一个涉世未深的少女对死亡的初次表达,话语间透露出对生命的强烈渴望。

张家和陆家慢慢得知了两个人的消息。张家因为这件事伤及颜面,也不好意思正面到陆家要人,而人又的确是陆哲舜带走的,所以还是得到陆家要人。张家声势较大,陆家心虚,便配合萧红的父亲,对两人进行经济制裁,逼迫两人回家。11月中的时候,张家给萧红寄信催她赶快回家成婚,陆家随后也告诉陆哲舜:"两人再不回家,不光学费不给,生活费也不给。如果寒假回家,则给寄路费。"

自从来了北平,两个人的生活基本上是靠陆哲舜家里寄来的钱维持,如今寒冬已至,如果两人没了经济来源,什么自由、理想、感情都将成为泡影。从那以后,陆哲舜开始消沉,过往的神采都不在了,青涩的年纪哪里懂得金钱对于生活的重要性。陆哲舜开始抽烟酗酒,郁郁寡欢,他的情绪感染着萧红,两个人之间的关系渐渐冷了下来。

天越来越冷,寒风呼啸,萧红在寒冷中倔强地前行,只为追寻生命里一个花香鸟鸣、情温人暖的春天。

萧红整日蜷缩在自己的房间里,一张小床,一张小桌子,一条板凳,看起来一点儿都不像学生宿舍。后来,经济上越来越困难,萧红不得不拿着自己的藏书到旧书摊上去卖,虽然也卖不了几个钱。时间长了,书也被卖完了,日子过得更艰难了。那段日子,萧红为了省一点儿车票钱,每天都走路去上学。能坚持这么久,靠的全是萧红不服输的个性。

几年后,萧红写了一篇文章《中秋节》,来记述这段艰苦的经历——

董从他房里跑出,叫我多穿件衣服。

我不肯,经过阴凉的街道走进校门。在课室里可望到窗外黄叶的芭蕉。同学们一个跟着一个的向我问：

"你真耐冷,还穿单衣。"

"你的脸为什么紫色呢？"

"倒是关外人……"

她们说着,拿女人专有的眼神闪视。

到晚间,嚏喷打得越多,头痛,两天不到校。上了几天课,又是两天不到校。

森森的天气紧逼着我,好象秋风逼着黄叶样,新历一月一日降雪了,我打起寒颤。开了门望一望雪天,呀！我的衣裳薄得透明了,结了冰般地。跑回床上,床也结了冰般地。我在床上等着董哥,等得太阳偏西,董哥偏不回来。向梗妈借十个大铜板,于是吃烧饼和油条。

青野踏着白雪进城来,坐在椅间,他问："绿叶怎么不起呢？"

梗妈说："一天没起,没上学,可是董先生也出去一天了。"

青野穿的学生服,他摇摇头,又看了自己有洞的鞋底,走过来他站在床边又问："头痛不？"把手放在我头上试热。

说完话他去了,可是太阳快落时,他又回转来。董和我都在猜想。他把两元钱放在梗妈手里,一会就是门外送煤的小车子哗铃的响,又一会小煤炉在地心红着。同时,青野的被子进了当铺,从那夜起,他的被子没有了,盖着褥子睡。

这已往的事,在梦里关不住了。

门响,我知道是三郎回来了,我望了望他,我又回到梦中。可是他在叫我："起来吧,悄悄,我们到朋友家去吃月饼。"

他的声音使我心酸，我知道今晚连买米的钱都没有，所以起来了，去到朋友家吃月饼。人嚣着，经过菜市，也经过睡在路侧的僵尸，酒醉得晕晕的，走回家来，两人就睡在清凉的夜里。

三年过去了，现在我认识的是新人，可是他也和我一样穷困，使我记起三年前的中秋节来。

文中的"梗妈"即房东耿妈，"董哥"即陆哲舜，"青野"是李洁吾，"绿叶"是萧红自己。从这篇短文中我们可以想象，当时他们的生活是如何的艰苦和清贫。

我们能从这段文字中看到，萧红回忆中的小院子是冰凉的，院子里都是枯枝落叶，枣树的命运交织着萧红的命运。北平的半年生活，欢乐是有的，然而更多的是艰辛，是无奈的人生和漂泊的命运。

正如鲁迅所说："自由固不是钱所能买到的，但能够为钱而卖掉。"在经济的压迫下，陆哲舜决定向家庭告饶，打算等学校一放寒假就返回哈尔滨。萧红虽然不愿意，但亦无可奈何，只恨自己太轻信陆哲舜了。逃出半年还得硬着头皮返回那个冰冷而讨厌的家，受所有人的谴责和白眼，一想到这些，萧红就非常痛苦。千条愁肠，万种怨恨，最终凝结成一句话，在与陆哲舜分别时萧红愤恨地说："商人重利轻别离，我算是被你害苦了！"

她不想委屈地活着，想抗争，想坚持，可是如今战友也没了，她一个人又该如何继续走下去，真是心有余而力不足。失望之后，萧红甚至有些自责，有些懊恼，她无数次反问自己：为什么这么轻易相信一个男人？萧红通过这件事明白了一个道理，一定要靠自己，不能寄希望于他人，那样随时会被抛弃。

离家失败

寒冷依然刺激着萧红，在这个三从四德、礼教盛行的封建时代，她又如何凭一己之力与现实抗争，自由的梦想之花恐怕还未及绽放，就已经被摧残至枯萎。

最终，萧红还是失败了，1931年春节前，萧红回到了呼兰家中。

萧红回去之后，左邻右舍议论纷纷，几乎把所有的污言秽语都泼到了她的头上。以前的同学、朋友都像躲瘟疫似的躲着她，家里人也不愿意跟她多说一句话。她虽然感到孤独痛苦，但并不后悔，更不愿低头，自顾自地泰然居之。父亲担心学校开学后自己去巴彦上班了，继母管不了她，再闹出事情来，造成更坏的影响，决定把她送到阿城县（今黑龙江省哈尔滨市阿城区）福昌号屯，将她软禁在乡下。那里有他的两个亲哥哥、四个异母弟妹，还有他的继母等一大家子人，距县城又远，萧红想跑都跑不了。萧红的继母更为乐意，既省心又不用担责任。

春节后不久，萧红就被送到福昌号屯的老家了。

萧红在福昌号屯的七八个月中，宛如罪犯一样被管制着，每天只能在院子里走走，断绝了跟外边的一切联系。在这个几十口人的大家里，只有一个尚未婚配的姑姑（父亲的异母妹妹）和一个年轻的七婶对她的不幸遭遇深表同情。而萧红的继祖母徐氏是一个很封建愚昧的老太婆，她怕女儿被萧红影响坏了，就不许女儿同萧红在一起闲谈。

　　一个炎热的夏夜，夜空星罗棋布，一弯新月挂在天边，蛙叫虫鸣使山村显得愈发寂静。前后窗户都打开了，仍然没有一丝风，屋里闷热得透不过气来。萧红辗转反侧不能入眠，姑姑用脚轻轻地蹬了她一下，然后坐起来穿上衣服悄悄从后窗户跳进后园子里去了。过了片刻，萧红侧耳细听，炕头上的徐氏正在酣睡，不时打着鼾。她就也披上衣服蹑手蹑脚地从后窗户爬了出去，见姑姑正站在一棵沙果树下等她。姑姑天资聪敏，感情丰富，多愁善感，可惜生在这样偏僻的小乡村里，又有一个封建愚昧的母亲，自幼没念过书，没离开过家，二十七岁了还没有许配人家。人生短促，似水流年，转眼之间就会花枯色消，人老珠黄。姑姑常常暗自惆怅伤春，似雨打梨花一般，十分可怜。萧红来到姑姑跟前，悄声说："这让奶奶知道又该骂了，她每天像防贼似的防着我。""你为啥不跑呢？是不是被吓破胆了？我若是你，早跑了！我才不在家受他们的窝囊气！"姑姑望着萧红的脸，鼓动说。

　　萧红何尝不想跑呢，可是往哪儿跑，又到哪儿去弄钱吃饭？她跟陆哲舞跑了一次北平，已经深深地领会到，女人的天地是非常狭窄的，没有钱是寸步难行的。萧红苦笑着默默摇头。

　　"你没胆了吗？就是到工厂去做苦力，不也可以混碗饭吃。"

　　"好啊，你们深更半夜不睡觉，跑到这儿来瞎嘀咕！"她俩正说着,徐氏像只猫头鹰似的突然闯到面前,指着姑姑喝骂道:"回屋睡觉去,你个不知羞耻的东西,没有老幼,跟她搅和到一块儿!

姑姑愤懑地哼了一声走了,萧红赌气没动。她听见徐氏边走边骂:"呸!尽跟男学生在一块儿打恋恋,一点儿廉耻心也没有,给老张家丢尽了脸,怕是祖上也找不出你这样的丫头!"萧红再也抑制不住心中的悲愤,眼泪像断了线的珠子似的滚落下来。

萧红在《夏夜》里说:"那夜我怎样努力也不能睡着。我反复想过菱姑的话。可怜的菱姑她只知道在家庭里受压迫,因为家中有腐败的老太婆。然而她不知道工厂里更有齿轮,齿轮更会压榨。"

由此可见,萧红第一次出走失败之后,已经认识到经济基础的重要性了。她后来再度离家出走而且再不回来,终于走上背叛地主家庭的道路,也是被"逼上梁山"。

1931年前后,由于日本帝国主义的侵略,东北的民族矛盾、阶级矛盾日趋尖锐激烈,农村经济遭到严重破坏,日常生活用品价格暴涨,农副产品价格大跌,农民生活更加贫困。"九一八"事变后,大伯父企图用秋天增加地租的办法,从农民身上榨取更多的血汗钱,以补偿粮食跌价的损失。这引起了佃户的强烈不满,他们联合起来抗租。叔伯们怕佃户与长工联合起来反对加租,又想出一个更加毒辣的办法,挑拨佃户与长工之间的关系。声言不给佃户加租,无钱付长工工钱,要削减长工的工钱,使佃户和长工之间发生内讧。萧红是在"五四"反帝反封建革命思潮的熏陶下成长起来的新女性,思想比较进步。再加上她被软禁在乡下的半年多时间里，耳闻目睹了不少地主欺压、剥削、残害贫苦农民的罪恶事件，对地主阶级的反动本性有了比较深刻的认识。如果说她以前还以自己出身于地主家庭，不愁吃不愁穿而感到自豪，那么如今，她已经为自己的优裕生活而感到耻辱了。她自恃过去大伯父对她的印象较好，企图说服大伯父对佃户宽容一些，不要再增加地租，也不要削减长工们的工钱，并讲了一些她听到的邻村一些贫苦佃户被逼得走投无路进山去当"土匪"、砸窑（即农民武装进攻地主宅院抢东西）的事。大伯父和叔叔本来就对萧红恨之入骨，见她又来给佃户、长工说情，气更不打一处来，认为她已离宗叛祖。大伯父当即翻脸，将萧红暴打了一顿，又把她关进一间空房子里。还派人去给她父亲打电报，让他回来处治她，萧红这才对她的地主家庭彻底失望。

1931年10月4日深夜，萧红在姑姑和七婶的帮助下撬开窗户逃了出来，躲在一个长工的家里。第二天早上藏在去阿城送秋白菜的大车上离开了福昌号屯，然后从阿城乘火车逃到了哈尔滨。这就是萧红在《永久的憧憬和追求》文里所说的"二十岁那年，我就逃出了父亲的家庭"的原因和经过。

客观上来看，萧红被软禁在乡下的几个月，对后来她思想性格的成长和文学写作都具有很大的意义。

萧红出生在县城里，一直过着比较优裕的生活，后来到哈尔滨读书，毕业后又跑到北平，一直在城市里打转，对农村社会的阶级剥削、阶级压迫一无所知。即使了解一点，也是从书本上看到的理性知识。因此，她第一次离家出走，只是为了反抗封建包办婚姻,争取自由恋爱,并不恨她的家庭,更不反对她所出身的阶级。当遇到困难,无路可走时,她仍然会回到那个家。她被软禁在福昌号屯,耳闻目睹了一些地主,特别是她的伯父和叔叔们欺压、剥削、残害农民的血泪斑斑的罪恶之后,才真正了解到东北农村社会的黑暗、地主阶级的罪恶,产生了同情广大贫苦农民、憎恶地主阶级的思想感情。当她站在农民的立场上反对伯父增加地租而受到地主家庭的迫害时,才彻底与家庭决裂,走上反对地主阶级的道路。

另外,这段经历也为她后来的文学创作提供了素材。萧红抗战以前的作品,凡是反映农村社会生活的作品,都是取材于阿城县福昌号屯与周围农村的生活。很多研究者和读者不熟悉萧红的生活情况,误解为描写的是呼兰周围的乡村。

回过头来,再说萧红从福昌号屯逃出来以后的情况。萧红此番逃到哈尔滨,跟以往任何一次来哈尔滨都不同,过去来哈尔滨她是张家的大小姐,不管到谁家去都会受到热情接待,到任何一个亲戚、朋友那里都可以随便吃住。只要露出手头缺钱用的意思,人家就会送上十元八元的,说:"拿去用吧,不够再来取。"现在是从家里逃出来的,并且早已物议沸腾,名誉扫地,别说自己不想去,就是去了也会被拒之门外的。平时与她来往密切的几个堂姊妹堂兄弟都在哈尔滨读书,去找他们倒是可以借住一段时日,或借一些钱用,但她又决定不再花那些从农民身上剥削来的血汗钱了。思来想去,偌大的一个哈尔滨,似乎已无她的容身之地了,怎么办呢?她只好硬着头皮去一个比较要好的同学家暂且栖身,希望能像她姑姑说的那样,到工厂找点儿活干,独自谋生。

　　然而,在金钱占统治地位的社会里,一个背叛地主家庭的弱小女子,既无钱打点,又无达官富商做靠山,就是去工厂做苦力,又谈何容易。她想找工作的希望很渺茫,又不能在同学家白吃白喝,即使人家不说什么,她自己也觉得不好意思。她为了躲开同学家吃饭的时间,每天早早就出门到大街上游荡,只等那位同学晚上放学回来才跟着吃一顿晚饭。

屈服现实

一天清晨,寒气袭人,街道上行人稀少,冷冷清清。萧红穿着从家里逃出来时穿的那件旧皮领大衣,两眼无神,面容憔悴,头发蓬乱,无精打采地徘徊在中央大街上,突然与在哈尔滨法政大学读书的堂弟张秀珂(萧红二伯父之子)邂逅了。他见萧红衣着单薄、饥寒交迫、失魂落魄的样子甚为可怜,便把她领到一家白俄人开的咖啡馆,企图劝她回心转意,回家去,却被萧红拒绝了。

《初冬》那篇散文,写的就是这段故事:

也许因为清早或天寒,再没有人走进这咖啡店。在弟弟默默看着我的时候,在我的思想凝静得玻璃一般平的时候,壁间暖气管小小嘶鸣的声音都听得到了。

"天冷了,还是回家好,心情这样不畅快,长久了是无益的。"

"怎么!"

"太坏的心情与你有什么好处呢?"

"为什么要说我的心情不好呢?"

我们又都搅着杯子。有外国人走进来,那响着嗓子的、嘴不住在说的女人,就坐在我们的近边。她离得我越近,我越嗅到她满衣的香气,那使我感到她离得我更辽远,也感到全人类离得我更辽远。也许她那安闲而幸福的态度与我一点联系也没有。

我们搅着杯子,杯子不能像起初搅得发响了。街车好像渐渐多了起来,闪在窗子上的人影迅速而且繁多了。隔着窗子,可以听到喑哑的笑声和喑哑的踏在行人道上的鞋子的声音。

"莹姐",弟弟的眼睛是深黑色的,"天冷了,再不能飘流下去,回家去吧!"弟弟说,"你的头发这样长了,怎么不到理发店去一次呢?"我不知为什么为他这话所激动了。

也许要熄灭的灯火在我心中复燃起来,热力和光明鼓荡着我:"那样的家我是不想回去的。"

"那么飘流着,就这样飘流着?"弟弟的眼睛是深黑色的。他的杯子留在左手边,另一只手在桌面上,手心向上翻张了开来,要在空间摸索着什么似的。最后,他捉住自己的领巾。我看着他在抖动的嘴唇。"莹姐,我真担心你这个女浪人!"他牙齿好像更白了些,更大了些,而且有力了,而且充满热情了。为热情而波动,他的嘴是那样的退去了颜色。并且他的全人有些近乎狂人,然而安静,完全被热情侵占着。

出了咖啡店,我们在结着薄碎的冰雪上踏着脚。

初冬,早晨的红日扑着我们的头发,这样的红光使我感到欣快和寂寞。弟弟不住地在手下摇着帽子,肩头耸起了又落下了,心脏也是高了又低了。

渺小的同情者和被同情者离开了市街。

停在一个荒败的枣树园前面时,他突然把很厚的手伸给了我，这是我们要告别了。

"我到学校去上课！"他脱开我的手，向着我相反的方向背转过去。可是走了几步，又转回来："莹姐，我看你还是回家的好！"

"那样的家我是不能回去的，我不愿受和我站在两极端的父亲的豢养……"

"那么你要钱用吗？"

"不要的。"

"那么，你就这个样子吗？你瘦了！你快要生病了！你的衣服也太薄啊！"弟弟的眼睛是深黑色的，充满着祈祷和愿望。

我们又握过手，分别向不同的方向走去。

从这篇短文可以看出萧红坚毅刚强的性格，就当时的情况来看，如果她的态度不坚决，完全可以借助在外读书的叔叔和兄弟姊妹的说合回家去，起码可以从他们手中间接地得到家里的经济资助。要知道她当时身无分文，饥肠辘辘，多么需要钱啊！但她宁肯忍饥受冻，流浪街头，也不肯要和她站在两极端的地主家庭的钱，不愿接受父亲的豢养。正如鲁迅评价娜拉：既然已经觉醒，是很不容易再回来的。但刚强、决心代替不了钱，也解决不了饥寒交迫的窘况。在同学家也只能暂住一时，不能久住，为了同地主家庭斗争到底，萧红必须尽快找到生活出路。到工厂去做工的希望破灭之后，萧红一度打算去跟那些守候在旅馆或工棚门口的穷婆子为伍。后来听说那口饭也不好吃，经常会受到顾客的侮辱，她便改变了主意，决定去跟她的未婚夫汪恩甲讲和。

萧红在女一中读书时，汪恩甲已于阿城吉林省立第六师范学校毕业，在哈尔滨市道外三育小学任教。后因萧红疏远他，以为萧红瞧不起他，先到法政大学预科业余班学习。萧红逃婚去北平时，他入法政大学读书。他清楚地知道，由于萧红逃婚，家里已经解除了他和萧红的婚约，以后也决不会允许他们结婚。但他也许是出于玩弄女性和报复萧红的双重心理，还是提出要萧红跟他同居为先决条件，第二年春天再一块儿到北平读书。萧红于是与汪恩甲住进了道外十六道街的东兴顺旅馆。

被困旅馆

1932年春节,哈尔滨市市民是在惊惶、恐惧、悲伤中度过的。日本侵略军趁大家过除夕,由汉奸和伪军带领攻入哈尔滨市区,市区到处弥漫着阴森恐怖的气氛。

旅馆里早已没有几个旅客了,汪恩甲又回家过春节去了。萧红孑然一身,面对孤灯,冷冷清清。她想到以往在家过年三十,全家人聚在一起,吃吃喝喝,又玩又乐,何等热闹。如今独自躲在旅馆里,形单影只,连个说话的人都没有,何等凄凉!越想越伤感,两眼一模糊,泪水夺眶而出,情不自禁地顺口吟诵了小时候祖父教她的一首七绝:"独在异乡为异客,每逢佳节倍思亲。遥知兄弟登高处,遍插茱萸少一人。"闲坐无聊,看书又看不下去,干脆上床睡觉。突然,萧红被一阵激烈的枪声惊醒,爬下床一看,窗外漆黑一团,影影绰绰地看到马路上人影浮动,刀光闪闪,吓得她浑身颤抖,惶恐地爬上床去,用被子蒙住头。很快,一点儿声音也没有了,楼里楼外像灭绝了似的寂静。她睁着眼挨到天明,下床趴在窗子上向外一望,马路上无一行人,到处都是枪刺上挑着日本膏药旗的巡逻兵,她意识到自己已沦为亡国奴了。

萧红开始计划以后的路。她原来就与汪恩甲讲明,可以跟他同居，但必须一块儿到北平求学。可是同居之后，汪恩甲却说学校正在放寒假，过完春节再动身。现在哈尔滨已陷落，绝不能再拖延，必须尽快离开这里。假如汪恩甲再借故拖延，她就一个人先走。

事情果然不出萧红所料，汪恩甲从家里回来后，她刚提出去北平读书的事，汪恩甲便以没跟家里商量妥为由不肯动身。

"你原先答应我过完春节就走的，为啥一拖再拖？"萧红决意跟他摊牌。

"你现在不是过得挺舒服的吗？干啥非要去北平呢？"汪恩甲仰卧在床上，冷冷地说。

"过去是因为我喜欢北平，现在是因为我不愿当亡国奴！"

"什么亡国奴不亡国奴的，过得舒服不就行了。"

"你想耍赖？"萧红看出汪恩甲根本没有走的意思，顿时起了火。

汪恩甲斜着眼睛瞟了萧红一眼，嬉皮笑脸地说："你也别说我耍赖，我也不说你骗了我。咱们谁也不欠谁的。"

"你用不着拿话卡我，我也不乞求你，你不去，我自己去！"

"悉听尊便！"汪恩甲认为萧红和家庭决裂后，早已山穷水尽，走投无路，告贷无门了。她自己去，去哪儿弄火车费？就是弄到了火车费，又靠啥生活？不过是图个口头痛快，说说而已。过了几天，他从外边回来，发现萧红不在室内，他给萧红买的那件皮大衣也不见了。去问茶房，茶房也不知道，直到夜晚，也未见萧红回来。他这才慌了手脚，后悔不迭。渐渐又由后悔变为恼怒，他下决心要找到萧红，发了疯似的翻查室内的一切东西，企望找到萧红在北平落脚的蛛丝马迹。终于在抽屉里找到一封萧红写废了的给李洁吾的信，信中有托李洁吾去二龙坑西巷耿妈处问问她的房子是否还空着之类的话。

其实汪恩甲一点儿也不了解萧红的性格，她是个想干啥就干啥，任性惯了的人，很少考虑后果。当萧红认定汪恩甲毁约，自己上当受骗了时，一股愤怒的情绪促使着她非实现自己的诺言不可，她一定要到北平去。没有车票钱怎么办？她想起了女一中教美术的高仰山先生。他一直支持萧红，为人又豁达大度，当他听说萧红要去北平求学而没有车票钱时，慷慨相助，帮助萧红实现了计划。

到北平之后，萧红直接去投奔了耿妈。耿妈很热情地接待了她，还把自己的被褥借给她用。

李洁吾对萧红再次来北平虽感意外，却很高兴。萧红来北平没几天，就病倒了，李洁吾天天来探视，守在床边照料，使萧红很快就恢复了健康。

一天傍晚，李洁吾和萧红正坐在床上闲谈，突然耿妈跑进来说："小姐，外边有个先生找你。"

还没等萧红走出去，那人已闯了进来。萧红见是汪恩甲，大吃一惊。因为她还没有向李洁吾吐露自己和汪恩甲同居的事，更没想到汪恩甲会找到她，一时不知如何是好。

汪恩甲本来就怀疑萧红在北平另有情人，见李洁吾坐在床上，萧红神色慌张，更加怀疑。但他一眼便看出李洁吾是个穷大学生,故而理也不理,旁若无人地一屁股坐在桌前的椅子上。

萧红惶恐地站到汪恩甲背后，向李洁吾介绍:"这位是汪先生。"

李洁吾站起来想同汪恩甲搭言,见他理也不理,很是尴尬,赶紧解释一番:"我是陆哲舜的朋友,得知酒莹到北平来,特意来看看。"萧红为了缓和紧张气氛,扭转僵局,有意向汪恩甲表示亲热。汪恩甲却冷若冰霜,瞅也不瞅。为了向萧红和李洁吾示威,他从衣袋里掏出一大把银圆放在桌子上,他一个个地摞起,然后抓到手中,再一个个地摞下,重新摞在一起,抓起,摞下……三个人谁也不看谁，谁也不说话，房间里只剩下叮叮当当的金属撞击声,空气似乎也凝结了。李洁吾实在不堪忍受,起身告辞,萧红默默地站在汪恩甲身后,一动未动。

李洁吾不知道那位汪先生究竟是萧红的什么人，跟她是什么关系，所以很不放心。一连几天去萧红的住处看望,却都没见到人,说是出去了。后来从耿妈口中得知那位汪先生是萧红的未婚夫,就再不去了。但没过几天萧红突然跑到学校来找他借钱,他问萧红上学的事怎么样了,萧红说吃饭都成问题了,还上什么学。他把自己仅有的一元多钱全给了萧红,萧红拿起钱就匆匆忙忙地走了。

他不知发生了什么事,所以很是担心,过几天又进城去看萧红,耿妈说萧红他们已经回东北去了。

事情的经过大致是这样的:

萧红见汪恩甲主动找到北平,又带来很多钱,便企图劝他留下。汪恩甲压根儿就不想待在北平,又发现萧红跟李洁吾关系密切,他不仅自己不想待在北平,也不想让萧红待在这里。为了逼萧红回哈尔滨,他声称要公开他们的同居关系,还要去北大告发李洁吾跟萧红"私通"。结果两人闹翻,萧红一怒之下跑到北大去找李洁吾借钱。李洁吾拿不出钱,她回来后卖掉皮大衣,购了一张火车票,只身返回哈尔滨,打算永远离开汪恩甲。

　　2月底的哈尔滨,依然冰天雪地,寒风凛冽,滴水成冰。萧红卖掉皮大衣后,身上只剩下一套毛衣毛裤和一双带套鞋的凉鞋,一下火车便被冻得浑身颤抖,手脚麻木。更糟糕的是,她无处可投。头一次从北平回来,虽然像个败北受伤的斗士,心灰意冷,悔恨交加,苦不堪言,但毕竟是被迫返回来的,还有家可奔。第二次从福昌号屯逃到哈尔滨,已经到了山穷水尽的地步,有亲不能去,但尚有一友可以暂时落脚存身。此番从北平再次回来,哈尔滨已经没她的立锥之地了。出了火车站,萧红四顾茫然,归去无着,只好浪迹街头。

　　白天尚有商店可以避风,到了夜里,寒风刺骨,刮在身上像针扎似的又冷又疼,脚冻得像被猫咬了一样,再加上肚子饿,实在不堪忍受。倘若不是足够坚毅刚强,即使不自甘堕落投进妓院,也要去跟那些横躺竖卧在商店橱窗下、饭馆门口前的乞丐为伍。萧红以过人的毅力,咬紧牙关同严寒、饥饿、困倦、痛苦抗争,拖着麻木的双腿、酸痛的身体,不停地走着。(在寒冷的夜里,一停下来就有被冻死的危险。那时的哈尔滨,几乎每天清晨,垃圾车上都装有几具夜里被冻死的饿殍。)

萧红在《过夜》(又题《黑夜》)中是这样描述的:

那夜寒风逼着我非常严厉,眼泪差不多和哭着一般流下,用手套抹着,揩着,在我敲打姨母家的门的时候,手套几乎是结了冰,在门扇上起着小小的粘结。我一面敲打一面叫着:

"姨母! 姨母! "

她家的人完全睡下了,狗在院子里面叫了几声。我只好背转来走去。脚在下面感到有针在刺着似的痛楚。我是怎样的去羡慕那些临街的我所经过的楼房,对着每个窗子我起着愤恨。那里面一定是温暖和快乐,并且那里面一定设置着很好的眠床。一想到眠床,我就想到了我家乡那边的马房,站在马房里面不也很安逸吗! 甚而我想到了狗睡觉的地方,那一定有茅草,坐在茅草上面可以使我的脚温暖。

积雪在脚下面呼叫:"吱……吱……吱……"我的眼毛感到了纠绞,积雪随着风在我的腿部扫打。当我经过那些平日认为可怜的下等妓馆的门前时,我觉得她们也比我幸福。

我快走,慌张的走,我忘记了我的背脊怎样的弓起,肩头怎样的耸高。

"小姐! 坐车吧! "经过繁华一点的街道,洋车夫们向我说着。

都记不得了, 那等在路旁的马车的车夫们也许和我开着玩笑。

"喂……喂……冻得活像个他妈的……小鸡样……"

但我只看见马的蹄子在石路面上踩打。

我完全感到充血是我走上了我熟人的扶梯，我摸索，我寻找电灯，往往一件事情越接近着终点越容易着急和不能忍耐。升到最高级了，几乎从顶上滑了下来。

　　感到自己的力量完全用尽了！再多走半里路也好像是不可能，并且这种寒冷我再不能忍耐，并且脚冻得麻木了，它需要休息下来，无论如何它需要一点暖气，无论如何不应该再让它去接触着霜雪。

　　去按电铃，电铃不响了，但是门扇欠了一个缝，用手一触时，它自己开了。一点声音也没有，大概人们都睡了。我停在内间的玻璃门外，我招呼那熟人的名字，终没有回答！我还看到墙上那张没有框子的画片。分明房里在开着电灯。再招呼了几声，仍是什么也没有……

　　"喔……"门扇用铁丝绞了起来，街灯就闪耀在窗子的外面。我踏着过道里搬了家余留下来的碎纸的声音，同时在空屋里我听到了自己苍白的叹息。

　　"浆汁还热吗？"在一排长街转角的地方，那里还张着卖浆汁的白色的布棚。我坐在小凳上，在集合着铜板……

　　后来，萧红被一个做皮肉生意的穷婆子误认为是拉客的"野妓"领回家去过了一夜。当她明白了穷婆子收留她的用意之后，就知道这是一个龌龊的地方，绝非久留之地。套鞋被穷婆子收留的小姑娘偷去卖掉给老婆子买酒喝了，老婆子还向她索钱，她只好将一件贴身的单衫脱下来作为酬答。萧红说："我对她并不存着一点感激，也像憎恶我所憎恶的人一样憎恶她。虽然在深夜里她给我一个住处，虽然从马路上把我招引到她的家里。"

第二天清晨，萧红明知自己无处可去，一离开这里，等待她的仍是街头、马路和严寒。但她还是像躲瘟疫似的逃离了那个穷婆子的家。

到了大街上，严峻的现实逼迫着萧红不得不考虑自己的生死问题。摆在她面前的只有两种选择：一种是沿街乞讨，最后冻饿而死，像垃圾一样被扔掉；另一种是出卖肉体，苟延残喘，可这比冻饿而死更痛苦。自杀？她还不甘心，绝不能毁掉自己，让那些恨自己的人称快。为了活下去，她只好改变初衷，到东特女二中去投奔在那里念书的两个堂妹——张秀琴和张秀珉（萧红二伯父的女儿）。

萧红离开那个穷婆子家来到女二中时，张秀珉尚未起床，萧红蓬头垢面、丢魂落魄、狼狈不堪的样子很令人痛心。张秀珉不敢自己做主，马上起床去找姐姐张秀琴商量。两人当下决定把萧红留下，又将各自的衣物被褥抽出一些来给她穿用。然后又去征得训育主任和校长的同意让萧红在高中一年级插班学习。但没过几天，萧红又不辞而别了，从此她们再没见过面。直到抗战胜利后张秀珂回来，她们才知道萧红又被汪恩甲骗回旅馆了。

原来萧红发觉自己怀孕了，知道不能在女二中久留，心里非常发愁。正好汪恩甲又找到女二中来，萧红便顺水推舟答应跟他回东兴顺旅馆。为了不让家里人知道她的踪迹，便偷偷地离开了女二中。

6月间,萧红妊娠已七个多月,大腹便便。两人两次在东兴顺旅馆共住了八个多月,欠下食宿费总计高达六百余元。汪恩甲认为他的目的已全都达到,时机已经成熟,决定彻底抛弃萧红。他先将萧红骗至松花江畔,谎称去买冰激凌,让萧红在长椅上休息坐等,然后雇了一辆马车回到旅馆,把东西席卷一空。临走前他私下告诉旅馆掌柜的,让他向萧红索取债款,如果张家不管,就将萧红卖进妓院抵债。

　　萧红在江畔久等不见汪恩甲回来,甚感奇怪,她来回寻找几次,踪影皆无,更觉疑惑,回到旅馆后,发现室内的东西被清扫一空,顿时慌作一团,忙去询问茶房,茶房说东西都被汪恩甲带走了。紧接着,掌柜的来要房钱。萧红这才恍然大悟,明白了汪恩甲是在故意坑害她,心里无比悲愤,痛彻心扉。

　　东兴顺旅馆掌柜的与汪家有交往,知道汪、张两家都有财有势,不管谁还债,总归是黄不了账,故此才敢赊给他们高达六百余元的食宿费。为了逼迫萧红还债,掌柜的将她由普通房间迁入了二楼南侧最里边的一个带铁筋窗栏的小房间(原是旅馆仓库),由茶房监视她的行动,每天只供给一点儿旅客吃剩下的残羹剩饭,并扬言,如果萧红一个月内还不上债,就将她卖进妓院抵债。

　　萧红早已身无分文,与亲友早就断绝了往来,自己又没有工作,她上哪儿去弄钱还债?到了这步田地,更不肯给父亲写信让他来替自己还债了,而且就是她给父亲写信,父亲也不一定会管她。她只有横下一条心来,走到哪一步算哪一步了。她那时的情况,恰如许广平所说:"从父亲的怀抱走向新的天地,不少奇形怪状、五花八门、形形色色的天地,使'娜拉'张皇失措,经济一点也没有。在旅邸上,'秦琼卖马'在舞台上曾经感动过不少观众,然而有马可卖还是幸运的,到连马也没得卖的时候,也就是萧红先生遭遇困厄最惨痛的时候……"

萧红有时甚至会想,她曾经叛逆地逃婚求学,可命运兜兜转转,她还是同汪恩甲同居在了一起,没有名分,没有一个像样的住所。如果当初顺从命运,今天或许就不会承受这样多的痛苦了。转了一圈,收获的只有数倍的困难。她迷茫了,迷失在关于宿命的自我审视中。

以有限的食物维持两个人的生命,萧红的身体迅速衰弱。她开始失眠、头痛,恐惧在忧烦与焦虑的纠缠中时时袭来。她自知从此不可能回到任何一个家庭。至于往日的同学朋友,所有的联系线索都被自己给掐断了,即使能找到,又有谁愿意在这个时候伸出援手呢?萧红不想坐以待毙,深埋在困难里,让她迸发出了更强烈的对生命的渴望。彩虹和阳光总会驱散风雨阴霾,柳暗花明总出现在山重水复的摸索之后。世间诸多事,都是如此,一个极致的困境,就是新希望的开端。萧红,一个命定不凡的女子,就算坠落花枝成了流转的浮萍,也会在命运的凄风苦雨中绚烂绽放。她要在苦楚绝望里涅槃重生,她的心中升腾起了强烈的求生渴望。

泪眼迷离间,她的目光落在了《国际协报·文艺副刊》的专栏《老裴语》上,目光游移着,突然凝定起来,萧红开始向社会发出了试探性的呼救。

最初,萧红的做法还比较含蓄,因为她心中仍对汪恩甲抱有希望。

五六月间,她把《春曲》邮寄到了《国际协报》的副刊部,署名悄吟。副刊主编裴馨园没有采用,小诗在编辑手中传阅了一遍就被放在了一边。

一首被无意搁置的小诗,却被萧红寄予了满心的希望。她每天都盼着回音,等来的却只有无声的空寂。

一段时间后,萧红又把《春曲》邮寄给了《东三省商报》的副刊编辑,并附上了一封相对含蓄的说明信。

编辑先生:

我是被困在旅馆的一个流亡学生,我写了一首新诗,希望在你编的《原野》上能够发表出来,在这大好的春光里,可以让人们听到我的心声。

副刊编辑方未艾看后觉得小诗不错,就将它放进了待发的稿件中,而对于这样一个含蓄的说明却没有太过在意,只把它视作那些为博得文章发表而对自己的处境夸大其词的学生的常用伎俩。

两次投稿求援,都杳无音讯,这让萧红感到失落。她在心中预演了一次次获救时的欣喜场景,却从没有一个场景跳到现实中,一切都不过是微幽灯影里的一场难圆好梦。

转眼至夏,蝶舞花香,又是一年繁华时节。阳光开始变得热辣,炙烤着这片土地上的匆匆人影,炙烤着一个个悲伤动情的故事。

苦寒里留下的精神创伤,在这个燥热的季节里被晒得生疼,就连对汪恩甲的希望,也被晒干了。萧红已经确定,他不会回来了。这时候她的身体已经越来越笨重,而且她听说旅馆老板已经给她找好了一家妓院。事已至此,萧红已经到了绝境。她所能想到的,就只有向《国际协报》求救了。她想要逃离这痛苦的境地,所以,就算希望渺茫,她也要紧紧地抓住这根救命稻草。

1932年7月9日,萧红向裴馨园发出了紧急求救信。隔日,裴馨园看到了署名为悄吟的信。他对这个名字还有些印象,而这封信中的内容则让他感到震惊。如花少女,反抗封建家庭的包办婚姻,离家出走,追求理想和自由。因为生活无着,上当受骗,被人抛弃,身陷旅馆受尽苦难。与家庭割裂,无亲无故,眼下腹中胎儿又将诞生,处境非常险恶。

裴馨园把萧红的信给编辑们传阅了一遍,当大家读到"难道现今世界还有出卖人的吗?有!我就将被卖掉……"这样滚烫的字句,把所有人的心都点燃了。在现今这样一个世界里,竟然还有这样的悲剧发生,他们无法平静地坐视不管。

"我们要管,我们要帮助她!"裴馨园当即决定去东兴顺旅馆看一看。

第二天,萧红见求救信没有得到回应,以为自己的求救又一次石沉大海了。迫切的求生欲望使得她鼓起勇气,在7月11日又给裴馨园打了电话，进一步说明了自己处境的紧急。裴馨园决定立刻去旅馆。

这样坚决的反馈让萧红心中燃烧起了希望的火焰。人生最大的喜悦无非就是所求即所得，而这也是此刻萧红的心情。在那昏暗的房间里，她的双眸，忽然亮了。

裴馨园曾叫正在整理稿件的萧军一同前去，但萧军果断地拒绝了。萧军原名刘鸿霖，辽宁人，据说祖上也是山东来的移民。他的出身颇具传奇色彩，亲属和邻居中有不少绿林人物，不满周岁，母亲便吞食鸦片自杀了，他从小跟随父亲浪迹四方。长大后一直过着军旅生活，"九一八"之后，他在舒兰组织义勇军失败，被叛军押解出境，从此流落哈尔滨。这是一个混合了流浪汉和武士性格的人，有意思的是，他竟染有文学的癖好，在兵营中便很爱填写旧诗词，有时也写点儿散文之类。因为投稿的机缘，萧军认识了裴馨园，从此结为朋友。他食宿都在裴馨园家里，一面协助编报，一面写作。当时的萧军没有想到，这个他当时拒绝帮助的女人，却在后来和他的命运有着非同一般的牵连。

就这样，裴馨园和其他三名编辑直奔东兴顺旅馆。他们怀着一种英雄情结，揣着火一样的热情，前去营救这个落难的孤女。几个人到达东兴顺旅馆，打听到萧红的住处，就直奔二楼的储物间，敲开了她的门。

阴暗潮湿的房间，只有床褥和一些零散错落的旧报纸。萧红脸色苍白，眼睛里没有神采，她被这悲苦的命运吸干了精魂。褪色的蓝布衫，赤足穿着皮鞋，在这样的一个环境里，处处散发着破落的悲伤感。

　　裴馨园和编辑们向萧红了解了她的一些具体情况，并安慰了一番。离开时，裴馨园找到老板，表明了自己的身份，并明确要求要正常给萧红供应伙食，一切费用由他们负责。老板看他是报馆的人，不敢得罪，从此对萧红的监视放松了许多。

喜悦重生

萧红的生活状况有所好转,但是要彻底地脱离困难,似乎还有很远的路要走。她拖着沉重的身体,拖着疲敝的灵魂,只能够无声地期盼,无声地等待。

裴馨园邀请了一些作者到道外北京小饭店吃饭,他向大家介绍了萧红的情况,请求大家帮助。这些作者听了都深表同情,各自提了一些建议。有的计划着抽出薪水为萧红还债,有的为萧红筹划着未来的职业。整个晚饭期间讨论焦点都是萧红,大家纷纷出谋划策。

轮到萧军表态的时候,他表示自己一点儿办法也没有。他说自己是一个一无所有的人,只有头上几个月未剪的头发是富余的,如果能换到钱帮助萧红,可以连根拔下来,毫不吝惜地卖掉。大家听了都笑了起来。

裴馨园提议写文章义卖。

"天哪!"萧军接着说,"在哈尔滨写文章卖给鬼吗?何况我又不会写卖钱的文章。"

一场小小的聚会,所有人都积极地为拯救萧红献计献策,看上去只有萧军对这事不太积极。但是到最后,所有讨论都停在了

萧红传

语言层面上，没有想出一个有实际效用的方法。

菜羹已尽，酒已殇。小聚之后，空空散场，大家各走各路。萧红的故事，可能就随着身体里的酒精一并挥发消解了，再无人在意。酒局散场，萧军独自沉默地走了很长一段路，当夜，他彻底地失眠了。

报馆人员的出现使得旅馆老板紧张起来，这也加深了他对萧红的愤恨，在他看来，这个小姑娘原本就欠了自己不少钱，现在还鼓动报社来威胁自己，自己还得好吃好喝地供着她，心中怨怒不已，所以他换着方法逼萧红还债，这使得萧红时时都处于精神紧张之中。

无奈之下，萧红只能紧紧地握住眼前这根救命稻草，她又连续给裴馨园打了几次电话，裴馨园都不在，都是正在为裴馨园处理稿件的萧军代接的电话。萧军知道电话那头是旅馆的落难者悄吟，可是他却不愿意同她继续搭话。萧军曾经做过宪兵见习生，在街头和饭店纠察军事纪律，他见过太多命运悲惨的女子，他的心已经磨出了一层坚硬的壳。萧军知道自己没有力量去帮助她，索性也不要空空地许给她希望，给自己钓取慈悲心肠的沽名。

裴馨园召集了一些朋友再次去东兴顺旅馆看望萧红。萧红的状况给他们留下了深刻印象，面色苍白，神情恍惚，危险的境遇几乎要将她压垮。一个孤独的女人，要独自承受这样深刻的苦难，他们的心都被深深地刺痛了。

回到报馆后，几人议论的话题始终离不开萧红，他们决心全力解救她。从众人的描述中,萧军了解到了萧红的一些情况。他口中虽不言语,但心中却涌起层层波澜。

过了几日,萧红又给裴馨园来了几次电话,说她想借几本文艺书看,因为没有外出的自由,希望能把书送到旅馆去。裴馨园接电话时,萧军恰好在一旁整理稿件,于是,当裴馨园托请他代劳的时候,他爽快地答应了。

甬道狭长而幽暗,每一步前行,都更靠近一个故事。像是有一道命运的桥,伸进了萧红的宿命里。

茶房把萧军带到楼上的一个房间,敲开门。甬道的灯光照进来,萧军眼前出现了一个女人的轮廓:半长的头发散落在双肩,圆形的脸上,一双大眼睛闪着亮光,直盯着他,眼神中带着惊悸和警觉。

"您找谁?"她气力微弱地问着,心中有些警惕地揣测着眼前人的身份。

"张廼莹。"

她"唔"地应了一声,立刻拉开电灯。

萧军拉过一把靠窗的椅子坐下,把带来的书放在桌面上,同时把裴馨园的介绍信递上。他闻到了房内冲鼻的霉味,左右打量一番,尽是萧条和凄冷。

她全身只穿一件褪了色的单长衫,有一边已经裂开到膝盖以上了,光裸着小腿,脚下趿着一双变了形的女鞋。

女人站在灯光直射下来的地方读信,读了又读,脸色变幻不定,纤长的手指在微微颤抖……

萧军看到她的散发中间有不少闪亮的白发，十分吃惊。她一面说着话，一面将笨重的身体偎在门旁，看样子是害怕这位信使突然走开。她太孤单了，她对信使充满了流连，她舍不得这温暖和希望。

"我原以为是我在北平的朋友托人来看我……想不到您是报馆的，您就是三郎先生？我读过您的一篇文章，是对我脾味的，可惜没能读完全……"她从一张空荡荡的双人床上扯过一张旧报纸，指着说："就是这篇文章……"那报纸上连载着萧军的短篇小说《孤雏》，署名三郎——想必裴馨园在信中提到了这个名字。

萧军一副公事公办的样子，交代完后，微微笑着应承了一下，就站起身告辞。他不敢再继续待下去，他怕，怕自己给她带来更多的失望。

"我们谈一谈……好吗？"萧红用乞求的语气哀声说。

萧军看了萧红一眼，迟疑了一下，终于坐了下来，点了点头说："好的。"

女人坦率地述说着自己的过去，以及目前的处境。萧军静静地听着，无意间把散落在床上的几张信纸顺手拿过来看了一下，看到上面画了一些花纹和紫色的字迹，还有几个较大的仿魏碑《郑文公》的字，不禁好奇地问："这是谁画的图案？"

"是我无聊时干的。"她从床上寻到一截一寸长短的铅笔，举起来说，"就是用这段铅笔头画的。"

"字呢？"

"也是……"

"你学过《郑文公》？"

"在学校学画时学的……"

接着，萧军又指着抄写工整的几节短诗问道："这些诗呢？"

"也是……"她脸颊上忽而出现了一丝淡淡的红晕，有点儿不好意思，仰起头看了萧军一眼。

去年的五月，

正是我在北平吃青杏的时节，

今年的五月，

我生活的痛苦，

真是有如青杏般苦涩！

（《黄金时代》）

就在那一瞬间，萧军觉得世界忽然变了。萧红刚才给予他的所有晦暗和苦难的印象全然不见了，眼前他所见的，是一个饱满而闪耀的灵魂。

"当我读着您的文章时，我想这位作者绝不会和我的命运相像，一定是西装革履的，快乐地生活在什么地方，想不到您竟也是这般落拓啊！"

萧军低头看了看自己身上褪色的学生装、补丁灰裤子、张口的破皮鞋，不禁笑了。萧红也笑了。这温暖的瞬间，为萧红的心注入了无限力量。

他们聊了许久，谈到了读书，又说到了萧红的幼年。讲到那些美好的回忆，萧红灰寂的眼神中闪出微光。萧红说她喜欢唱歌，喜欢作画……但不喜欢太阳，她说太阳是个没有情趣的鲁男子。

萧红问萧军，他对爱的哲学是怎样理解的。萧军只是笑笑，答："谈什么哲学，爱就爱，不爱便丢开。"

"如果丢不开呢？"萧红追问。

萧军当即爽朗地回答："丢不开，便任它丢不开！"

说完，两人同时放声大笑起来。

萧红已经许久没有笑过了，这一刻，她忽然发现，自己还是会笑的，忍不住有流泪的冲动。

两人又聊到了死亡。萧红并不惧怕死亡，但是她热爱生命，她在极端绝望的时候，仍然对生命满怀崇高的执着。虽然死亡能够摆脱所有痛楚，但是她依然高亢地拒绝着死亡的诱惑。

就这样，两人聊了很久，像一对重逢的老友，有说不完的话。

临走时，萧军指着桌上用一块纸片盖着的半碗高粱米饭问："这就是你的饭食吗？"

萧红漠然点头。

泪水要溢出眼眶，他强忍着，他的心里有个声音在呐喊：我必须不惜一切代价拯救她，拯救这颗美丽的灵魂……

他不能让眼泪溢出，于是就低下头来，装作寻找衣袋里的什么东西。他把五角钱放在桌子上，说："留着买点什么吃吧。"说罢匆匆道别。

给出仅有的 5 角钱后，萧军便没钱坐车了，十多里路的归程只好步行。这一路上,他始终无法平静,他的脑海中无数次闪过这个美丽的灵魂。

夜深如墨,星光闪烁。萧红的心也在这个夜里鲜活起来,萧军的出现让她死寂的心海生起了狂澜。当夜,她写下了这样美丽的诗句:

> 我爱诗人又怕害了诗人,
>
> 因为诗人的心,
>
> 是那么美丽,
>
> 水一般地,
>
> 花一般地,
>
> 我只是舍不得摧残它,
>
> 但又怕别人摧残,
>
> 那么我何妨爱他。
>
> (《春曲》)

第二天晚上,萧军再次来到旅馆。

两颗灵魂的碰撞,闪耀出绚烂的火花,在全然没有预料的情况下,双双坠入爱河,这对彼此来说,都如同一种恩赐。

萧军在一篇名为《烛心》的文章里,如实记录了两人闪电般结合的过程:

> ……由相识相爱仅是两个夜间的过程罢了。竟电击风驰般,

将他们经年累月，认为才能倾吐的，尝到的……那样划着进度的分划——某时期怎样攻，某时期怎样守，某时该吻，某时该拥抱，某时期该……怎样——天啦！他们吃饱了肚子。是太会分配他们那仅有的爱情了，我们不过是两夜十二个钟间，什么全有了。在他们那认为是爱之历程上不可缺的隆典——我们全有了。轻快而又敏捷，加倍地做过了，并且他们所不能做，不敢做，所不想做的，也全被我们做了……做了……

　　这突如其来的壮丽爱情，被萧军称作"偶然姻缘"，而萧红则说是"初恋"。在苦难的旋涡里挣扎太久，对萧红而言，爱太难得，但爱亦能胜过一切。能遇到一个爱自己，而自己也倾心的人，这是莫大的幸福。古往今来无数人苦苦追寻而不得，如今，她却偶然遇见了，她必定要毫无顾忌地抓住。

　　都说世间爱情甘如美酒，饱饮爱情美酒的人会幸福得眩晕，可是，萧红的幸福中却还夹杂着阴晦的苦涩，因为她仍然得过牢笼般的日子。不要说投入到自然里去尽情书写诗篇了，填饱肚子已经是她的一大难题。一种极端的碰撞和冲突，打磨着萧红。

　　风花雪月，是衣食无忧的日子里才能赏到的美景。此刻，她的心，正饱受灵魂的折磨。

　　爱是爱，自由是自由，失去自由的爱是可怜的、卑贱的、没有活力的，而这也正是萧红的写照，自由的限制，疲惫的身躯，使得萧红不能够尽情啜饮爱的琼浆。

　　看到萧红的状况，萧军却只能生出越来越多的无力感。一个顶天立地的男子汉,眼看着爱人受尽困难,那种噬心的痛苦一次次直锥心底。

尽管寂寞和饥饿每天都啮噬着萧红,但只要看见萧军的笑容,她便会感到无比幸福和满足。食不果腹,但她却能享用着世上最奢华的奢侈品——诗人的爱情。她觉得,这是生命给她的厚赠。虽然在现实中她依然身陷困境,但是,在灵魂上,她有一种苦尽甘来的幸福喜悦。一切,都是因为爱情。

甜蜜,并不是爱的唯一味道。两人的感情中不仅有狂喜,也夹杂着痛苦和犹疑,甚至猜忌。那是所有爱情里都会出现的紧张情绪,但那对彼此来说,都是甜美的。

当他们亲吻的时候,萧红说,我不许你的唇再吮到别人的唇!这样的爱,霸道而温柔。彼此渴望,对方是自己唯一的占有。

萧军曾在梦中看到萧红同别人拥吻,他被气得醒来,甚至在清醒的时候心中还暗暗地生气。爱得热烈之时,已经分不清楚真实与假象。真心相爱的人,连梦中都一片情深。

当时去探望萧红的青年人士很多,萧军的猜忌便有所指了。甚至,他曾想过要结束这种痛苦的感觉:"我们就这样结束吧!结束吧!这也是我意想中的事,你不要以为是个例外……""你爱我的诗,也只请爱我的诗吧!我爱你的诗,也只爱你的诗吧!除开诗之外,再不要涉及到别的了……总之在诗的领域里,我们是曾相爱过的……"因爱而生的对失去的恐慌,让他宁愿早早放弃,而免受失去的伤害。多傻的情绪,又是多真的心。

爱皆如此,因爱生忧患,因爱而生惧。那种渴望获得又害怕

　　　　　　　　　　　　　　　　　　　　　　　　萧红传

失去的感觉,恰恰是爱情最美最动人的地方。

萧红还是被困在旅馆里,一群朋友,绞尽脑汁也没有想出一个好的办法来解救她。巨额的债务,就像一块擎天巨石般压在萧红的身上。他们能做的,只是经常探望安慰,以纾解她心中的苦闷,让她的日子不那么难过。

然而,所有困难终将还是由她一个人承担,无边的苦海,只能她一个人漂流。她的内心在无声地哭喊,她渴望自由,渴望逃离这苦难的海洋。

没想到,帮助她脱困的,竟是一场人间灾难。8月,松花江水位暴涨,堤坝溃决,哈尔滨市区一片汪洋。或许这一朝江水泄,只是为了成全一段爱情故事。

东兴顺旅馆所在的街道地势低,洪水决堤第一天,旅馆楼下就已被江水淹没,旅客或是即刻逃离,或是拥到二楼,等待雇船离开。

哭号、呼喊、叫嚷……旅馆里一片混乱,远处天水相接,仿佛要回到亘古洪荒时代。

痛苦、恐慌、渴盼……所有情绪交织在了一起,所有的苦痛都暂时隐退,眼前他们想要的,只是逃离这汪洋的洪水。

这样危急的时刻,账房仍然来催交房费,好在掌柜的自顾不暇,和客人一道着急忙慌地提着箱子、拉着小孩走了。

洪水蔓延,世界混乱交杂。

满楼的窗子散乱地开着,地板上落满尘泥,各处都散着悲伤和荒凉。

潮水一波一波,席卷着死亡的气息迎面而来。萧红完全被突然而至的水患震骇住了,一连三天,从窗口到床前,从床前到窗口,她用手摸抚着突出的肚子,拖着沉重的双腿,彷徨无计,双眼透着哀凉。

没有家,没有朋友,要走向哪里?

只有一个新认识的人,然而他也无家可归!

外面的水这样大,他如何可以进来!

她慌张失神地想着、焦虑着,满眼映着荒芜的水城,一幅着实凄凉的景象。

一个老茶房提醒萧红,趁着没有人的时候赶快逃走。慌乱之际,萧红恍然惊醒。恰好有一艘柴火船从楼前经过,萧红赶忙招手呼救,终于乘船逃离了旅馆。一场大水,像是一场洪荒祭礼,使她告别了被囚困的生活。

萧军深为懊恼和痛苦所折磨。他本打算决堤第二天就把萧红接到裴家来,可是衣袋里连一毛钱也没有。他再三思量,决计把最好的一件制服拿出来当掉,能当一元钱,五角钱给她买吃的送去,剩下五角给她做船费,自己学过几招游泳,便不必坐船了。他挟了那件旧制服,在大街上奔跑着寻找当铺,终于见到那金字招牌时,当是何等雀跃!不料当铺关门了,人们嚷着正阳河开口了,四散而逃。他只得回到住处,倒在床上,再也不想动弹。想起前次去萧红那里时竟把裤带弄丢了,用掉五角钱买了一条新皮带,他悔恨不已:为什么要用掉那五角钱呢?

关于五角钱的深深自责,是那个疾苦年代最真实的写照。物质匮乏,留下的往往都是情比金坚的爱情。

萧红带着逃离的满心喜悦去找萧军。虽然身体尽是疲惫,但是她如获新生。在苦难里太久,突如其来的幸福感也会膨胀。在奔向萧军的路途中,她心中满怀幸福。

萧红按萧军此前写下的地址找到了裴馨园的家,坎坎坷坷,她总算是找对了地方。裴家的门被敲开了,萧红第一个见到的是裴太太。萧红穿着一件破旧的咖啡色旗袍,面色苍白如雪,光着脚,穿一双半旧的棉鞋。裴太太一脸犹疑地打量着她。在陌生视线的直射下,萧红明显感到一种压迫。交谈的时候,萧红格外紧张,她的话很少,却显得很不安。她甚至暗暗责骂自己,为什么不迟来一些,现在来了不但见不到三郎,还得连累他到处寻找……

萧红尴尬地等候着萧军,等待的分分秒秒,都充满了尴尬和不安。短短的一段时间,对她来说却像是过了几生几世。三郎的出现,使一颗悬着的心顿时安放下来,两人百感交集。

对萧红来说,萧军是她的世界,此刻,她心底有一种重生的喜悦,她所有的目光,都集合在了他身上。只有在他的身边,她才能够感受到宁静和安稳。他有一副厚实的肩膀,可以阻挡风雨。这个冷酷的世界因他的存在而变得可爱,也使她在绝望中重拾对生活的信心。

爱是一个亘古谜题,它能毁了千秋社稷,亦能创造人间奇迹。爱,让萧红重新燃起了生命之火。

晚饭后,萧军带着萧红去了他们向往已久的道里公园。晚霞渐退,光影蒙蒙,途中,一团团蚊虫在飞鸣,空气里散着温热的植物气息。他们两手相牵,漫步在波光粼粼的水池旁,走过小桥,穿过树林,一直走到凉亭才停下来。他们依偎在栏杆上,轻声谈笑。

这一刻的轻松,萧红阔别已久。那天,那景,那人,如此静好,世界定格在那样甜美的瞬间。好景、良人,恍如梦中仙境,曾经那诸多苦难,仿佛是一场酒醉噩梦,全都在此刻化成了浮尘烟影……就这样,一直流连到深夜,他们才回去。

萧红站在窗前,静静地望着三郎有点儿憔悴的面孔和翘起的唇,听他讲述昨夜失眠的故事,无端地想起祖父,她的眼睛不觉湿润起来。

泪,是温热的,是她心的温度。呼兰旧事、童年的温暖,忽而在心中绵绵浮起,让她在这无边的暗夜里,终于有了片刻的温暖。童年往事,仿佛前尘旧梦,那么邈远,又那么深刻地扎根在记忆里,不灭,不减。

传说有一种荆棘鸟,它一生只唱一次歌。从离开巢开始,便执着地寻找荆棘树,当它如愿以偿地找到自己心仪的荆棘树后,就把自己娇小的身体扎在一根最长、最尖的荆棘上,流着血泪放声歌唱——那凄美动人、婉转如霞的歌声可以使人间所有的声音刹那间黯然失色!一曲终了,荆棘鸟气竭命陨。以身殉歌,以一种惨烈的悲壮塑造了美丽的永恒,给人们留下一段悲怆的绝唱。而萧红,正像是一只心怀渴望的荆棘鸟。萧红一生艰难跋涉,为了寻找一种宁静的安稳,不停流浪。她飞跃了凄风苦雨,飞跃了命运怆然,当生命归于永寂,她才发现,她曾经踏过的一处处,都只不过是辗转的落脚点。

萧红暂时住在了裴家，萧军经常来看望她，两个人经常一谈就是几个小时。萧军离开了，萧红便把自己关在屋子里，一个人捧着一本书，很少去和别人打招呼。

这使得女主人黄淑英非常不快，原本就家务繁重，现在又多了一个大肚子的萧红，更加重了她的负担。偏偏萧红又是一副冷冰冰的态度，这让黄淑英更是气恼。

萧红终于身有所栖，然而心却依然在流浪。寄人篱下无论如何都是不愉快的，何况屋子里还总是漂移着主人怪异的目光。白天，萧红总是和她的三郎一起，在大街上浪游。两个人拖着长长的影子，相互依偎着漫步。萧红认为，他们就像两条被主人收留的野狗，只是吃饭和睡觉才回到主人家里。但这总比被囚困在旅馆要好得多，起码，她拥有了自由。

他们就这样，一直在外面跑，跑了十多天。有一天，两人遇到了裴馨园，他们赶紧上前去打招呼，裴馨园却很迅速地走了。他们在街上率真的感情，引起了裴馨园夫妇的不满。

晚上，当房间里只剩下黄淑英和萧红的时候，黄淑英委婉地说道："你们不要在大街上走来走去了，在家里可以随便，街上人多，很不好看呢！这条街上有许多认识我们的朋友，谁都知道你们住在我家，假设你们不在我家，好看与不好看，我都是不管的。"

萧红没有说什么，心中却翻江倒海，苦涩难言。这样悲伤的情节，仿佛是电影里的剧情，然而却真实地发生在了她的生命里。

萧红想着自己悲苦的命运,哭成了泪人儿。外面的大水还在涨,连那美丽的道里公园也被淹没了。汪洋一般的公园里,只剩下一盏红色的灯,如同一个美艳的幽魂,在漆黑浩瀚的冷夜里独舞。

糟糕的情况出现了,萧红的产期近了,她每走一步,都会带来身体上的剧痛,上下楼梯时,更是格外地疼。

裴馨园对他们的态度也明显改变了,不久之后,裴馨园全家就都搬到另外一处房子里去了,连被褥也全都拿走了。萧红只能躺在土炕上,躺了两天,她的肚子就疼了起来。当萧红的肚子疼得厉害,在土炕上滚成一个泥人的时候,萧军为了借钱,正在冒雨奔跑。

苦难,让两颗心紧紧地连在了一起。萧红说:"这是两个雏鸽,两个被折了巢窠的雏鸽。"萧军跑遍一条条街道,穿过一片片雨帘,却还是没能借到钱。最后还是从裴馨园那里借到了一元钱,他赶紧雇了马车,连夜涉水将萧红送往医院。医生检查后,说是再过一个月才到预产期。

等到萧红临产时,住院费却是一点儿也没有了。萧军不作任何打算了,他明白,现在一切事情唯有依仗蛮横不讲理了。于是,他不通过医生,直接把萧红送进了医院的三等产妇室。第二天,萧红生下一个女婴。从汪恩甲离去,到生下这个女婴,萧红历经近四个月的折磨,她能坚持到现在,很不容易。萧红轻叹一声,就昏睡了过去。纷繁的往事在梦里回旋,像是一幕幕电影闪过,而她只是一个看客,只是冷眼观望。疲乏的身心让她流失了热情,就连对萧军,她也有些木然。萧军来了,总是坐在小凳子上说上几句无关紧要的话就走了。萧军一走,她又合拢起眼睛。就这样过了三天,昏天暗地,如同在受一次灵魂的洗礼。

生下孩子,迎来一个新的生命,萧红也仿佛变了一个人。温暖在心中流失,留下的只剩冷冷的躯壳和悲怆的心。

产妇室内摆着五张大床,睡着三个产妇,五张空着的小床摆在旁边。护士把三个婴孩推过来,两个产妇都把头伸得老长,脸上挂着新奇的、羞涩的、幸福的笑容,期待着与小生命的第一次见面。当护士把小床推近萧红时,她竟生冷地拒绝,大声叫着:"不要!不⋯⋯不要⋯⋯我不要呀!"所有的人都用诧异的眼神看着她⋯⋯

从生下孩子,萧红就从未过问过关于孩子的事,一个母亲,对自己的孩子如此,她的内心,到底经历了怎样的苦痛?萧红最后还是没要孩子,忍痛将自己的骨肉送人了。

萧红深知她没有做母亲的权利,保证自己的生存已经是一个难题,再带上一个孩子,她不敢想象未来的生活。她不敢面对这个小生命,她害怕看上孩子一眼,就没办法狠下心来。

幸福的人哪里会了解一个不幸的女人的痛楚?他们只会责难她、非议她,说些她缺少母性、不负责任等通达平正的话。有谁能明白她在医院里是如何的矛盾、痛苦、悔恨、不忍与无奈,能明白她作为一个母亲所亲手掩盖了的是怎样一种深情⋯⋯

同室的产妇,一个个地都把小孩带走了,到最后,产妇室里只剩下萧红一个人,院长也不再向她索要住院费了,只希望她早日出院。但是,萧红的身体却是每况愈下,贫血、乏力、头痛、脱发,她的健康状况使她感到羞辱,过于强大的自尊心,鼓动得她情绪乱窜。

萧红的情绪极不稳定,不时产生死亡的幻觉。蓝天碧海,一个没有压力的沉静世界在向萧红招手,那是来自死亡的诱惑。遥遥天籁之音,无数次地向她的灵魂发出召唤。

有时候,她会对萧军说,是我拖累了你。那是她心灵深处对生命的无望。她知道萧军要参加磐石游击队了,便对萧军说,我死了你就可以同他们走了。但是,有时候,她又非常害怕萧军离开她,这种复杂的心情让她无限纠结。

她催促萧军离开, 有一次终于说了:"医院的庶务又要向你要住院费了。"

"在我进门的时候,他们已经向我要过了。"

"你怎么说? "

"我说只要你好了,总会给他们钱。"

"哪里来的钱? "

"总会有办法……"萧军想了一下,说,"最多请他们把我送进牢里去,坐上两个月,总可以抵消了。"

这样的话,使萧红心中升腾起温暖,这样一个男子的出现,是生命对她唯一的厚待。风雨潇潇的时代,苦难淋漓,是他带给萧红又一次新生。如果没有遇见萧军,萧红无法想象自己如今的境遇,或许早已魂归天际了。她不愿意牵累这样一个她深爱的男人,却又不想将他从自己脆弱的生命中割去。

萧军走后，萧红一直独坐到天明，彻夜难眠，她想了很多，关于过往，关于未来，她看着深夜的墨色渐渐退去，她看着天空渐渐泛白。黎明里，她暗暗许下了淡淡的希望。

当太阳升起，她的病情加重了。

萧军还没走进产妇室，就听见她的呼叫了。

她嘴角呆笑，无力地说着她这回会死掉。泪珠随着话音幽幽滑落，那泪是她对生命的留恋，热滚滚地烫在了萧军的心上。

萧军立刻去找医生，医生们正在下围棋，全然不理会他的恳求。萧军被激怒了，一摆手毁了棋局。

"原先我要出院的时候，你们不准走，现在病人到这种地步了，你们又要我换医院！"萧军对着医生大声嚷道，"你听着，如果今天你医不好她，她从此死去了……我会杀了你，杀了你们的院长，杀了你们这医院里所有的人……你快去医治她……"

萧军的眼中燃烧着红色的愤怒，医生被吓坏了，立即赶过去给萧红打针、服药。一番折腾，萧红好像精神了许多。她用手抚摸着萧军的前额和头发，说："亲爱的，你胜利了……"他们相拥在一起，有重生一般的喜悦。她的生命，终于又可以迎接新的黎明了。

萧红出院后又回到裴馨园家里，这引来裴家的厌烦。有一天，黄淑英向萧军说了一些萧红的闲话，说她性子孤傲，不通人情，不知道感恩……结果便是二人之间爆发了激烈的争吵。第二天，萧军即携萧红离开了裴家。

不快的离别，是自由的开端，是新生活的开始。这一次，萧红心中很踏实。从此他们结伴流浪,即使饱受生活的苦难,也不再孤独。

萧军雇了一辆马车,载着萧红和破烂的行李,去了新城大街一家白俄人经营的欧罗巴旅馆。恰巧三楼有一间空房,萧军顾不上多问,立即租了下来。屋子里的摆设极少,只有一张床、一张桌子和一把藤椅。屋子虽然空荡荡的,但此刻萧红的心却是满的。一个深情的男人,为她拾起了自尊,让她的心中充满了力量。有爱人如此,是她最大的幸福。

现实的问题,依旧摆在眼前,他们依旧无法摆脱生活的困难。一个月六十元的房费对两人来说,不是个小数目,他们只有五元钱,来时雇马车已经用掉五角了。

茶房把两元票子拿到手之后,说:"六十元一个月,明天给!"他知道萧军拿不出更多的钱,便瞪大了眼睛,下了最后通牒:"明天不给,你就搬走!"

萧军倔强地表明了自己的态度:"不走!"

茶房也丝毫不示弱:"不走不行……"

萧军从床下取出剑来:"你快给我滚开,不然,我宰了你!"

茶房慌忙跑了出去,但事情并没有就此了结。茶房去警察局报案,说萧军带凶器。很快,几个全副武装的警察闯了进来。他们拿住萧军,说是旅馆举报他带了枪,所以前来搜查。当然很快就证实了行动失误,他们搜到的只有萧军平时练武用的一把剑而已。剑裹在长纸卷里,茶房以为是枪。

一场惊慌,很快就过去了,锁上门,熄了灯,他们亲吻着相拥入眠,在静寂的夜里品着爱情的甜。

那段日子,萧红、萧军两人过得格外清苦,尤其是萧军,他总是清早出门,大雪天穿着带孔的鞋,甚至是隔夜的、潮湿的衣裳,到处借钱、找工作,回来时,帽檐滴着水,半截裤管又凉又硬。

她看着他,心中浮起层层的酸。这让她感动,又让她自责。若不是自己,萧军不会受这样的苦。她一面感动着、幸福着,一面又内疚着、自责着,她的心夹在一种复杂的情绪中间。

清早,旅馆过道里的好些房间已经挂好了列巴圈,送牛奶的人也已将白色的、发热的瓶子,排在了房门外面。饥饿的胃,使萧红的嗅觉更加敏锐。这些美味的诱惑对萧红来说,是一种无形的虐待。

屋里没有光线,桌子静卧在墙角,藤椅在地板上伴着桌子,没有一点儿声音。寂静是一种可怕的东西,它会涣散人的意志。在无限寂静的空间里,听到过道的声响,萧红就会忽然心跳加快,她渴望食物,更加渴盼爱人的归来,每一次脚步声响起,她都会暗暗地想,那该是三郎的脚步声吧?细腻的心思,深情的渴盼,那是深爱里才能品得到的味道。她心里害怕着、担心着,设想出许多萧军在外面的情境——他冻得很难受吧?他没有带回面包吗?他今天可有找到工作?总之,满心里全都是关于他的猜想。他成了她所有的期望,他是她的全世界。

萧军看到萧红的第一句话总是你饿了吧,萧红也几乎总是哭着说:"不饿。"

生活的困难让两个人的心紧紧地连在了一起,他们在寒酷的生活中相互取暖。相爱相守的灵魂，却没能感动命运，改善生活，他们的生活境况越来越糟糕，万般无奈之下，萧红给中学时代的美术老师高仰山写了一封信，请求给予一些经济上的援助。高仰山带着年少的女儿来访，与萧红聊了一会儿。他还像从前那样喜欢说笑话，说了很多，然后把一张票子丢在桌上就走了。高仰山走后，萧红还一直沉浸在这种情绪之中。她记得那时青春年少，她尽情地读书、画画，一边汲取知识，一边品味艺术……那时的她，满腹理想和追求，灵魂如火如荼地炫舞……然而，此刻深陷生活泥淖的萧红，再回忆起那些悠然岁月，那些曾经的理想图景，都碎了，只留下满心的冰凉与忧伤。虽然年纪不大，但是她却清晰地感觉到，青春已逝，再也回不去了。现在的她，头脑中回旋的不再是梦想的图腾，而是一顿饱餐、一张暖床……

灵魂从回忆跌进现实，在千丈差距里尝尽苦难与挣扎。青春饿死在了现实中，萧红没有其他选择，再多的缅怀也是凄凉，唯有向前跋涉，希望在路的前方。

萧军在报纸上刊登的求职广告，被住在商市街 25 号的铁路局的一位姓王的科长看到了，他派人和他联络，要请他做家庭教师，教他儿子国文和武术，学费用提供住房来抵偿。这对当时的两人来说，是天大的喜事。

萧军回来了，还带回了二十元钱，他把这个好消息带给萧红，两个人开心地尖叫，像两个开心的孩子。

再微小的东西，也能带来巨大的满足，不因物质本身，而是因为当下的心情。这二十元钱，带给他们无限的喜悦。他们今后会有更好的工作、更多的二十元，但此刻的幸福和满足感，却很难被复制。

黄昏时，萧军从当铺里取出之前当的两件衣服，一件夹袍和一件小毛衣，他让萧红穿上他的夹袍，他穿毛衣，一同下馆子去。人生苦短，及时行乐，对得起当时的自己，也对得起今后的回忆。

小饭馆在一条扰攘的破街上，馆子里也很扰攘，萧军介绍说，洋车夫和各行各业的人都在这里吃饭。萧红看见好几拨食客都挤在一张桌子上，多少有点儿不习惯，萧军却很自然。

这天晚上，他们喝了酒。佳肴摆在眼前，爱人陪伴左右，人生能得几回有！结账时，单子上写着：五碟小菜，每碟二分，半角钱猪头肉，半角钱烧酒，丸子汤八分，大馒头八个。酒酣菜尽，他们饱尝了美味的菜肴。那样充实的感觉，让他们幸福得想流泪。大脑中充斥着满足，这是没有真正经历过饥寒交迫的人所无法体会的。

回来经过街口卖零食的小亭子，萧红买了两块纸包糖，她一块，萧军一块。他们一面上楼，一面吮着糖，进了房间，像两个大孩子似的，互相比着舌头。萧军吃的是红色的糖，所以是红舌头，萧红则是绿舌头……那样无聊的事，那样浅的快乐，却着实令人羡慕……

他们把家搬到了王科长家的耳房里，这是属于他们的第二个落脚的地方，也是他们的第一个家。

寒冷的冬日，白雪纷纷扬扬地飘洒。萧红的命运似乎与寒冷有着不解之缘，她如同一片雪花，随着命运的风，从一处飞到另一处,忽而打着旋儿,忽而又稳稳落下。现在,她和萧军暂且有了住处。来时,炉中尚有木炭在燃烧,大约有人刚烤了火。等萧红用冷水擦完地板和窗台,炉中连最后一颗火星也灭掉了。她又冷又饿,腹痛又犯了,要到铁床上去躺一下,想不到那床就像冰一样无法接近。

萧军出去了还没回来,萧红没有表,连时间也不知道,只能凭借着昏暗的天色猜测着,无声无息地在寒冷里挨着,默默地等待着。

这样冰冷的处所,怎么能算得上是一个家呢?眼前的景象和她设想里的家是全然不同的。萧红说:"我像落在井里的鸭子一般,寂寞且与世隔绝。肚子疼、寒冷和饥饿伴着我……什么家?简直是夜的广场,没有阳光,没有暖。"

萧军用手中仅有的钱买回了水桶、菜刀、碗筷、水壶,还有白米和木桦。有了这些用具,也就有了些许家的气氛,也让萧红心中安宁了一些。萧红年少在家时生活还算优越,衣食不愁,所以,初做主妇,她还有些不适应。她第一次调弄晚餐,菜烧焦了,白米饭半生半熟。第二天早晨,火生了三次灭了三次。她懊恼,她愤怒,懊恼自己沦落到这种地步,曾经的梦想成了这般惨痛的现实,愤怒自己深陷苦难却是个连火都点不起的无用之人。然而,再多心绪也无济于事,她只能一次又一次地重新试着将火点燃。

一顿饭的工夫,她的手指被铁炉门烫焦了两处,指甲烧焦了一个缺口。她还没脱掉女孩子的娇气,困苦的生活就硬生生地扒下她的骨肉,打磨着她的躯体和灵魂。她只有二十二岁,却仿佛已经经历了几世的沧桑苦楚。她面朝着窗子，心酸不已，脚冻得很痛，她又想哭泣了。然而，想了想，又收起了这两行泪。她知道，再多的眼泪也没有用，即使洗净了双眸，也洗不去命运里的尘灰。

苦难再苦，偶尔也是可以见得了甜的。萧军吃饭的时候表现得很开心，这是对萧红最大的鼓励。那一刻，她的心被幸福装满。

清早起来，第一件事是点燃火炉，然后擦地板、铺床。炉铁板烧得很热时，她便站到火炉旁烧饭，把刀子、匙子弄得叮叮当当响。锅里腾着热气，葱花烹调出香气，把土豆切成薄片……这些构成了一幅惬意的生活图景……

饭做好，萧红打开小窗望一望，家庭教师还没有下课，于是，她便先到炉前吃两口，一个十足调皮的主妇。

沉重而苦痛的往往不是生活，而是心。如若心中装满爱，就算生活清苦，也是幸福的。此时的萧红，就是幸福的。

萧红差不多快要吃饱的时候，萧军才回来。她听到萧军快走到门口了，于是藏在门后等他，待他进门，作着怪声跳出来，两人相视一笑，满心的喜悦。她似乎听到心中花儿开放的声音，这是她久违的感觉。萧红经历过无数次寒冷的啃噬，越冷她就越渴望温暖。现在，爱情是她最暖的火炉，让她生命的希望渐渐复苏。

那段日子里，萧红第一次体会到了生活的味道。虽然经济上的紧张和拮据还是常常会带来烦恼，但相对安稳的生活使他们有了一种宁静的幸福。这一段日子，也算是他们的新婚蜜月了。虽然这蜜月里他们最常有的感受是饥饿，但饥饿也让他们的记忆更加深刻。

对于两个人的这段前尘往事，萧军晚年如是总结：

尽管那时候我们的生活是艰苦的，政治、社会……环境是恶劣的，但我们从来不悲观，不愁苦，不唉声叹气，不怨天尤人，不垂头丧气……我们常常用玩笑的、蔑视的、自我讽刺的态度来对待所有遇到的困苦和艰难，以至可能发生或已发生的危害！这种乐观的习性是我们共有的，正因为我们共有了这种性格，因此过得很快乐，很有诗意，很潇洒，很自然……甚至为某些人所羡慕！

在他们的生活中，确曾有过不少快乐的诗意图景，萧红也作过类似的描述：

"我们不是新婚吗？"他这话说得很响，他唇下的开水杯起一个小圆波浪。他放下杯子，在黑面包上涂一点白盐送下喉去。大概是面包已不在喉中，他又说："这不正是度蜜月吗！"

"对的，对的。"我笑了。

他连忙又取一片黑面包，涂上一点白盐，学着电影上那样度蜜月，把涂盐的"列巴"先送上我的嘴，我咬了一下，而后他才去吃。一定盐太多了，舌尖感到不愉快，他连忙去喝水："不行不行，再这样度蜜月，把人咸死了。"

盐毕竟不是奶油，带给人的感觉一点也不甜，一点也不香。我坐在旁边笑。

安稳的生活让萧红的身体逐渐恢复，她开始尽自己的努力为他们的小家做贡献，可是几番奔走，却没有太大效果。

　　就这样，他们在饥寒交迫之中一天天地发愁着柴米油盐，品味着辛酸和寒冷，也在苦难里享受着爱情的甘甜。

　　萧红不喜欢下雪，因为寒冷会啃噬她的身体，给她的身心带来一阵阵刺痛。此时非同往日，她再也没有任何赏雪的情致了。每当大雪来临，她总是非常恐惧，伴随而来的，是一连串关于寒冷的噩梦——一大群小猪沉下雪坑……麻雀冻死在电线上……循环着，一圈一圈，一个难以终结的，关于寒冷的梦魇……

　　为了维持生计，萧军每天都在外面奔走。经朋友介绍，萧军又找到一份家庭教师的工作，每晚到五里路外的一条偏僻的街上教两个初中生国文。有了这份工作，他们每个月可以有十五元钱的固定收入了。

　　萧军每天都在为生活四处奔走，萧红一个人待在家里，时常感到很孤独。她没有什么可做的，觉得自己像个废人。在没有光线的房子里，常常会飞出悲伤的念头。萧红想：这就是"家"，没有阳光，没有温暖，没有声，没有色，寂寞的家，穷的家，不生茅草的、荒凉的广场。

　　寂寞是蚀骨的毒，啃噬人心，也啃噬意念。凄冷的想法在灰暗的空间里飞舞，让她心里格外寂寞和焦虑。

　　萧红每天都站在小过道里等萧军，翘盼凝望，一等就是好久。等待，是她最无奈的深情。

房东的女儿从外面衣着光鲜地回来，看见萧红就笑着说："啊，又在等你的三郎……他天天出去，你天天等，真是好怪的一对。"

房东的另一个女儿看见了，说："没去看电影吗？这个片子不错的，胡蝶主演。"

看着房东女儿的胭脂红唇，萧红觉得自己的袍子暗淡而冰冷。

好不容易把萧军盼回来了，他从口袋里掏出一块烧饼给萧红，便又走了，赶着去做下一份工作。

萧红觉得萧军就像一只鸟，一会儿飞回来，一会儿又飞走了，留下的只是一层层的失望和寂寞。她吃着烧饼，填着辘辘饥肠，想着房东女儿耳上晃荡的奢华耳环和萧军唇上的薄霜，心中酸涩不已。这是她对贫富差距生出的最强烈的感受。她们虽然处在同样的空间里，却像是在遥遥相隔的两个世界，一个光艳，一个灰冷，多么讽刺。

爱人辛苦奔走，自己不能为这个家贡献力量反而徒增累赘，萧红心里很难过。无能为力的辛酸，远比饥饿和苦难要难以承受。为了给萧军减轻负担，萧红一心想找一份工作。听说画家朋友金剑啸在一家电影院画广告，月薪四十元，她也开始留心起这类招聘广告来。

《国际协报》又登出了电影院招聘广告员的广告，月薪明明白白标着四十元。萧红很受鼓舞，决定试试看。萧军认定这广告是骗人的，劝阻不成，勉强和她一起前去接洽。

他们费了好大功夫才找到代理的"商行"，得到的回答是星期天不办公，第二天冒雪再去时，又说已经不替电影院接洽了。萧军开始埋怨萧红，两个人吵了起来。第三天，萧红再不提工作的事了。萧军又去了电影院两次，依然碰壁，他不禁对着萧红破口怒骂，说画广告的工作是"无耻"和"肉麻"的，还骂自己是"浑蛋""不知耻的东西""自私的爬虫"。直到晚上睡觉的时候，萧军还在剖析着："你说，我们不是自私的爬虫是什么？只怕自己饿死，去画广告。画得好一点，不怕肉麻，多招来一些看情史的，使人们羡慕富丽，使人们一步一步地爬上去……就是这样，只怕自己饿死，毒害多少人不管，人是自私的东西……若有人每月给两百元，不是什么都干了吗？我们就是不能推动历史，也不能站在相反的方面努力败坏历史！"

过了许多天，金剑啸找到家里来，跟萧红说好一起去画广告，每月四十元的薪水，两人平分。萧红跟着去了，在广告牌前站到夜里十点钟才回家。萧军出去找了她两次都没找到，很生气，两个人一直吵到半夜。萧军买酒回来喝，萧红抢过来喝了一半，哭了，结果两个人都哭了。萧军喝醉以后，像个孩子般，委屈地在地板上嚷着："一看到职业，途径也不管就跑了，有职业，爱人也不要了！"

第二天酒醒，正好是星期天，他们一同去画了一天的广告。萧红做金剑啸的副手，萧军做萧红的副手。第三天便不用去了，电影院另请了别人，萧红当广告员的梦想就此破灭。

恋人之间，摩擦既已出现，就可以预料，雷鸣电闪、风雨交加的日子不会太远了，因为乌云不但不会消散，反而会愈积愈厚。

在不到两年的同居生活里，至少有三个女人同萧军有过一些微妙的情感关系，从萧红的散文集《商市街》里可以看出，她们是敏子、汪林和程女士。萧红对程女士特别敏感，在诗里立了专章，写作"一个南方的姑娘"。

程女士原名陈丽娟，笔名陈涓，宁波人，据说是因为寻找家人从上海来到哈尔滨的。她在朋友家里认识萧军后，没几天便来商市街拜访，名目上却说是来访萧红。

在萧红眼中，程女士是漂亮的，脸上不涂粉，头发没有卷起来，只是扎了一条红绸带，却有一种很别致的静美。对于这位"美人似的人"，乍见之下，萧红似乎并没有特别反感，但是，她的美却让萧红从心底生出酸涩。

程女士常到商市街来，或者来借冰鞋，或者同萧军和萧红一起到冰场上去，渐渐地大家熟悉起来。这时，她给萧军写信了，这刺激了萧红敏感的神经，任何事情萧红都愿意忍让迁就，唯有这份爱，她不能忍受任何人涉足。

过了些日子，程女士要在他们家里吃面条，萧红走进厨房，听到程女士同萧军在外面欢快地聊了起来，时不时开怀一笑，两个人很融洽和谐，这让萧红觉得仿佛自己才是局外人，心中充满苦涩和委屈。

后来，程女士去萧红家，房东的女儿告诉她："你不要再和他亲近了，有人妒忌你呢！"她也感觉到了萧红不大友好的态度，于是便主动疏远了。

动身回南方之前，程女士曾到商市街跟他们告别，萧军慌忙中塞给她一封信，她回去拆开来看，除了一页信笺，还有一朵干枯的玫瑰花。

为了消除误会，她带了男友去看萧红，结果仍得不到谅解。

一群朋友在她家里为她饯行，萧军也去了。她说萧军随她出去买酒，在街道上两人默默没有说话，回到她家门前时，萧军突然在她的脸上吻了一下，然后飞一样地溜走了。这轻描淡写的暧昧，让萧红难以承受。不得不说，酸涩是每一段爱情里都有的味道。

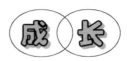

成长

上海漂泊

　　1934年11月2日,萧红、萧军到了上海。他们先在码头附近找了一家廉价的小客栈,当晚就住在那里,打算第二天再去租房子。第二天在拉都路北段,他们发现一间名叫"元生泰"的小杂货店门前贴了一张"招租"的字条,说杂货店后面二楼有个大亭子间要出租。萧军进去看了一下,觉得还算满意:第一,这是个南北方向长形的较大亭子间,是单独存在的,和前楼不发生关系;第二,它有单独的侧门可以直接进出,不必经过那家店。缺点是南面没有窗子,只东面有两扇窗子。萧军和萧红决定在这里住下来。

　　他们安顿好行李,立即给鲁迅先生写信,迫切希望早点儿见到鲁迅先生。然后从房东家借来一张木床,一张桌子,一把椅子。四十元的路费,买船票已经用去二十元,租房子付了九元,又买了一袋面粉、几捆木柴和炭,另外还买了一个泥炉子、一个砂锅和碗筷油盐之类,已所剩无几。虽然已经给哈尔滨的朋友写信求援了,但远水解不了近渴,究竟如何在上海生存下去,一切都是茫然的。因此,很想尽快见到鲁迅先生,即使突然被迫离开上海也心满意足了。

一同来上海的张梅林在同学杨君家住了一宿,11 月 3 日一早赶到小客栈,不见二萧,掌柜的给了他一张钢笔画的地图,他一眼认出是萧军画的。那上面很详细地画了方向、路标、弄堂,连如何拐弯也一一注出。萧军是讲武堂出身,对画地图很在行。张梅林拿着那张地图,按上面标明的路线,一路上问了好几个人,才找到他们的住处——拉都路 283 号。

　　张梅林打量着萧红他们的新居, 粗糙的地板上堆着简单的家具。他探头向窗外一看,绿色的菜园映进眼底。房间长一丈多,宽丈余,只能放两张帆布床和一张写字台,三个人坐着谈话,呼吸相闻。他想起自己住的亭子间,空间狭小,使他这个在北方沿海生活惯了的人, 好像一头从广垠的旷野被赶进牢笼里的野狼一样,烦躁而气闷,觉得一天也住不下去,他对两萧说:"你们这里倒不错,有美丽的菜园呢。"

　　萧红手里拿着一块抹布,一叉腰,用假装庄严的声调说:"是不是有点诗意?"

　　张梅林看了看她伪装的脸色和傲视的清澈大眼睛,又看了看萧军闭着的嘴唇,终于三个人爆发出大笑声。

　　"眼前没有一些自然景色,"萧军说,"是很难写作的。"

　　"那么,你就对窗外的花园作诗吧。"萧红对萧军说。

　　萧军笑着说:"应该由先发现它的诗意的人去写一首。"

　　"你别以为我不会写诗!"萧红咆哮道,"过几天我就写两首给你看!"

　　"嘿,你好凶啊!"萧军侧着头忍住笑声,"是早晨吃了几块油饼的关系吗？"

张梅林看着他们满足的样子，便也吹嘘起来："我住的地方也不错，是'花园别墅'，不远处是法国公园。"

"恐怕你那花园别墅是黑暗的小房吧？"萧红立即接话，"法国公园你也只能从篱笆对面远远地看看。"

张梅林可怜的谎言被戳破了，只好变撒谎为诉苦，对他们直说"花园别墅"如何黑暗得像灶房，空气如何发霉，想写作是做梦，再住下去要发狂，等等。

"那你搬到这里来住！"萧军口气坚决地说。

"这里窗外还有诗意的花园！"萧红指指窗外。

张梅林说："不行，三个人会整天开座谈会的。"

萧军说："我们可以定下规则，军队一样工作起来。"

张梅林仍然坚持说："不行，事实上一定会整天开座谈会的。"

萧红说："你有布尔乔亚的臭习气！"这一枪击得张梅林不能再说"不行"，但心里还是坚持认为"不行"。

萧红开始掏面粉，准备烙她拿手的葱油饼。张梅林说："我们从青岛乔迁到这个人间天堂的上海，还没喝一杯呢，走，我们下馆子去。"

萧红一面掏面粉，一面回过头来，皱着鼻子大声揶揄道："你算了吧！"那意思很明白，等于在说："你发财了吗？"

萧军郑重地沉着脸说："这是浪费！我们首先要把自己的战壕扎稳，这儿可是上海！"

张梅林不再坚持下馆子了，他们买了一斤牛肉，熬了青菜汤，吃着萧红烙的饼，这顿饭吃得非常香。

吃过饭，他们到马路上溜达，从南京路走到西藏路，又从西藏路走到霞飞路。所有游乐场所都没有兴趣，只在永安公司的楼下看了一通。里面陈设着五彩缤纷的环球百货，萧军指了指那高贵的巴黎香水眨着眼睛对萧红说："你买它三五瓶吧。"

萧红说："我一辈子也不用那有臭味的水。"

这天，他们收到了鲁迅先生的回信。信中写道："来信当天收到，先前的信、书本、稿子，也都收到了，并无遗失，我看没有人截去。见面的事，我以为从缓，因为布置约会的种种事，颇为麻烦，待到有必要时再说吧。"

萧红读着鲁迅的信，既兴奋又遗憾。他们给鲁迅先生写信的时候，并没有把握鲁迅先生能收到，即使收到了也没有把握他能回信，即使回信，也没想到会这么快。他们心里是有着充分的准备的：一是，不一定能得到鲁迅先生的回信；二是，即使回信也要等相当长的时间。因此只是作为一种希望，一种"遥远的希望"在期待着、等待着……想不到鲁迅先生收到萧军的信就立即回信了，这使他们感到兴奋和快慰。但萧红却不理解，见个面又有何难？干吗还要"待到必要时"再见面呢？

第二天，也就是 11 月 4 日，他们又给鲁迅先生写了一封信。在这封信中，他们问了鲁迅先生的身体情况，因为他们在东北时听说鲁迅先生得了脑膜炎。同时，他们又提出要见鲁迅。鲁迅还是立即回了信，说明脑膜炎之事，完全是上海所谓"文学家"造出来的谣言，并且提醒他们"上海有一批文学家"阴险得很，非小心不可。关于见面的事，还是婉言谢绝了，"你们如果在上海日子多，我想是有看见的机会的"。萧红他们并不知道上海的形势有多么复杂，鲁迅的处境有多么艰难，他的谨慎是在许多次的教训之后形成的。鲁迅曾请胡风去了解一下东北或华北有没有这样两个作家，胡风没有门路，鲁迅又通过其他人，从侧面对他们做了一番了解，看看他们是否有什么政治背景或党派关系等。

在等待和鲁迅见面的同时，他们也非常勤奋地写作，每天都很有秩序，安排好时间静静地执笔。张梅林却完全相反，他和"上海通"杨君住在一起，根本无法安静下来，总是被杨君拖到马路上去闲逛。他疲倦而厌恶，就到萧军和萧红他们那里去诉苦。萧军和萧红虽然写作勤奋，但作品却没有出路。那一袋面粉，眼看着一天天地矮了下去。"东西寄出去，连一点影子都没有。"萧红对梅林说，"甚至连回信都没有。"

"听说上海就是这样的。"张梅林说，"但是，那一袋面粉再矮下去怎么办呢？"

"有办法的。"萧军使劲地抹了一把脸，"先到第一流的大菜馆去，点最好的菜，大吃一通，然后抹抹嘴走出来。"

张梅林问道："你自己开的大菜馆？"

萧军眯着一只眼睛，安详地说："拳头是用来做什么的？挥上几拳，就会有机会吃不用钱的饭。"

张梅林看看萧红，她的大眼睛在闪动，湿润而激动，仿佛在想一件即将到来的事。张梅林对萧军说："你这是电影里的场面，不必表演。"

萧军背着手踱了几步，用他素来顽强的声调坚决地说："前途永远是乐观的！"

萧军的《八月的乡村》在青岛时就已完成了初稿，只是还来不及修改，这段时间无事可做，萧红就催促他把稿子修改出来。初到一个陌生环境，萧军的心情是烦躁的，并没有情绪修改文章。他只是遵从了萧红的意见，初步把它修改了一通，结果越修改心情越坏。萧军憎恨自己写作本领低，有时竟改不下去，最终甚至想烧毁它。在萧红的督促和鼓励之下，萧军终于改完了《八月的乡村》。上海的冬季没有炉火，没有阳光，非常寒冷。萧红不顾屋子的阴冷，披着大衣，流着清鼻涕，搓着冻僵的手指，一个字一个字地把《八月的乡村》誊写了一遍。她用的是日本制造的美浓纸，只有北四川路底的内山杂志公司有售。到最后，连买纸的钱都没有了，萧红当了一件旧毛衣，换了七角钱。萧军为省下坐车的钱，外出都是步行，由于皮鞋不跟脚，双脚磨得又红又肿、鲜血淋淋。

萧红开始和萧军一起给鲁迅先生写信，他们共同写的第一封信中，向鲁迅先生提出了天真的抗议，萧红说为什么鲁迅先生要称呼她"夫人"或"女士"，萧军则说先生年龄大于自己，为什么还要称呼自己是先生。他们这样做，也有捣乱的意图在里面。他们一口气问了鲁迅九个问题，除了上海左翼文艺界的情况，还问到鲁迅当了那么多年的教授，是否有教授的架子。鲁迅收到他们的信后，于11月12日又写来回信。对于他们的抗议，鲁迅幽默地给予回击："中国的许多话，要推敲起来，不能用的多得很，不过因为用滥了，意义变得含糊，所以也就这么敷衍过去了。不错，'先生'二字，照字面讲，是生在较先的人，但如这么认真，则即使同年的人，叫起来也得先问生日，非常不便了。对于女士的称呼更是没有适当的，萧女士在提出抗议，但叫我怎么写呢？萧婶子，萧姐姐，萧妹妹，萧侄女……都并不好，所以我想，还是夫人太太，或女士先生罢。现在也有不用称呼的，因为是无政府主义者的格式，所以我不用。"鲁迅又提醒他们："稚气的话，说说并不要紧，稚气能找到真朋友，但也能上人家的当。上海实在不是好地方，固然不必把人们都看成虎狼，但也切不可一下子就推心置腹。"对于他们所提的各种问题，鲁迅也一一做了答复。对于左翼文化人的情况，鲁迅告诉他们："蓬子转向了，丁玲还活着，政府在养她。"关于青年，鲁迅谈了自己的看法："青年两字是不能包括一类人的，好的有，坏的也有。但我觉得虽是青年，稚气和不安定的并不多，我所遇见的倒十有七八是少年老成的，城府也深，我大抵不会和这种人来往。"鲁迅还向他们解释："我确当过多年的先生和教授，但我并没有忘记我是学生出身，所以并不管什么规矩不规矩。"在信的结尾，鲁迅写了俪安，并且开玩笑说："这两个字抗议不抗议？"

萧军和萧红一直生活在北方，初到上海，犹如到了"异国"，一切都是生疏的，一切都不习惯，言语不通，无亲无故，好像孤悬在海上，心情是沉重和寂寞的。鲁迅的信，是他们生活中唯一的希望，也是强大的精神支柱。对他们来说，这信像空气和太阳那样重要和必需。每收到一封鲁迅先生的来信，他们除了在家里一遍一遍地诵读，出去散步的时候也必定珍重地藏在衣袋中，而且要用手抚摸着，似乎是谨防它失窃或被掠夺。他们的习惯是吃过午饭或晚饭以后，沿着拉都路向南散步。如果信是上午到的，吃过午饭，就用六枚小铜板买两小包花生米，每人一包，装在衣袋里，边吃边走边漫谈……待到路上行人车马稀少了，就由装着信的人把信掏出来，悄声读着，另一个人则静静地倾听。这成为他们最大的享受。信不是读一次就停的，也不是一个人读过就算了的……这时候，他们俨然变成了两个孩子，有时大笑，有时叹息，有时流出眼泪，有时甚至要跑着彼此追逐……

这封信鲁迅先生不是即复的，这使萧军和萧红十分焦急，产生了种种猜测。以为是被国民党在邮局的特务给扣掉了，因此又于11月13日写信给鲁迅先生，问他通讯地点是否要改。《八月的乡村》的抄件也急于交到鲁迅先生的手中，问他是否可以由内山书店转交。由于经济日益紧张，不能坐吃山空，他们还请求鲁迅先生给介绍一些临时性的工作，以便维持起码的生活。他们到上海以来，钱已经所剩无几，几乎到了山穷水尽的地步。萧军已给黄田写信求助，但不能解燃眉之急。反复思考，万般无奈，他们只好向鲁迅先生开口借二十元钱。

鲁迅于11月17日给他们写了回信，说明自己回信迟了的原因是病了十来天。然后讲述了日本左翼文学界的情况，又提到蓬子的转向，转向只是因为他不愿意坐牢，其实他本来是个浪漫性的人。"凡是知识分子，性质不好的多，尤其是所谓'文学家'，左翼兴盛的时候，以为这是时髦，立刻左倾，待到压迫来了，他受不住，又即刻变化，甚而至于卖朋友（但蓬子未做这事），作为倒过去的见面礼。这大约是各国都有的事。但我看中国较甚，真不是好现象。"然后，又耐心地一一解答了他们的问题。他在信中还说地址不用改，书稿可以想别的接洽办法，工作因为他也很少和别人交际，所以难找，借钱不成问题。

收到鲁迅的信后，他们立刻回信，其中又提了许多的问题，"逼"得鲁迅似乎只有"招架之功"，几乎要喘不上气来。鲁迅于11月20日，给他们回信说："许多事，一言难尽，我想我们还是在月底谈一谈好，那时我的病该可以好了，说总能比写信讲得清楚些。但自然，这之间如有工夫，我还要用笔答复的。"萧军在信里，谈到自己一遇到俄国人，就要说几句半吊子的俄国话。鲁迅在这封回信里，严厉地警告他："现在我要赶紧通知你的，是霞飞路的那些俄国男女，几乎全是白俄，你万不可以跟他们说俄国话，否则怕他们会怀疑你是留学生，招出麻烦来。他们之中，以告密为生的人很不少。"这一"警告"真使萧军有些"后怕"了，他感到自己的浅薄和无知，惭愧这还要鲁迅先生为他来"操心"！但他们终于盼到和鲁迅先生见面的消息了，这一消息对萧军和萧红来说，真是一大喜讯。他们快乐得无法形容，像小孩子盼过年一样，每天屈着手指计算到月底的日子，总觉得时间过得太慢，很想用鞭子把地球抽打两下，使它跑得更快一些。他们猜测着会面的地点，揣摩着鲁迅先生的真实面貌、可能穿的衣服，想象着见面时的情景……这使得他们的思想、感情以至那冷冷清清的亭子间，全有了新的意义、新的气氛，似乎全都"沸腾"起来了……"冬天过去，就是春天！"为了猜测相见时候的各种情景，萧军和萧红还常常"认真"地争执一番，各执己见，互不相让，几乎失掉了成年人应有的自制，完全变成了一对孩子，任凭各自的感情驰骋着。

11 月 27 日，鲁迅先生给萧军和萧红寄来了约定见面时间的信：

刘、吟先生：

本月三十日（星期五）午后两点钟，你们两位可以到书店来一趟吗？小说如已抄好，也就带来，我当在那里等候。

那书店，坐第一路电车可到。就是坐到终点（靶子路）下车，往回走，三四十步就到了。

此布，即请俪安。

迅上

十一月二十七日

萧军和萧红日夜盼望的日子终于到来了。内山书店坐落在上海北四川路底一条横街的北侧，恰好是"丁"字形的顶头处，坐北朝南，正对着北四川路大街。他们按照鲁迅先生指定的日期和时间——11 月 30 日星期五午后，到了内山书店。鲁迅先生已经等在那里了，正坐在柜台里面另一间套间里的一张长桌子前面，一边翻拣着摊在桌子上的一些信件和书物，一面和一个日本人模样的人在说着日本话，"内山"老板也陪在旁边，在和鲁迅先生说着什么。看见萧军和萧红进来，鲁迅先生问道："你是刘先生吗？"萧军点了点头，而后低声应了一个"是"。"那我们就走吧——"他说了一声，接着，把桌子上的信件、书物……很快地包进一张紫色底、白色花、日本式的包袱皮里，挟在了腋下，走了出来，并未和谁打招呼。鲁迅先生走在前面，萧军和萧红默默地跟在后面。他们注意到鲁迅先生走起路来很利落，他没有戴帽子，也没有围围巾，只穿了一件黑色的瘦瘦的短长衫，藏青色的窄裤管西服裤子，一双黑色的橡胶底的网球鞋。刚刚病好的鲁迅先生，形容瘦弱而憔悴：瘦削然而直直的黑色背影，浓浓的森森直立的头发，两条浓而平直的眉毛，一双眼睑微显得浮肿的大眼睛，没有修剪的胡须，双颧突出，两颊深陷，脸色是一片苍青而又近乎枯黄和灰白，更突出的是，一双特大的已经变成黑色的鼻孔……两位崇敬他的年轻作家，生出了由衷的悲哀。

他们跟在鲁迅先生身后，跨过一条东西横贯的大马路，又向西走了一段，到了一处像咖啡馆的铺子前面。鲁迅很熟悉地推门进去了，萧军和萧红也跟着进去了。一个秃头的胖胖的中等身材的外国人，看上去像俄国人，很熟悉地和鲁迅打招呼。他们拣了靠近门边的一处座位坐了下来，这处座位很僻静，因为靠近门侧，进门的地方又有一间小套间，如果一直走进去，就不会注意到这个侧面的座位。座位椅子的靠背又特别高耸，邻座之间谁也看不见谁，俨然一间小屋子。鲁迅先生告诉萧军和萧红，这咖啡馆主要是以经营后面的舞场为生的，白天里没有什么人来，中国人更少，所以他常常选这地方和人见面。

萧红迫切地要见到鲁迅和许广平的孩子——海婴，还不等鲁迅说什么，竟劈头问道："怎么，许先生不来吗？"鲁迅用浙江式的普通话说："他们就来的。"萧红张起她那两只受了惊似的大眼睛，定定地望着鲁迅。正在这个时候，海婴抢在前面，嘴里叽里咕噜地说着上海话，朝着萧军和萧红就跑了过来，接着许广平也微笑着走了进来。鲁迅指了指萧军和萧红，又指了指许广平，简单而平静地为他们做了介绍："这是刘先生、张先生，这是Miss许。"许广平伸出手，和萧军、萧红恳切地握了起来。萧红微笑着，泪水却浮上了她的眼睛。在此之前，萧红曾听到一个谣传，说鲁迅的夫人是一名交际花，她还在信里向鲁迅报告过这件事。这会儿，许广平也笑着问萧红："你看我像交际花吗？"萧红不好意思地笑了起来。

萧军首先向鲁迅说了他们从哈尔滨出走的情况、在青岛的情况，以及为什么这样快来到上海，又概况地讲了一下东北被日本帝国主义侵占以后的政治情况、社会情况、人民的思想感情状况、武装和非武装的"反满抗日"斗争情况等。鲁迅则简要地讲了一些上海国民党反动派对左翼团体和作家的压迫、逮捕、杀戮的情况，以及左翼内部不团结的现象等。萧军几乎愤怒得不能自制了，竟"天真"地向鲁迅先生提出这样的倡议："我们不能像一头驯顺的羊似的，随便他们要杀就杀，要抓就抓……我们每人准备一支手枪、一把尖刀吧！"鲁迅惊讶地说："这是做什么？"萧军慷慨激昂地说："他们来了，我们就对付他们，弄死一个够本，弄死两个……有利息！总比白白地让他们弄去了强……"鲁迅默默地笑了一下,吸了一口香烟说:"你不知道,上海的作家们,只能拿笔写,不会用枪……"

分别前,鲁迅把一个信封放在桌子上,说:"这是你们需要的……"萧军、萧红知道,这里面大概是他们向鲁迅先生借的二十元钱,心里感到酸楚,泪水又浮上了他们的眼睛。萧军把带去的《八月的乡村》手抄稿交给了许广平。没有回程坐电车的钱,萧军坦率地告诉了鲁迅,鲁迅从衣袋里掏出大银角子和铜板(当时上海通用的两角、一角的零钱)放在桌子上。他们上了电车,鲁迅还直直地站在那里望着,许广平频频招扬着手里的手帕,小海婴也挥扬着一只小手,俨然像"永别"一样!

从内山书店回到拉都路的家里,萧军和萧红百感交集,萧军立刻给鲁迅先生写了一封信。在信中,萧军讲到自己看了鲁迅先生衰弱的身体后的悲哀感受,对那些迫害鲁迅先生的人非常愤慨。还说到自己年轻力壮,却要用鲁迅先生的钱,内心感到很刺痛。此外,还问了一些其他的问题。最后是请许广平先生对他们的文稿进行修改或提些意见。并且,还讲了不能安下心来静心写作的苦恼。

12月3日,鲁迅给他们回了信。在信里安慰了他们:"我知道我们见面之后,是会使你们悲哀的,我想,你们单看我的文章,不会料到我已这么衰老。但这是自然的法则,无可如何。其实,我的体质并不算坏,十六七岁就单身在外面混,混了三十年,费力可就不小。但没有生过大病或卧床数十天过,不过精力总觉得不及从前了,一个人过了五十岁,总不免如此。"言语中已很有些苍凉之感。接着鲁迅谈到在中国这样的文明古国，做人特别难："单是一些无聊的事，就会花去许多力气。"然后，给他们分析了不能安下心来写作的原因，语重心长地劝导他们："一个人离开故土，到一处生地方，还没有在这土里扎下根，很容易出现这样一种情境。一个作家，离开本国后，即不会写文章了，是常有的事。我到上海后，即做不出小说来，而上海这地方，真也不能叫人和它亲热，我看你们现在这种焦躁的心情，不可使它发展起来，最好是常到外面去走走，看看社会上的情形以及各种人的脸。"对于他们提出的各种问题，鲁迅又耐心地一一做了解答。对于请许广平改稿的事，则代为回绝："我们有了孩子之后，景宋几乎和笔绝交了，要她改稿子，她是不敢当的。但倘能出版，则错字和不妥处，我当负责改正。"最后，又安慰他们："来信上说到用我这里拿去的钱时，觉得刺痛，这是不必要的。我不收一个俄国的卢布、日本的金圆，但因出版界的资格关系，稿费总比青年作家来得容易，里面并没有青年作家的稿费那样的汗水，用用毫不要紧。而且这些小事，万不可放在心上，否则，人就容易神经衰弱、陷入忧郁了。"鲁迅像一个慈父一样地关怀着他们，又不让他们感到有压力。甚至连他们的愤怒，鲁迅也淡然处之："来信又愤怒于他们迫害我。这是不足为奇的，他们还能做什么别的？我究竟还要说话的。你看老百姓一声不吭，将自己的血汗贡献出来，自己弄得无衣无食，他们不是还要老百姓的性命吗？"

萧军、萧红把鲁迅先生看作导师，看作革命文学的旗手，在12月10日的信里，又向他请教左翼文艺运动的问题。鲁迅当天就回了他们的信，一一给予解答，而且直率地谈了自己对左翼文艺运动的看法："……我觉得文人的性质是颇不好的，因为他们的知识思想，都较为复杂，而且处在可以东倒西歪的地位，所以坚定的人是不多的。现在文坛的无政府情形，当然很不好，而且坏于此的恐怕也还有，但我看这情景是不至于长久的。分裂、高谈、故作激烈等等，四五年前也曾有过这种现象，左联起来，将这压下去了，但病根未除，又添了新分子，于是现在老病复发。但空谈之类，是谈不久，也谈不出什么来的，终必被事实的镜子照出原形，拖着尾巴而去……"鲁迅还向他们介绍了左联的情况："其实，左联开始的基础就不大好，因为那时候没有现在的压迫，所以有些人以为一经加入，就可以称为先进，而又并无大危险的，不料压迫来了，就逃走了一批。这还不算坏，有的竟至于出卖消息去了。人少倒不要紧，只要质地好，而现在连这也做不到。好的也常有，但不是经验少，就是身体不强健（因为生活大抵是苦的），这于战斗是有妨碍的。但是，被压迫的时候，大抵有这现象，我看是不足悲观的。"

为了使萧军、萧红能够进入上海文坛，不致因感到寂寞而沉沦，鲁迅又为他们介绍了一些朋友。他以给胡风的初生子做满月为名义，于12月19日在梁园豫菜馆请客，在12月17日的这封信中给萧军和萧红发出了请柬：

刘、吟先生：

本月十九日（星期三）下午六时，我们请你们俩到梁园豫菜馆吃饭,另外还有几个朋友,都可以随便谈天的。梁园地址,是广西路三三二号。广西路是二马路与三马路之间的一条横街,若从二马路弯进去,比较的近。

　　专此布达,并请俪安

豫、广同具

十二月十七日

　　萧军、萧红收到鲁迅先生的信,激动得热泪盈眶。把这封短短的信翻来覆去地看着、读着……两人的手不约而同地不能克制地抖动着,两颗漂泊的、已近于僵硬了的灵魂,此刻被这意外而来的伟大的温情浸润得难于自制地柔软下来了,几乎竟成了婴儿一般!

　　他们经过一阵梦一般的迷惘,才渐渐恢复了清醒。萧军马上找出一份上海市的市街图来,首先寻找到二马路和三马路的大体方向和位置,接着是寻找那条横街广西路。然后又量了一下路程远近,查清了要乘坐哪条路线的公共汽车和电车能够到达。一切都研究明白了,他才松了一口气,静静地望着萧红。萧红一双流过泪还有些湿漉漉的大眼睛笑着, 带着嘲笑意味抢先说:"你要出兵打仗吗?"萧军迷惑了,不知她说这话的意思,反问她:"你这话是什么意思?"萧红说:"我和你说话,竟装作没听见的样子,一个劲儿地在那张破地图上看来看去,又用手指量来量去,简直像一个要出兵打仗的将军!"萧军说:"我总得把方向、路线确定下来呀,心里得有个谱,怎么能够临时瞎摸乱闯呢? 你要和我说什么呀？""我要和你说呀……"萧红再一次伸出一只手,扯了扯萧军衬衫的袖管,"你就穿这件灰不灰蓝不蓝的破罩衫去赴鲁迅先生的宴会吗?"萧军立刻说:"那穿什么呀?我没有第二件……"萧红坚决地说:"要新做一件——"萧军摇了摇头说:"没必要。"断然地拒绝了她的提议,而且补充道:"上一次见鲁迅先生,不就是穿着这件罩衫吗?"萧红坚持说:"这回……有客人!"萧军还在争辩:"鲁迅先生信上不是说只有几个朋友,而且都是可以随便谈天的吗?鲁迅先生认为可以随便谈天的人,我想总不会有什么'高人贵客'吧?左不过是一些左翼作家,我认为他们不会笑话我的罩衫的……"萧红无奈地说:"你这个人……真拿你没办法!"

萧红一把抓起床上的大衣,随便地披在肩上,一扭身冲出了屋门,半跑着下了楼梯。萧军没来得及问她干什么去,当然也没有阻拦她,更没有追赶她。他知道萧红的性格,遇到这种情况,她不会回答问题,也不会听从劝阻。如果追赶她,她会跑得更快。大约两个小时以后,萧红兴冲冲地跑上楼来。她用一卷软绵绵的东西敲了敲萧军的头,笑着责备萧军说:"你没听到我回来了吗?""没听到——"萧军慢慢地转了一下头,嘴角歪动了一下说:"我什么也没有听到!"萧红调皮地说:"坏东西!看,我给你买了一件衣料!"她把一块黑白纵横的方格绒布料,两手拎着举给萧军看。萧军心中一惊:"糟糕!大概她把仅有的一点钱都买了布料了,也许连明天赴宴会的乘车费也花光了……"萧军心情有些沉重地问萧红:"买它干什么?"萧红调皮地说:"我一定要给你做一件'礼服',好去赴鲁迅先生的宴会!"她又问萧军:"你猜猜,得多少钱？"萧军老实地说："猜不着。"萧红得意地说："七角五分钱。我是从一家'大拍卖'的铺子里买到这块绒布头的。起来，容我比量比量，看够不够。"

萧军机械地站了起来，任萧红在他身前、身后量来量去。萧军的心情也轻松了一些，暗自琢磨："谢天谢地，她并没有把所余的几元钱全部花光，还足够几天生活费和车钱！"萧红让萧军把身上的罩衫脱下来，又从皮箱里把萧军在哈尔滨时夏天穿的一件俄国高加索式立领绣花的大衬衫找出来，铺在床铺上，用那块方格的绒布比量，而后竟拍起手来，高声嚷叫着："足够啦！足够啦！"萧军犹疑着说："你要知道，明天下午六点钟以前，我们必须到达那家豫菜馆，你想让我像印度人似的披着这块布去吗？"萧红自信地说："傻家伙，我怎么能让你当印度人哪，你等着瞧吧，在明天下午五点钟以前，我必定让你穿上新'礼服'！"原来就没有阳光的亭子间，此刻早就昏暗了下来，在一盏高悬的昏黄电灯下，萧红开始了剪裁工作。第二天一大早，天还没有完全亮，萧红就起床了，开始缝纫衬衫。她几乎不吃不喝、不眠不休地缝制着，她那美丽的纤细的手指不停地上下穿动……

五点钟以前，萧红竟真的把一件新礼服全部缝制完成了。这是仿照萧军那件高加索式立领、套头、掩襟的大衬衫制成的，只是袖口是束起来的，再就是没有绣花边。萧红命令萧军："过来！试试看。"萧军顺从地穿上新"礼服"，既合适又舒适。萧红继续命令道："把皮带扎起来！围上这块绸围巾！"萧军顺从地一一照办。萧红上下左右端详着萧军，忽然他们的视线相遇了……萧红像一只麻雀似的跳跃着扑到萧军的胸前,他们紧紧地拥抱在一起,好像要把对方溶解。

六点钟左右,他们终于找到了鲁迅先生信中所说的那家梁园豫菜馆。这是一座坐东面西旧式二层灰砖楼房。他们上楼的时候,许广平先生正在楼梯口张望,似乎正在等着他们。许广平如多年不见的"故友"一样,一把把萧红揽了过去,走进了一个临街的房间。过了十几分钟,菜馆的招待走了进来,满面和气地问道:"你们的客人全到齐啦?"许广平先生看了一下腕子上的表,征询着鲁迅的意见:"现在快七点了,怎样?还要等他们吗?""不必了。大概他们没收到信,我们吃吧。"鲁迅先生爽利地做了决定:"给我们开吧。"

那天一共有九个人,胡风夫妇因为没有及时收到信而没有来,在座的有叶紫、聂绀弩及其夫人周颖,还有茅盾。开饭前,许先生出去了一下,回来后在鲁迅先生耳边轻轻地说了一个"没"字,然后才以主人的身份介绍客人。她指着茅盾说:"这是我们一道开店的老板……"茅盾点了点头,另外几位客人都会心地笑了笑。这家菜馆主要是吃烤鸭,其他菜肴也很好。席间的谈话令萧军、萧红莫名其妙,似乎用的都是些"隐语",萧军只能吃了又喝喝了又吃。他注意到聂绀弩总在不停地给他的夫人碗里夹菜,便也学着他的样子,给萧红夹菜,这使萧红有些不好意思了,暗暗用手在桌下制止萧军。海婴叽里呱啦满口讲的是他们听不懂的上海话,他和萧红一见如故,混得很熟了。

出于礼貌也是"不甘寂寞",萧军也讲了一些东北的风俗、习惯以及各样事务，包括鲁迅在内的所有人，全在专心地听着。最后萧军提出要买几本俄文书，茅盾很诚恳也很仔细地为他指点、介绍，告诉他应该到哪里去买、如何坐车等，萧军在心里暗暗佩服着他文化知识的丰富。大约九点钟的时候，宴会结束了。叶紫把他的住址给了萧军，萧军也把自己的住址给了他。临分别的时候，萧红把友人王福临送的小棒槌和祖父给她的带在身边多年的一对醉红色的核桃，一并送给了海婴。"这是我祖父给的，"萧红说，"是我带在身边的玩意儿，这是捣衣服用的小模型，通通送给你。"

回家的路上，萧军和萧红挽着彼此，脚步轻快，觉得自己是世界上最幸福的人。为了纪念这次历史性的聚会，他们还到照相馆拍了一张合影。

进入文坛

1934 年底,萧军、萧红搬到了拉都路 411 弄 22 号的二楼。拉都路在法租界的西南角,这是一片荒凉的地界,到处是肆意生长的荒草,张牙舞爪,像一个个干枯的骨架,在寒风中干涩地乱舞。房子在弄堂的拐角上,又是靠北边的最后一排,冬季的寒风呼啸而过,一片萧索,直吹得人心发慌。可再怎样荒凉,还是要住下去的。他们开始收拾,为新生活做准备。

他们还写信把新居的情况告诉了鲁迅先生。

鲁迅回信说:"知道已经搬了新房子,好极好极,但搬来搬去不出拉都路,正如我总在北四川路兜圈子一样。有大草地可看,在上海要算新年幸福了,我生在乡下,住过北京,享惯了广大的土地了,初到上海,真如被禁进鸽子笼一样,两三年才习惯。"

鲁迅的关爱,像是春日里的潺潺细雨,温润地滋养着两个年轻人,又如艳艳朝阳,给他们不落的希望。

两人开始布置新居,萧红因为失眠,向萧军提出分床而居。于是,他们置办了两张床。一张放东北角,一张放西南角,恰好处在对角线上,可以把距离拉得远一点。临睡时,两人都若无其事地道了"晚安"。萧军正要入睡,蒙眬中听到一阵抽泣的声音,焦急地问"怎么了"，萧红没有回答他，她侧过脸去，两股泪滚落下来，立刻把枕头洇湿了。

萧红说："我要一个人睡，可又睡不着，电灯一闭，就觉得我们离得太远太远了！"说着，泪水又浮上了她的眼睛……敏感揉碎了心，伤愁跳上了眉头，这样一个如水一般多愁善感的人儿，直叫人心底生怜。

鲁迅宴客，名义上是庆贺胡风夫妇儿子的满月，实际上是特意为萧军、萧红介绍几位作家朋友，使他们能够互相帮助，以此安抚两颗寂寞的心。其中，叶紫同他们来往最多，很快就成了要好的朋友。叶紫有时直呼萧军为"阿木林"，即上海人所谓的"傻瓜"，可见彼此关系的亲密。

渐渐熟悉以后，大家见萧军、萧红生活窘迫，便建议萧军找鲁迅介绍文稿，而鲁迅也确实在热心地帮助他们。萧红的《生死场》，他就托人找过不少地方，最后文学社愿意付印，结果"在中央宣传部书报检查委员会"那里的批复是不许可。担心萧红等得焦急，或是知道消息以后沮丧，鲁迅在信中编了个理由，说："吟太太的小说送检查处后，亦尚无回信，我看这和原稿的不容易看有关系，因为是用复写纸写的，看起来较为费力，他们便搁下了。"

经过鲁迅的推荐，萧军、萧红的文字陆续发表在各种大小刊物上，他们的名字，逐渐为上海文坛所知晓。两颗文坛新星，被鲁迅手捧着，缓缓升起，在美丽的上海滩，绽放光华。

一次，叶紫来访，跟萧军商量，要鲁迅请他们下馆子。萧红自告奋勇写了信,还说怕费钱可以吃得差一点,还附寄了小说《小六》,请求帮助发表。鲁迅立刻将小说转给《太白》的主编陈望道,并回信给萧红、萧军,信中对小说做了一点儿印象式评论:"小说稿已经看过了,做得好,不是客气话。小说充满着热情,和只玩技巧的所谓'作家'的作品大不一样。"至于请客吃饭一事,也很爽快地答应了。

大半个月过后,鲁迅践约,请了叶紫、萧军和萧红,正好黄源来访,便也一并请了,后偶遇《芒种》的编辑曹聚仁,加上许广平和海婴,一行八人前往桥香夜饭店,凑成了一个不小的聚会。

优雅的环境,精致的菜肴,光线里泛着黄晕,好友在座……一派惬意的景象。置身当时当处,萧红心中充满了喜悦和感恩,她感觉到,自己的血液在燃烧,自己的人生开始升腾,所有梦想,都将不再是梦,它会暖洋洋地照进现实,照进她的人生。有了新朋友,有了鲁迅先生的关爱,萧红觉得如今的生活更加有色彩了。

1935 年 4 月 2 日,萧军、萧红又搬家了,同在拉都路上,是一处小弄堂里的房子,坐北朝南中西结合式假三层的楼房,他们住在三楼。楼下是一片空地,还有栽着花木的池子。相比之前的环境,这一处已经好很多了。他们已经习惯了搬家,虽然很费力,但是日子总算是朝着好的方向发展了。对萧红而言,家不是房子,而是一个有伴、有生活、有理想的地方。

他们给鲁迅写信,告诉他搬家的事。这时,鲁迅已经看完了《八月的乡村》,并写了序言,他把长长的回信连同书稿放在内山书店里，然后发出短信，让萧军去取，并借此确定地址。

一个月后，鲁迅应邀到新家做客，他和许广平带着海婴突然到访，令萧军和萧红无比兴奋。

6月，因为某些原因，萧军、萧红又搬了一次家，地址在法租界萨坡赛路190号的唐豪律师事务所。他们像流浪的并蒂莲，漂泊却美美地绽放，任生活苦难风雨，不离不弃。能和所爱的人一起流浪、一起吃苦的幸福，是许许多多人艳羡的。

通过鲁迅，萧红、萧军认识了胡风，并且很快就变得熟络起来，鲁迅为两个年轻人打开了一个新的宽广的世界。

一天，他们邀请胡风夫妇到自己的新家吃晚饭，席间还有从哈尔滨来的罗烽白朗夫妇。他们喝酒，畅谈，欢笑。胡风的夫人梅志第一次接触到这群北国的慷慨之士，也随之变得毫无顾忌。这样的情境让萧红又回忆起年少时和同学一起欢聚的场面，她不敢相信，多年之后，她还能重拾这种畅快的感觉。

11月5日，萧军、萧红收到鲁迅的一封信，信里邀请他们两人到他家里做客。黄昏时分，他们如约来到鲁迅的寓所，那是北四川路施高塔路大陆新村9号的一栋三层的房子。

幽暗的客厅里，使萧红感到新奇的是种在一只豆绿色瓷瓶里的几株大叶子植物。在寒冷的冬季，居然还保持着春天的翠绿，实在是让人惊喜又感动。从鲁迅口中得知，这个叫万年青，无论严寒酷暑，始终这样青翠欲滴。萧红"喔"了一声，又盯了这植物好久，她把这植物的精魂埋在了心灵的土壤里，激励自己永存希望，永不放弃。

晚饭过后,两家人一道坐在长桌旁边喝茶,惬意地闲谈着。窗外,晚霞映红了半边天,像一个温柔美丽的姑娘。夕阳下的景致别样悠然,朋友相聚,欢声漫谈,笑语不断。如此和美光景,总算是不负岁月流年。

日落西山,明月渐白,他们一直谈到深夜十一点钟。萧红是个非常细心的人,见夜已深了,便想结束聊天,让鲁迅早点儿休息。但是,鲁迅一点儿倦意也没有。客厅里摆着一张藤椅,萧红、萧军几次劝他在藤椅上休息一下,他也没有去。十一点多,萧红发现窗玻璃上有小水流在游动,外面传来了淅淅沥沥的雨声,一直到将近十二点,鲁迅才肯让他们穿着雨衣出门。鲁迅非要送他们到铁门外不可,这份热情和亲切,使萧红一次又一次地感动着。

在铁门外面,鲁迅指着隔壁的"茶"字的大招牌,说:"下次来记住这个'茶'字,就是这个'茶'的隔壁。"他伸出手去,几乎触到了钉在铁门旁边的那个九号的"九"字,叮嘱道:"下次来记住'茶'旁边的九号。"萧红深深地回望了一眼,把这个"九"字记在了心里,她看了看鲁迅的身影,眼前湿蒙蒙一片,她要永远记住这一幕。

萧红、萧军同鲁迅以及左翼作家这一群朋友之前讨论过的"奴隶丛书",曾托人送到黎明书店,希望能正式出版,但书店的编辑怯于严厉的书报审查制度,到底还是拒绝了。最后,叶紫他们把书稿送到民光印刷所,壮着胆子以杜撰了一个叫"容光书局"的出版社的名目,"非法"出版了。

继叶紫的《丰收》之后，萧军的《八月的乡村》也出版了。到了年底，作为丛书的第三种，萧红的《生死场》也得以艰难面世。喜悦在等待中酿出了更多的甘甜，《生死场》拨开重重迷雾，终于出现在阳光之下。

鲁迅为丛书分别写了序言，胡风写了一篇《读后记》，鲁迅还在校样上用红笔逐一改正了错字，还改动了原先的格式，这让萧红感激的同时又充满了愧疚。

第一次独立出书，萧红是十分看重的，她亲自设计了封面，看到序言没有鲁迅的亲笔签名，而其他书都有，便向鲁迅索要签名。

在《生死场》的序言中，鲁迅表述了奴隶与主人和奴才对立的政治伦理观点。他直接揭露了《生死场》遭到"中央宣传部书报检查委员会"扼杀的事实，同时指出，这正是当然的事，"对于生的坚强和死的挣扎，恐怕也确是大背'训政'之道的"，实际上是挑战国家意识形态的。他向读者推荐说，《生死场》之所以值得看，正在于"它才会给你们以坚强和挣扎的力气"。

鲁迅为丛书写的序言都强调文学的真实性和战斗性，但是，唯有对萧红的《生死场》，特别说到艺术的特点和成就。鲁迅欣赏萧红作为女性作者的细致、明丽和新鲜，尤其称赞其中的越轨之处有一种力量美。他觉得萧红在描写人物方面是有缺陷的，但是序言里没说，在信里也没有具体指出，只是说："那序文上，有一句'叙事写景胜于描写人物'，也并不是好话，也可以解作描写人物并不怎么好。因为做序文，也要顾及销路，所以只得说得弯曲一点。"他之所以没有多费笔墨,大约是相信她的才华,相信她有能力在未来的写作实践中臻于完善。

胡风的《读后记》,对《生死场》同样给予了高度评价,他认为,这是一部"不是以精致见长的史诗",同时他也给出了几点中肯的建议。

生死场,生的渴望,死的挣扎。她写的是故事,也是心的呐喊。这个外表柔弱的姑娘,在生与死的徘徊挣扎中建立起坚不可摧的精神堡垒。

《生死场》从酝酿出版到最终问世的半年时间里,萧红是焦灼的,也是亢奋的。期盼太久,她在期待中已经无数次地揣摩过它问世的样子,她希望,文学这条路,她能够越走越宽。

1935年夏季,萧红的散文集《商市街》写成。这部散文集带有明显的自叙性质,是她与萧军在哈尔滨共同生活的记录。它们沿着时间的线索徐徐展开,社会的冷酷、穷人的困窘、生活的千疮百孔,以及爱的挣扎,凝成墨泪,流淌在笔尖。

萧红历经饥饿与寒冷的一次又一次洗礼,那样彻骨的痛,都深深地铭刻在心底,当这一切从笔端流淌而出的时候,是那样的痛彻心扉。冷酷的父亲,流浪的街头,刺骨的寒风……那样浓郁的寒冷和悲伤,她曾一一亲历。绝望之中,她一次次呐喊挣扎,而经历一次次苦难,她也愈加坚强。

这样一部自传式作品具有社会学的性质,为中国文学所未见。有人把它与英国作家奥威尔的《巴黎伦敦落难记》相比拟,当是极有见地的。

1935 年底,聂绀弩和萧军、萧红都想办刊物,当然是以鲁迅先生为旗帜,每期也都要有鲁迅先生的文章。鲁迅先生和胡风商量,总觉得这样分头办,力量太分散,不好。还是以胡风为核心,其实也就是以鲁迅为核心,合力办一个比较好。大家都同意了,商量刊名的时候,鲁迅先生提出"闹钟",胡风则脱口而出——"海燕"。鲁迅立即同意了他的意见,后来胡风觉得,唤醒沉睡者,用"闹钟"更具体,而且新颖。但鲁迅先生还是支持胡风提议的"海燕",并亲自为刊物写了刊名"海燕"两个字。这个杂志的文稿由胡风集结,编好后交给聂绀弩付排,校对等杂事也由聂负责。编排方面大家一起商量,但大多由胡风做主。刊物一出,初版2000 册,当天就卖完了。大家都很高兴,为了表示庆祝,鲁迅先生在梁园饭馆宴请萧红、萧军、聂绀弩夫妇、胡风夫妇、叶紫等一干同仁。大家都因刊物的成功受到了很大的鼓舞,尽情地痛饮,尽情地抒发自己的心情,一直吃了两三个小时才散。第二期也出得很顺利,但立刻引起了国民党检查部门的注意。第三期编好以后,却不能出版了。萧红在《海燕》上发表了《访问》《过夜》等作品,萧军发表了《大连丸上》《我家在满洲》等。

　　《海燕》的影响很大,销路又好,吸引了一批读者,孟十还准备以《海燕》的作者群为基础,创办一个新的刊物《作家》。他通过聂绀弩联系到这些作家,并说服上海杂志公司的张静庐承担出版。孟十还邀请胡风夫妇和两萧到他的新居吃晚饭,在兆丰公园附近一个弄堂里的一栋小洋房里。孟十还说这是借的他同乡的房子,饭前,他讲述了自己办杂志的计划,希望《海燕》的所有作家都参与进来。他极其谦恭地说,他虽然出面当主编,但只是一个跑腿的小伙计,希望作家们在编辑方面多费点儿力。当时没有其他可以自由发表文章的园地,他说得又很好,作家们就都答应支持他。萧红写了以东特女一中的学校生活为素材的短篇《手》,发表在1936年出版的《作家》创刊号上。

12月,萧红的《生死场》以奴隶丛书之三,自费印刷出版。萧红自幼酷爱美术,她为自己的作品《生死场》设计了封面,因为封面用纸是紫红色的,她想利用这纸的本色,把封面做成半黑半红的样子,以之来代表"生"与"死"。当她用墨笔把《生死场》的书名双钩出来,打算把二分之一的封面完全涂成黑色的时候,在一旁的萧军认为这样的设计太呆板了,就建议她只把书名周围涂黑,不用全都涂上,做成"未完成"的样子。她听从了萧军的建议,就随便涂成了现在这个样子。

因为《生死场》是非法出版,为了防止不必要的麻烦,需要起一个新的笔名。于是,正式使用了"萧红"这个名字。后来,也正是这个名字使她永载史册,而且和萧军紧密连接,至此,两萧成为专有名词,萧红追求人生独立的情感奔逃也更加艰难了。

《生死场》奠定了萧红在中国现代文学史上的地位,她一跃成为著名的左翼抗日作家。鲁迅在序言中,给她的创作以很高的评价:"这本稿子到了我的桌上,已是今年的春天,我早重回闸北,周围又熙熙攘攘的时候了,但却看见五年以前,以及更早的哈尔滨。这自然还不过是略图,叙事和写景,胜于人物的描写,然而北方人民对于生的坚强,对于死的挣扎,却往往已经力透纸背；女性作家的细致的观察和越轨笔致，又增加了不少明丽和新鲜。精神是健全的，就是深恶文艺与功利有关的人，如果看起来，他不幸得很，他也难免不能毫无所得。"鲁迅先生的评价，无疑道出了《生死场》的思想和艺术价值。同时，也说出了自己阅读的感受："然而我的心现在却好像古井中水，不生微波，麻木地写了以上那些字。这正是奴隶的心！但是，如果还是扰乱了读者的心呢？那么，我们还绝不是奴才。"

胡风为《生死场》写了《读后记》，客观地评价了萧红的这部作品。他先将肖洛霍夫的《被开垦的处女地》和萧红的《生死场》作比较，指出："《生死场》的作者是没有读过《被开垦的处女地》，但她所写的农民对家畜（羊、马、牛）的爱，真实而又质朴，在我们已有的农民文学里面似乎还没有见过这样动人的诗篇。""不用说，这里的农民的命运是不能够和走向地上乐园的苏联的农民相比的。蚊子似地生活着，糊糊涂涂地生殖，乱七八糟地死亡，用自己的血汗自己的生命肥沃了大地，种出食粮，养出畜类，勤勤苦苦地蠕动在自然的暴君和两只脚的暴君底威力下面。"胡风的评价可以说是独具慧眼，他首先指出了萧红笔下人物的特质，以及萧红在把握他们生存状态的独到之处：人与物之间一种生动而形象的互喻关系，盲目地生殖与盲目地死亡，由于日本帝国主义的入侵而从麻木中惊醒过来，连最卑微的生存也难以为继，终于走上反抗的道路。胡风因此称赞她："使人兴奋的是，这本不但写出了愚夫愚妇的悲欢苦恼而且写出了蓝天下的血迹模糊的土地和流在那模糊的血土上的铁一样重的战斗意志的书，却是出自一个青年女性的手笔。在这里我们看到了女性的纤细的感觉，也看到了非女性的雄迈的胸境。"对于《生死场》的弱点，胡风也给予了不留情面的批评："然而，我并不是说作者没有她的短处或弱点。第一，对于题材的组织力不够，全篇显得是一些散漫的素描，感不到向着中心的发展，不能使读者得到应该得到的紧张的迫力。第二，在人物的描写里面，综合的想象的加工非常不够。个别地看来，她的人物都是活的，但每个人物的性格都不凸出，不大普遍，不能够明确地跳跃在读者的前面。第三，语法句法太特别了，有的是由于作者所要表现的新鲜的意境，有的是由于被采用的方言，但多数却只是因为对于修辞的锤炼不够。我想，如果没有这几个弱点，这一篇不是以精致见长的史诗就会使读者感到更大的亲密，受到更强的感动。"这样的批评显然是根据现实主义的美学圭臬得出的，萧红则一直都在抵抗着这一话语体系的规训，她排斥所有的小说学的成规。

《生死场》首先以抗日的题材，适应了当时民族解放斗争的时代需要；其次，以鲜明的阶级意识，呼应了 20 世纪 30 年代左翼文学的主潮；其三，从女性的角度出发，表达了对生命的强烈慨叹和对人的精神状态的关注。正因为如此，《生死场》自 1935 年自费出版以后，再版了几十次，一直到现在，仍然有它的读者。

《生死场》的出版，给上海文坛带来了一个不小的惊喜。用许广平的话说，这部小说是"萧红女士和上海人初次见面的礼物"，而上海对她的厚爱也是空前的。从此文章发表不成问题，暂时实现了衣食无忧，这是她一生漂泊的短暂停顿。许多杂志拉她和萧军当台柱子,两萧一跃成为上海文坛引人注目的红星。春天,萧军、萧红应《作家》杂志主编孟十还的邀请,同去游了杭州。他们流连在湖光山色之中,西湖、断桥、葛岭都留下了他们的足迹。从杭州回来以后,他们送给鲁迅先生一罐白菊花茶,鲁迅先生又转送给了胡风。这次杭州之行,萧红还为自己买了一根小竹棍儿,后来一直随身带着。

萧红生活在朋友们热情洋溢的包围中,享受着她一生中少有的欢乐时光。有一天上午,胡风和梅志去看萧红,萧红扎着花围裙正在收拾房间。胡风问她:"怎么就你一个人?三郎呢?"萧红一边请他们坐,一边说:"人家一早到法国公园看书去了,等回来你看吧,一定怪我不看书。"停了一会儿,似乎忍不住了,又说:"你看这地板,烟头、脏脚印,不擦行吗?脏死了,我看不惯。"不久,萧军回来了,腋下夹着几本书。他热情地和胡风夫妇打了招呼,就谈他看的书,说得兴高采烈。说着说着果然用一种夸耀又带谴责的口吻说萧红:"你就是不用功,不肯多读书,你看我,一大早大半本书。"这下萧红可不干了,冷冷地说:"喝,人家一早去公园用功,我们可得擦地板,还好意思说呢!"萧军感到有点儿理亏,就哈哈大笑起来,萧红也忍不住笑了,大家都笑起来。

鲁迅先生对他们的成长起到了直接的帮助作用,每逢和朋友谈起,鲁迅先生总是推荐这两本书。他认为在手法的生动运用上,《生死场》似乎比《八月的乡村》更成熟些,认为在写作的前途上,萧红是更有希望的。5月间,斯诺访问鲁迅,在回答斯诺夫人海伦·福斯特提出的有关中国现代文学问题的时候,关于谁是当下最优秀的左翼作家,鲁迅列举的人中就有萧军,并且认为"田军(即萧军)的妻子萧红,是当今中国最有前途的女作家,很可能成为丁玲的后继者,而她接替丁玲的时间,要比丁玲接替冰心的时间早得多"。胡风也常常当着萧军的面夸奖萧红,说萧红的写作才能在他之上。萧军靠刻苦,而萧红是凭着个人感受和天分创作。萧军深刻,但没有萧红生动。"一向非常骄傲专横的萧军"也承认,每当别人谈起他创作上不如萧红的时候,他便不好意思地说:"我也是重视她的创作才能的,但她少不了我的帮助。"萧红听了以后,多数情况是在一旁委屈地撇嘴。这种普遍的舆论,对大男子主义严重的萧军来说,无疑是心理阴影,也为日后两萧最终的分手带来了深层的隐患。

鲁迅对三个小"奴隶"的支持,引起了一些人的不快。1936年3月15日,《大晚报》副刊《火炬》上,发表了张春桥化名狄克的文章《我们要执行自我批判》。他在这篇文章中说:"《八月的乡村》整个地说,他是一首史诗,可里面还有些不真实,像人民革命军进攻了一个乡村以后的情况就不够真实。有人这样对我说:'田军不该早早地从东北回来。'"就是由于他感觉到田军还需要长时间的学习,如果再丰富了自己以后,这部作品当更好。技巧上,内容上,都有许多问题在,为什么没有人指出呢?"这种说法无疑是荒唐而武断的。其实,鲁迅在《田军作〈八月的乡村〉序》中,在充分肯定了这部书的优点的同时,也指出了它的不足之处。他认为他见过的几种写关于东三省被占领题材的小说中,"这《八月的乡村》即是很好的一部",小说写得"严肃,紧张,作者的心血和失去的天空、土地、受难的人民，以至失去的茂草、高粱、蝈蝈、蚊子，搅成一团，鲜红地在读者面前展开，显示着中国的一部分和全部，现在和未来，死路和活路。凡有人心的读者，是看得完的，而且有所得的"。在这个前提下，鲁迅也批评了它的弱点："有些近乎短篇连续，结构和描写人物的手段，也不能比法捷耶夫的《毁灭》。"

为了回击张春桥不怀好意的攻击，鲁迅于1936年4月16日写了《三月的租界》，发表在1936年5月10日《夜莺》第一卷第三期上。针对张春桥说萧军"不该早早地从东北回来"的挑衅，写道："这些话自然不能说是不对的。假如'有人'说，高尔基不该早早不做码头脚夫，否则，他的作品当更好；吉次不该早早逃到外国，如果坐在希忒拉的集中营里，他将来的报告文学更有希望。倘使有谁去争论，那么，这人一定是低能儿。然而在《三月的租界》上，却还有说几句话的必要，因为还不到十分'丰富了自己'，免于来做低能儿的幸福的时期。"他指出张春桥的"这种模模糊糊的摇头，比列举十大罪状更有害于对手，列举还有条款，含糊的指摘，是可以令人揣测到坏到茫无界限的"。鲁迅先生犀利地指出了张春桥所谓的"自我批判"向敌人献媚的实质："自然，狄克先生的'要执行自我批判'是好心，因为'那些作者是我们底'的缘故。但我以为同时也万万忘记不得'我们'之外的'他们'，也不可专对'我们'之中的'他们'。要评判，就得彼此都给批判，美恶一并指出。如果在还有'我们'和'他们'的文坛上，一味自责以显其'正确'或'公平'，那其实是在向他们'献媚'或替'他们'缴械。"张春桥看到鲁迅的文章以后,曾写信辩解,希望鲁迅先生给他回信。鲁迅先生没有理睬他,只是在日记中有"得狄克信"的记载。4月30日又写了《〈出关〉的'关'》,进一步给予回击:"现在许多新作家的努力之作,都没有这么的受批评家注意,偶或为读者所发现,销上一二千部,便什么'名利双收'呀,'不该回来'呀,'叽里咕噜'呀,群起而打之,唯恐他还有活气,一定要弄到此后一声不响,这才算天下太平,文坛万岁。"萧军也著文予以反击,题为《有所感——关于一本"不够真实的书"》,发表在1936年7月20日出版的《中流》上。

　　1936年3月,萧红、萧军搬到了北四川路底永乐坊。原因有两个:一个是他们不想分散鲁迅先生的精力,有些琐事可以当面谈一下,随时解决;一个是觉得自己年轻力壮,很想在鲁迅先生的生活上、工作上帮助一二。当时鲁迅先生在病中,几乎是不眠不休地工作。许广平先生除了要照管全家的生活以外,有时还要给鲁迅先生抄录稿件。海婴又太小,两个老用人也都年纪不轻了,动作已经不灵便。和鲁迅先生的家离得近了,不用再写信了,萧红"就每夜饭后必到大陆新村来了,刮风的天,下雨的天,几乎没有间断的时候"。她有时和萧军一起去,有时是自己去,有的时候,一天甚至要去几趟。有一天下午,鲁迅先生正在校瞿秋白的《海上述林》,萧红一走进卧室,他便从那圆转椅上转过来,冲着萧红微微点头:"好久不见,好久不见。"萧红觉得很奇怪,心想我不是刚刚来过吗?怎么会好久不见?鲁迅转身笑起来,萧红才明白鲁迅先生是在开玩笑。

他们每次去鲁迅先生家，都要带些吃的，大多是一包黑面包及俄国香肠之类的东西。有一次夹着一包油腻腻的东西去了，许广平打开一看，竟是一副烧鸭的骨头，可能是从菜馆里带来的。于是，配了黄豆芽来烧汤，他们边吃边聊，非常快活。萧红擅长做北方的饭食，经常到鲁迅家里帮厨，有时是包饺子，有时是做韭菜合子，还有的时候是做荷叶饼。她每次提议，鲁迅先生都非常赞成。萧红总觉得自己做得不好，可鲁迅先生却非常爱吃，经常是在饭桌上，举着筷子问许广平先生："我能再吃几个吗？"

　　萧红是喜欢打扮的，经济情况稍好，就为自己置些新装。有一天，她穿了一身新衣服，宽袖子的大红上衣和咖啡色的裙子。到了鲁迅先生家，很想得到鲁迅先生和许广平先生的称赞。但鲁迅先生通常不注意别人的衣饰，许广平先生忙着做家务，也没有对她的衣服加以品评。萧红忍不住了，便问鲁迅先生："周先生，我的衣服漂亮不漂亮？"鲁迅先生看了一眼说："不大漂亮。"过了一会儿，又接着说："你的裙子配的颜色不对。并不是红上衣不好看，各种颜色都是好看的，红上衣要配红裙子，不然就是黑裙子，咖啡色的就不行了，这两种颜色放在一起很浑浊……你没看到外国人在街上走的吗？绝没有下边穿一件绿裙子，上边穿一件紫上衣，也没有穿一件红裙子，而后穿一件白上衣的……"鲁迅先生靠在躺椅上看着萧红说："你这裙子是咖啡色的，还带格子，颜色浑浊得很，所以把红衣服也弄得不漂亮了……人瘦不要穿黑衣裳，人胖不要穿白衣裳；脚长的女人一定要穿黑鞋子，脚短就一定要穿白鞋子；方格子的衣裳胖人不能穿，但比横格子的还好;横格子的胖人穿上,就把胖子更往两边裂,更横宽了,胖子要穿竖条子的,竖的把人显得长,横的把人显得宽……"那天,鲁迅先生很有兴致,把萧红一双短筒靴子也略略批评了一下,说萧红的短靴是军人穿的,因为靴子的前后都有一条线织的拉手,这拉手是放在裤子下边的……萧红说:"周先生,为什么那靴子我穿了很久了都不告诉我,现在才想起来呢? 现在我不是不穿了吗? 我穿的这不是另外的鞋吗? "鲁迅先生答道:"你不穿我才说的,你穿的时候,我一说你该不穿了。"

那天下午,萧红要赴一个宴会,她让许广平为她找一根布条或绸条束一束头发,许广平拿来了米色的、绿色的和桃红色的绸条,两人挑选一番选定了米色的。许广平先生拿了桃红色的,放在萧红的头发上,很开心地说:"好看吧,多漂亮! "萧红也非常得意,顽皮地等着鲁迅先生往这边看她们。鲁迅先生的眼皮往下一放,向她们这边看了看说:"不要那样装饰她……"许广平有些窘迫,萧红也立刻安静下来。

萧红没有想到一位伟大的思想家,竟然对女人的衣饰也这么内行,就问鲁迅先生:"周先生怎么也晓得这些女人穿衣裳的事情? "鲁迅答道:"看过书的,关于美学的。"萧红又问:"什么时候看的……"鲁迅说:"大概是在日本读书的时候……"萧红像个大孩子,一味要打破砂锅问到底:"买的书吗? "鲁迅无奈,只好说:"不一定是买的,也许是从什么地方抓到就看的……"萧红的好奇心还是没有满足,又问道:"看了有趣味吗? "鲁迅只好说:"随便看看……"萧红刨根问底:"周先生看这书干什么? "这个问题,鲁迅实在难以回答,就报以沉默,许广平说:"周先生什么书都看的。"

萧红和鲁迅一家相处得很亲密,连小海婴都非常喜欢她。海婴一看到萧红,就非拉她到院子里玩不可,拉她的头发拉她的衣服。萧红奇怪,他为什么不拉别人呢?鲁迅却说:"他看你梳着辫子,和他差不多,别人在他眼里都是大人,就看你小。"许广平问海婴:"你为什么喜欢她不喜欢别人呢?"海婴说:"她有小辫子。"说着又来拉萧红的头发。

全国各地的进步青年都给鲁迅先生写信,有的信写得很潦草,这使鲁迅先生很不高兴。他曾对萧红说:"字不一定要写得好,但必须得使人一看就认识。现在的年轻人都太急了……他自己赶快胡乱写完了事,别人看了三遍五遍也看不明白,费多少工夫,他不管,反正这费了的工夫不是他的。这实在是不太好。"但是鲁迅先生还是认真读着每封由不同角落投来的青年的信,眼睛不济时,便戴起眼镜来看,常常看到深夜。这种"俯首甘为孺子牛"的精神和一丝不苟的工作态度,无疑成了萧红的榜样。

看到鲁迅先生很忙,萧红、萧军就问他有什么事可以帮着做一点儿,一开始鲁迅先生说没有,后来他们再三要求,鲁迅先生就拿出署名肖参的瞿秋白的译作《高尔基短篇小说集》,让他们圈点,以准备付印。萧红说,这有什么难的,便抢了过去,一天就画完,交给了鲁迅先生。但全不能用,鲁迅先生又全都重新画过。鲁迅先生感叹说,唉,这些年轻人,没有事情要事情做,给了事情又不认真做。一直到鲁迅逝世之后,许广平才把这件事告诉萧军和萧红,这使他们感到不安和愧疚,他们暗自下定决心,要改掉浮躁草率的坏习气。

萧红把许广平当成大姐姐,两个人经常躲开鲁迅和萧军,在一起密谈。她们互相倾诉自己的经历,还有不足为外人道的女人的私事。有的时候,话谈得投机了,竟忘记了手里正在做的事。

鲁迅先生经常介绍别人去看电影,通常是《夏伯阳》《复仇艳遇》,或者是《人猿泰山》和非洲怪兽之类的影片。他说:"电影没有什么好的,看看鸟兽之类倒可以增加些对动物的知识。"3月28日下午,两萧到了鲁迅寓所,许广平留他们吃晚饭。饭后,周建人夫妇携女儿来访,又值李小峰夫人送来李小峰的两百元稿酬。鲁迅很高兴,听说丽都影戏院要放映《绝岛沉珠记》下集,便邀请萧红、萧军、周建人一家一起前往丽都影戏院。看完电影出来,他叫了出租车,让周建人一家坐上离去,自己则带着其余人在苏州河搭桥等电车。鲁迅先生坐在桥边的石围上,悠然吸着烟,活泼的海婴在桥边来回乱跑,鲁迅招呼他和自己并排坐下。萧红觉得坐在那里沉静吸烟的鲁迅先生,就像一个安静的乡下老人,瘦弱、衰老。

两萧和鲁迅多次一起看电影,那是萧红短暂的幸福时光中珍贵的记忆。每次看电影,几乎都是鲁迅先生请客。4月13日,萧红和萧军在鲁迅先生家吃晚饭,鲁迅和许广平提议晚饭后一道去上海大戏院看苏联电影《夏伯阳》,萧军和萧红很高兴地赞成了。由于前次看电影是许广平买的票,这一次萧军就嘱咐萧红在前头走,由他们请客。许广平大概发现了这一情况,就疾步跟上去了。萧军对鲁迅说:"这次由我们请客,老作家请十次客,青年作家也该请一次客了……"鲁迅马上反驳:"老作家把十次客请完了,青年作家再来请吧……"急得萧军竟找不出一句话为自己辩驳。结果还是许广平抢了先,请了客。有一次,在电影院,故事片之前加放的新闻片是苏联纪念五一节的红场活动,鲁迅先生说:"这个我怕是看不到了……你们将来可以看到……"

梅雨季节,很少有晴天。一天,天放晴了,萧红高兴极了,就到鲁迅先生家去了,跑过去的,上楼了还喘着。鲁迅先生说:"来啦!"萧红说:"来啦!"萧红喘得连茶也喝不下,鲁迅先生就问她:"有什么事吗?"萧红说:"天晴啦,太阳出来啦。"许广平和鲁迅都笑起来,是一种冲破忧郁的灿然的会心的笑。

每逢周六晚上,都有许多人聚在鲁迅先生家里一起吃饭。通常周建人全家都要来拜访,有时还会有其他客人。一个周六的晚上,萧红在鲁迅先生家里吃晚饭。在饭桌上,看见一个很瘦很高的人,鲁迅先生介绍说:"这是位同乡,是商人。"那个"商人",头发剃得很短。吃饭的时候,他还给别人倒酒,给萧红也倒了一盅,态度很活泼,萧红觉得他不像商人。吃过饭,闲聊时,他又谈到《伪自由书》和《二心集》,萧红觉得这个商人开明得很。后来,在又一次晚宴上,萧红发现那位商人边喝酒边谈天,说蒙古人怎么样、苗人怎么样,从西藏经过时有怎样的趣事,等等。萧红觉得这个商人真怪,怎么到处跑,也不做买卖,并且鲁迅先生的书他全读过,一开口不是这本就是那本。海婴叫他某先生,萧红立刻明白了，他就是冯雪峰，走过两万五千里长征回来的。

冯雪峰，浙江义乌人，原名冯福春，五四时期著名的湖畔诗人，是鲁迅极其信任的朋友，瞿秋白就是经他介绍结识鲁迅的。此时，他寄住在鲁迅家。他常常回来得很迟，有几次萧红从鲁迅家出来，在弄堂里遇见他。一天晚上，冯雪峰从三楼下来，手里提着箱子，身上穿着袍子，他站在鲁迅先生面前，说他要搬走了。他向鲁迅告辞，许先生送他下楼。鲁迅先生在地板上绕了两个圈子，问萧红："你看他是商人吗？"萧红说："是的。"鲁迅先生走了几步，而后对萧红说："他是贩卖私货的商人，精神上的……"与冯雪峰的接触，引起了萧红对中国革命更强的关注，以至于后来想续写她描写红军两万五千里长征的小说了。

有一次，萧红到鲁迅先生家去，途中遇大雨。她当时心情不好，就没有想避雨，径自在雨中走着。等她到鲁迅先生家的时候，全身都被淋透了。许广平急忙找出干衣裳让她换上，鲁迅先生拿出一双拖鞋让她穿。拖鞋很大，萧红穿上以后连路都走不了了。许广平笑着告诉她，这双拖鞋是瞿秋白住在这里的时候，亲自买回来的。他走了以后，便留给了鲁迅先生，所以已经穿得很破旧了。这使萧红心头一热，涌出一股崇敬之情。后来，鲁迅先生又把这双拖鞋送给了胡风，胡风又把它送给了端木蕻良。

艾格尼丝·史沫特莱，美国著名记者、作家和社会活动家，一个杰出的与众不同的女性。生于密苏里州一个普通农家，当过侍女、烟厂工人和书刊推销员，曾在纽约《呼声报》任职。1918年因声援印度独立运动而被捕入狱六个月，1919年起侨居柏林八年，积极投身印度民族解放运动，曾在柏林会见尼赫鲁。史沫特莱1928年底来华，在中国一待就是十二年，写了大量通讯文稿，支持中国的民族解放与革命事业。通过鲁迅先生的介绍，萧红得以认识她。都是女性，有着共同的体验，基于共同的思想基础，两个人一见如故，建立起持久的友谊。

鹿地亘，日本进步作家，本名濑口贡，东京帝国大学毕业，与中国作家冯乃超同期。他积极参加日本无产阶级文艺运动，是日本无产阶级艺术联盟的骨干人物。1933年被选为无产阶级作家联盟成员，后来成为日本无产阶级作家联盟负责人之一。"九一八"事变后，他发表了许多反战言论，因而受到日本军国主义的迫害，1935年流亡到上海，从事反对日本侵华的活动。通过鲁迅先生的介绍，结识了萧红、萧军这一对左翼作家夫妇。

在鲁迅身边的这些见闻，开阔了萧红的眼界，对她的影响是深远的，特别是她的创作思想，因此而发生了深刻的变化。这期间，文化人类学已经成熟，并在全球知识界迅速普及。鲁迅刚刚完成《故事新编》，在外来暴力的威胁下，试图寻找久远的伟大民族精神，在神话的空间中完成精神的自我确立。这一时期萧红也完成了散文集《商市街》的创作，并陆续在一些刊物上发表。这本散文集共收散文四十篇，记述了她和萧军在哈尔滨的生活。蜜月里的苦情，饥寒交迫的生活，左翼文艺活动中所承担的风险，以及与文艺界友人的欢聚。笔法流畅自如，感情细腻，跳跃式的思维，在一派北国风情中，展露出鲜活的心迹，哀伤中充满了智者的冷幽默。这本书为她赢得了更高的声誉，为业内人普遍激赏，比小说更能显示她艺术的才华,作为散文家的前景被普遍看好。她的文艺思想也有了明显的发展,一方面继续着以前的追求,大量描写阶级压迫和民族解放战争中的民众,但更多的注意力,却集中在对国民乃至人类精神状态的关注上。她逐渐脱离了时代的抗日主潮,形成了更为个性化的文学观。这是她能超越自己时代的重要原因,也使她的作品不再容易被她的同时代人所理解。这些变化都和鲁迅的影响分不开,对国民性的重视是她和鲁迅先生心灵相通的地方。对民众精神的关注,使她创作的主题更加深化,艺术风格也更加饱满。在鲁迅身边的这段日子,无疑是萧红创作的一个转折点。

爱情苦涩

　　1936 年,是流亡的东北作家集体亮相上海文坛的关键年头,不仅有宇飞这样的在哈尔滨时在《国际协报》崭露头角的老作家继续有文章面世,新近到达的作家也开始发表作品,并逐渐被上海文坛认识。著名女作家白薇偶然发现了舒群的《没有祖国的孩子》,通过苏灵扬转给周扬,5 月,发表在《文学》杂志上。罗烽发表了《呼兰河边》《狱》《第七个坑》等小说。白朗发表了《伊瓦鲁河畔》《轮下》《沦陷前后》等作品。他们浸透了血泪的文字,呼应了广大民众对沦陷国土的关注,也适应了全民族反抗外族侵略的愿望。9 月,上海书店出版了《东北作家近作集》,内收罗烽、宇飞、穆木天、舒群、白朗、塞克、李辉英、黑丁八人的八部作品,东北作家群的阵容整齐而强大。在后来者中,有一个挂单的青年作家,于年初也到达上海,他就是后来与萧红关系最近的端木蕻良。

　　端木蕻良,生于 1912 年,本名曹汉文,后改名曹京平,出生在辽宁省昌图县鹭鹭树林村,一个汉军旗人大地主的家庭。1928年到天津南开中学读书,"九一八"事变之后,因为领导学生运动而被除名。1932 年春,到绥远参加孙殿英抗日部队,在察哈尔一带驻守半年。到了夏天,以写孙殿英军队战史为名,脱离军队回到北京,考入清华大学历史系,加入北平左翼联盟。1933年,他已经是北平左联常委。6月间,创办左联刊物《科学新闻》,以"辛人"的笔名设邮箱与鲁迅通信联系。8月,北平左联被破坏,他避居天津二哥曹汉奇家,写作长篇小说《科尔沁旗草原》,年底脱稿。他把这本三十万字的小说,寄给当时在北平的郑振铎。虽然郑振铎看好,但因为里面有涉及"九一八"反日的内容,不能发表,而搁置起来。1934年,他回到北平,创作了反映天津学生运动的长篇小说《集体的咆哮》。1935年因参加"一二九"学生运动被反动派盯上,后逃离北平南下,1936年初到达上海。他以叶之琳的化名给鲁迅写信,因为没有谈及"辛人"时期的往事,而失去与鲁迅先生见面的机会。不久,他完成了一部新作《大地的海》。他把部分章节寄给鲁迅先生求教,鲁迅看过以后,要他把书稿寄去,同时建议他先写短篇,容易发表。他接受了鲁迅的忠告,一口气写了《爷爷为什么不吃高粱粥》《鹭鸶湖的忧郁》等多篇短篇小说,以端木蕻良的笔名发表在《文学》《作家》《中流》等刊物上,被批评界看好。

夏天,端木蕻良在法租界的一个公园里独自沉思散步,远远看见了一起散步的萧红、萧军、黄源等人。一群人边走边谈,一派风度潇洒的文人行状,很是引人注目。萧红已经因《生死场》名满文坛,端木蕻良只能在远处默默地注视她,望着她裹在大红衣服里修长、病弱的身体逐渐远去。他已经看过了萧红的《生死场》和其他自述性散文,早已为萧红的才华倾倒,对于她不幸的身世也多有怜惜。如今又看到她苗条、潇洒、柔弱的身姿,更印证了他对萧红的感觉。文人终究是以文相知的,才华的激赏与文学精神的相通才是情感最基本的酵母。在萧红离去近半个世纪的时候,端木蕻良回忆起这初次的印象,还喟叹她"不具寿相"的遗憾,但是对她的激赏却经年不退:

"她的眼睛很大。"

"她身高不很高,可是穿上旗袍和高跟鞋,就显得很修长,体态气质颇有苏州女子的韵致。"

"不! 她从不做作,说话比我还率直无顾忌。"

"她的文章与做人都有魅力! "

此时的萧红,完全没有感觉到这远处的目光,她正陷入新的烦恼,独自吞咽着爱情苦酒。她历尽磨难,长途跋涉,并没有彻底走出萧军情感的雷区。在成群逃亡南下的东北人中,一个炫目的身影也来到了上海。李玛丽的到来,引起了往日众多崇拜者的骚动,门庭若市,登门拜访者成群结队,其中便有萧军。多年的暗恋已经让他无法忍受,痛不欲生,只能借助文学来宣泄。萧军写下一首一首的情诗,不知是否抵达高贵的李玛丽之手。舒群看不过他可怜的样子,便自告奋勇地充当说客,向李玛丽挑明萧军的痴情。李玛丽听了之后,微笑着说,你们都是我的朋友。萧军只好回到萧红的身边,平息掉内心的痛苦与激情。萧红对此肯定有所察觉,但她只能默默地把这些屈辱埋在心底。

南方姑娘陈涓也回到了家乡上海,她不谙世故,比较容易接近。到了上海不久,萧军就去陈涓的家中找陈涓。当时,陈涓不在上海,她漂泊到了沈阳。她收到家里的信,说有一个叫某某的写文章的老粗来找过她，陈涓就知道萧红和萧军已经到上海了。1935年暮春时节，陈涓在松花江畔举行了婚礼。萧军和萧红写了贺信，并且在信里说起上海是一个多么令人讨厌的多雨的地方。1936年春天，陈涓带着新生的婴儿回到了上海父母家中。陈涓的哥哥住在萨坡赛路16号，邻近萧红、萧军萨坡赛路190号的寓所。因为离得很近，2月里的一天，陈涓就和幼妹一起去看望萧红、萧军。陈涓想："现在我结婚了，也做母亲了，你们不会再误解我了吧？"所以照平常一样同他们有说有笑。临走的时候，她对萧军说："你送我回去吧？"萧军有些犹豫，但也答应了。单纯天真而又以我为中心的陈涓哪里知道，听说她要南归之后，萧红和萧军就经常为此而争吵。她到他们家拜访，正是在他们大闹之后。所以萧军很为难，送她回去不是，不送她回去也不是。走在路上，萧军陷在沉思中，话很少。陈涓不明白，心想送送有什么关系呢？

　　3月，两萧搬到了北四川路底的永乐坊，在离鲁迅家近些，以便照顾的理由之外，是否还有躲避陈涓的用意呢？但是家离得远了，萧军的心却更加趋近那"鸟儿一样的姑娘"。从那以后，萧军便经常去陈涓家玩，也常邀请陈涓出去吃东西。陈涓深深地觉得萧军很可怕，他固执的性格、强烈的感情使她感到烦恼。她觉得萧军太沉溺于幻想之中了，她隐隐地觉得这事越来越糟，萧军的那种倾向太可怕了。有一天，萧军跑到陈涓家里对她说："她问我，你是到那儿去吗？我向她撒谎，不，我要到书店去，那样远的路我去干什么？"说完就涨红了脸，但很高兴地笑了笑，意思是说："瞧，我这不是来找你了吗？"还有一天晚上，萧军喝醉了酒兴冲冲地来敲陈涓的门，进来以后，劈头第一句话就是："我在四川路桥新亚吃饭。"就没有下文了，意思是说我不怕路远又来找你了，陈涓被他弄得很窘，因为萧军来既没有事，也不聊天，陈涓又找不出话说。好容易等到萧军要走了，陈涓送他到后门口，萧军又回身在她的额角吻了一下。

陈涓在上海住了三四个月，她的丈夫天天来信催她北上，陈涓于5月1日那天走了。临行的时候，萧军为她筹措了二十元旅费。陈涓很是感动，想着早晚要偿还这份雪中送炭的美意。那天夜里，九点多钟，第二天一早就要动身的陈涓十分忙碌。一个朋友带了许多礼物来送她，是一个英俊有为的青年，他因哥哥押在牢房多年，所以平时总是忧悒不快，意志消沉。陈涓很想在行前劝慰他几句，使他振作起来，正打算开口，萧军来了，不问情由，也不跟人打招呼，就要陈涓跟他出去吃东西。陈涓说"等一下"都不肯，她被萧军缠昏了头，就向那个朋友打招呼，请他到融光戏院门口等她，她还有话要跟他说，然后才陪着萧军走了。陈涓心里很不痛快，觉得萧军太强人所难，因此没精打采地一句话都没说。坐在咖啡馆里两人也是相对默然，萧军开始喝闷酒，开了一瓶又一瓶。陈涓实在忍不住了，按住瓶子说："你不要再喝了吧！"萧军不作声，陈涓又说："你不能不喝吗？"萧军头也不抬，仍然保持沉默。陈涓觉得很难堪，痛苦地向他哀告："从今以后请你不要再喝酒了。"萧军被陈涓的声音所感动，注视着她说："从明天起我就不再喝酒了，为了你。这一杯，你让我痛痛快快地喝了吧。"喝了那杯酒，他们就出了咖啡馆，这时已有十一点钟了。萧军问她上哪儿去,陈涓说回家,萧军要送她回家,被她拒绝了。陈涓慌慌张张地说:"要到别的地方去,不是回家。"萧军就和她告别,两人分头走了。陈涓到融光戏院找到那位等候已久的朋友,二人一同走回靶子路。就在这时,萧军突然从电线杆子后面冲出来,向陈涓惨厉地狞笑了几声,扬扬手走了。

萧军做这些事情,当然都是瞒着萧红的,但敏感的萧红早就有所察觉,她把自己痛苦的感情倾注在组诗《苦杯》里:

苦杯

一

带着颜色的情诗
一只一只写给她的
象三年前他写给我的一样
也许情诗再过三年他又写给另一个姑娘。

二

昨夜他又写了一只诗
我也写了一只诗
他是写给他的新的情人
我是写给我的悲哀的心的。

三

感情的账目
要到失恋的时候才算的
算也总是不够本。

四

已经不爱我了吧
尚日日与我争吵
我的心潮破碎了
他分明知道
他又在我浸着毒液一般痛苦的心上
时时踢打

五

往日的爱人
为我遮避暴风雨
而今他变成暴风雨了
让我怎样来抵抗
敌人的攻击
爱人的伤悼。

六

他又去公园了

我说:"我也去吧。"

"你去做什么!"

他自己走了

他给他新情人的诗说

"有谁不爱鸟儿似的姑娘!"

"有谁忍拒少女红唇上的蜜!"

我不是少女

我没有红的唇了

我穿的是从厨房带来的油污的衣裳

为生活而流浪

我更没有少女的心肠

他独自走了

他独自去享受黄昏时公园里美丽的时光

我在家里等待着

等待明朝再去煮米熬汤

七

我幼时有个暴虐的父亲

他和父亲一样了
父亲是我的敌人
而他不是
我又怎样来对待他呢
他说他是我同一战线上的伙伴

八

我没有家
我连家乡都没有
更失去朋友
只有一个他
而今他又对我取着这般态度

九

泪到眼边流回去
流着回去侵食我的心吧
哭又有什么用
他的心中既不放着我
哭也是无足轻重。

十

近来时时想要哭了
但没有一个适当的地方
坐在床上哭
怕是他看到
跑到厨房里去哭
怕是邻居听到
在街头哭
那些陌生人更会哗笑

十一

人间对我都是无情了
说什么爱情
说什么受难者共同走尽患难的路程
都成了昨夜的梦
昨夜的明灯。

萧红也会和萧军吵闹，鬼迷心窍的萧军暴怒起来，免不了动手脚，这对萧红的伤害是极其严重的。自尊心很强的萧红不愿向人诉说，只能独自吞咽着失恋的苦酒。烦闷、失望、哀愁笼罩了萧红，但她还要振作起来替萧军整理、抄写文稿。她的身体非常虚弱,面色苍白,一副贫血的样子。她无法摆脱她的伤感,无处可以诉说,就整天待在鲁迅先生的家里。当时,鲁迅也病得很重,每天要服药问医。为了减轻鲁迅先生陪客的辛苦,许广平便独自和萧红在客厅里长谈。多数时候,"勉强谈话而强烈的哀愁,时时侵袭上来,像用纸包着水,总设法不叫它渗出来",萧红努力克制,"却转像加热在水壶上,反而在壶外面满是水点,一些也遮不住"。既要陪萧红,又要照顾鲁迅先生,许广平常常因不能兼顾而不知所措。有一次,许广平在楼下陪了萧红大半天,楼上窗子全部都没关,外面刮着大风,鲁迅先生就那样吹着风睡了,因此受了凉,发起烧来,病了一场。许广平一直隐瞒着这件事,直到萧红去世,才又提起,感叹着:"只不过是从这里看到一个人生活的失调,马上会影响到周围朋友的生活也失了步骤,社会上的人就是如此关联着的。"

当时胡风夫妇也经常到鲁迅家里去,梅志每次去,几乎都遇到萧红在鲁迅家楼下的客厅里。有一次,胡风从后门直接上楼去了,许广平亲自引梅志到大厅里,并且低声对她说:"萧红在那里,我要海婴陪她玩,你们就一起谈谈吧。"然后,就去忙自己的事了。梅志看见萧红"形容憔悴,脸都像拉长了,颜色也苍白得发青",沉浸在自己的苦闷里,有点儿心不在焉的样子。海婴很活跃,搬出了他的玩具和书本,要萧红和他一起搭积木,梅志也参与进去。海婴人小,不知萧红的愁苦,嘴里不停地问这问那,萧红慢慢地兴致也好起来了,这才和梅志拉起家常,问孩子长得怎么样?海婴用上海话说:"依格小弟弟好白相嘞!"大家都笑起来,气氛这才变得和谐愉快。有一次,许广平在楼梯上迎着梅志,向她诉苦:"萧红又在前厅……她天天来,一坐就是半天,我哪儿有时间陪她,只好叫海婴去陪她。我知道,她也苦恼得很……她痛苦,她寂寞,没地方去就跑到这儿来,我能向她表示不高兴、不欢迎吗?唉,真没办法。"梅志觉得在别人痛苦的时候去刺探别人的隐私是不道德的,所以她也不问详细情况,只陪他们玩,让他们高兴。

萧红总是把痛苦埋在心底,尽量不去打扰鲁迅先生和许广平先生,她甚至尽可能地回避朋友,一个人四处游荡,排遣苦闷。她无心茶饭,经常一个人瞎对付。胡风不止一次在霞飞路上遇到萧红,看见她一个人去俄国大菜馆,吃两角钱一位的便宜饭。

由于身体和精神都不好,黄源建议萧红到日本生活一段时间。那里环境比较安静,既可以休养,也可以专心读书、写作,生活费用比上海贵不了多少,还可以学学日语。日本的出版事业比较发达,日文学通了,就可以读许多世界文学名著。黄源的夫人许粤华(笔名雨田)当时正在日本学日文,不到一年就已经能翻译些短文了,黄源说萧红去了日本,她们两个可以互相照应。萧红的弟弟张秀珂高中毕业后考取了伪满洲国的公费留学,正在早稻田大学读书。萧红也很想去看看他,他们已经好几年没见了,想叙叙姐弟之情。离开青岛之后,他们就断了联系。这时,萧红又接到了张秀珂的信。张秀珂在信中诉说自己的心境,萧红印象中顽皮的小孩子,已经会说"生活在这边,前途是没有希望……"了,萧红把《生死场》《八月的乡村》《丰收》和其他新书寄给他。

萧红和萧军反复商量,最后决定萧红去日本,萧军去青岛,以一年为期,再到上海来相聚。这大概也有通过分别与分居,来平息内心烦乱情绪,彼此都沉静下来,独立思考一下,重新厘清感情源流的用意。寄放在书店代卖的《八月的乡村》和《生死场》,结算了一笔费用,数目两三百元,他们各自带了一些。萧红给张秀珂写了一封信,告诉他自己要去东京看看。张秀珂回信说,暑假要回家。萧红又去信,问他想不想见见姐姐,并告诉他自己 7 月下旬可以到达。

　　鲁迅知道萧红和萧军的情感危机,但不愿过多干涉他们的私生活,听说萧红要东渡扶桑,1936 年 7 月 15 日,鲁迅在家里为萧红设宴饯行,许广平亲自下厨制馔。鲁迅支撑着病重的身体,靠在藤椅上,对萧红说:"每到码头,就有验病的上来,不要怕,中国人就是会吓唬中国人,茶房会说:'验病的来啦! 来啦! '……"

　　7 月 16 日,萧红、萧军和黄源一起吃了顿饭,然后到照相馆拍了张合影。萧红烫了头发,置好了行装,打算在外表形象上改变一下,振作起来去迎接新的生活。

　　7 月 17 日,萧红登上轮船,驶向异国。天空骄阳似火,海风习习吹来,但萧红的心是暗淡的。自从 1933 年和萧军同居,他们一直相濡以沫,现在她一个人漂流在海上,内心的寂寞与孤独是难以言说的。她站在船尾,眺望着渐渐远去的祖国,望着颜色越来越深终于变成黑蓝色的海,心潮起伏。舱底的空气很不好,虽然早已吃了大量的胃粉,还是想呕吐。她一上船,就给萧军写信,诉说自己的心情。

前往日本

1936 年 7 月 18 日，萧红到达长崎，发出了给萧军的第一封信。第二天，邮轮继续行驶抵达终点神户，萧红在此登陆，转陆路车行到东京。到达东京之后，她找到黄源的夫人许粤华，和她住在一起。许粤华一早就去了图书馆，萧红陷入了异乡为客的孤独之中，只能听着满街生疏的语言和木屐声。她在朋友的帮助下，租下了东京麹町区富士见二丁目九一五的一户民居中村家楼上的一间房子。那是一间日本式的居室，铺着榻榻米，全屋共有六张席子，这是日本民居的标准间。她的住处离许粤华的住处不远，随时可以前去求助。萧红对这间居室很满意，她感叹萧军没有来，想象着要是萧军来了，"看到这样的席子就要在上面打一个滚"，她觉得自己像住在画的房子里面似的。她向房东借了一张桌子和一把椅子，屋子里很规整，只是寂寞了一点儿，总觉得好像缺少了一点儿什么，这缺少一点儿的遗憾，显然是因为萧军不在她身边。

她立即给弟弟张秀珂写了一封信，约定第三天下午六点钟，在一家饭馆见面。她本可以让朋友带着她，直接到张秀珂的住处探望。担心直接找去，弟弟张秀珂会有什么不方便。那天，她五点钟就等在了那家饭店,她猜想弟弟看到信,一定会早早赶来。为了便于相认,萧红还穿了一件红色的衣服。张秀珂没有如期出现,萧红猜度着各种情况——可能有事来晚了,甚至想到,他来过却没有认出自己。最终,萧红只能失望而归。第二天,她走了四五里路到神保町,找到弟弟的住处。穿着灰色大袖子衣服的日本房东老太太接待了她,两个人说着不同的语言,终于还是发生了误会。她得到的"讯息"是,张秀珂月初就离开了东京。萧红再次失望而归。后来,她又辗转打听,得到的消息是,在她驶向日本的那一天——7月16日,张秀珂乘船返回东北呼兰家中。

其实,这是一个谎言,张秀珂并没有离开日本。而且,张秀珂也知道萧红在东京,只是怕被特务发觉,不敢前去相见。当时的日本,政治形势极其恶劣,除了战时法西斯的严密统治之外,年初还发生了"二二六"事变。1936年2月26日早晨,二十几名士官带领一千四百名士兵起义,杀害天皇重臣,占领首相官邸、陆军省、国会议事堂等重要机构,自称"昭和维新"。这场短命的"叛乱"三天就被镇压了,所有策划行动的士官都被处以死刑。萧红到东京的时候,戒严令已经解除,但局势还是很紧张,官方对左翼作家的监视是很严的。张秀珂和中国的消息传递及书信往来频繁,又大量阅读左翼书刊,早就被日本特务机关列为重点监视对象。日本刑事(警察)多次搜查他的住处,甚至在他的饮食里放入慢性毒剂,企图暗害他,是一位好心的旅馆下女暗示,他才死里逃生。

没有见到弟弟张秀珂,萧红很快从对异国他乡的新鲜感变为异乡为客的寂寞和孤苦。异乡的蝉鸣和满街的木屐声都让她感到生疏和落寞,她很难过,很想哭。"想要写信,钢笔里的墨水没了,可是怎么也装不进来,抽进来的墨水一压又随着压出来了。"她想写点什么,可又写不下去。她连说话的人也没有,报纸也没有,心情变得很恶劣。她想到街上去走走,又不认识路,语言也不通。她到神保町的书铺去了一次,但那书铺好像与她一点儿关系也没有。她不知怎样打发此后的日子,"真是好像充军西伯利亚一样"。她唯一可做的事,就是给萧军写信,诉说自己的悲苦和孤独。比起初到上海的时候更加无聊,她自我宽慰以为慢慢就好了,同时也担心自己坚持不下去。

此时,萧军已经到了青岛,他住进山东大学教员单人宿舍,那是他的友人山东大学教师周学普的房间。不久周学普回南方家乡休暑假,萧军就住进了他那间在二楼的大屋子。这栋宿舍楼的位置很好,离体育场不远。萧军为自己制定了严格的生活和工作计划,于8月4日把自己的作息时间表抄给了在东京的萧红。

萧红也振作起来,到8月14日,不到一个月的时间,就寄出去三篇文章,并且计划写长一些的东西。她用玩笑的口气说:"我不用羡慕你,明年阿拉也到青岛去享清福,把你遣到日本岛上来。"但她的心仍然是寂寞的,提笔写下的是这样的诗句:

异国

夜间:这窗外的树声,

听来好象家乡田野上抖动着的高粱，

但，这不是。

这是异国了，

踏踏的木屐声音有时潮水一般了。

日里:这青蓝的天空，

好象家乡六月里广茫的原野，

但，这不是，

这是异国了。

这异国的蝉鸣也好象更响了一些。

8月17日，萧红第一次自己走了一回远路，到神保町去，逛了逛那里的书局。但她觉得自己走起来没有什么趣味，什么也没有买，又沿路走了回来。她觉得一切都是生疏的，只有黑色的河和上海徐家汇的一样，上面也有破船，船上也有女人、孩子，也穿着破衣裳。连黑水的气味也是一样的，她推想这样的河巴黎也会有！回来以后，她给萧军写信，讲了自己的观感。

虽然和萧军的感情出现了裂隙，但萧红还是爱着萧军的，尽管分居两地，她依然努力尽妻子的义务，对萧军的饮食起居发表建议，有时是吃药，有时是吃饭。在这封信里，她又郑重地建议萧军去买一个软枕头。如果萧军懒得买，就来信告诉她，她在日本买好了寄给他。萧军是一个能够吃苦耐劳的硬汉子，常常对萧红的细致感到厌烦。"她常常关心我太多，这使我很不舒服，以致厌烦，这也是我们常常闹小矛盾的原因之一。我是一个不愿可怜自己的人,也不愿别人'可怜'我!"信里,萧红还让萧军给她寄一两本书来,她觉得一天到晚不看一个字很残忍,像她从前在旅馆住着时那个样子。

这个月,萧红的散文集《商市街》编入了巴金主编的《文学丛刊》,作为第二辑的第十二册出版。8月中旬,萧红生了一场重病,连日发烧,浑身骨节酸痛,打不起精神来。许粤华带着萧红到医生那儿检查,花了两元钱。由于黄源的父亲病重,需要大笔开支,黄源经济上无力再支持许粤华留学,她不能再待在东京,打算8月27日回国。这使萧红感到更加孤独,不由骂起来。病中,萧红仍念念不忘工作,无奈衰弱的身体,使她什么也干不了。8月23日,她写信让萧军给她寄一部唐诗来。养病期间,萧红和房东五岁的孩子混熟了。萧红觉得她很可爱,还可以教自己单字。她被疾病和寂寞的感觉折磨着,原计划25日完成的一个短篇也没有完成。但萧红是倔强的,要做的事就一定做到底。萧军在给她的回信里说:"实在不行就滚回来。"萧红在8月27日的信中,顽皮地对萧军说:"你说我滚回去,你想我了吗?我可不想你呢,我要在日本住十年。"她用刻苦的工作,去冲淡乡愁。她告诉萧军,她马上要开始写一个3万字的短篇,是以有二伯为主人公的《家族以外的人》,准备投给《作家》10月号。孟十还曾来信约稿,让她不要与《作家》疏远。她还计划写童话,大约是以她童年外婆家泯河边的生活为素材,但是终因素材不足而放弃了。这种努力并不完全是有效的,她仍然被浓浓的惆怅包裹着。信的结尾,她写道:"你等着吧,说不定哪一个月,或哪一天,我可真要滚回去了。到那时候,我就说你让我回来的。"8月底,她持续了20多天的呼吸困难症终于痊愈,她欢喜起来,打算写满10页稿纸。正如萧军所说:"她是以生命对待自己的工作的。"当然这也是她排遣寂寞的唯一方式,除了工作她也没有别的事情可做。

萧红独自生活,连个说话的人也没有,经常会陷入烦躁的情绪中。她在《孤独的生活》一文中,记述了最初的内心混乱——夜里忘记关灯,被蚊虫的叫声吵醒,起来收拾好房间,街上响起木屐的声音,可左邻右舍的屋里还是睡着一般安静。刚想好要写的东西,提起笔又忘了。被异于中国的安静搅扰得不安起来,走到街上,街道也静得像在睡觉。只好回到房间,烦躁得在席子上走来走去,抽烟、喝冷水,想写的东西仍然写不出来……觉得很疲乏,躺下睡觉又有蚊子吵,树上的蝉也叫起来。她探头看蝉,又被邻人拍着手笑。穿上衣服,去吃中饭。路过许粤华的房子,只有两双拖鞋放在木箱上,女房东说着她听不懂的日本话。她怕被人嘲笑,不敢去日本食堂吃饭,只有到中国饭馆,戴白帽子的侍者说的仍然是日本话,只好到厨房要饭菜。回来又去许粤华的房前,她们还是没有回来,房东仍然不知说着什么。晚饭,不再去找朋友,出去买些面包火腿回来吃。然后,是着实的寂寞了,雷声大作,想外出走走,又怕下雨,终于恐惧比日还要长的夜,一个人被留在房间中。拿起雨衣,想逛逛夜市,还是害怕下雨,又去找许粤华,结果,她们仍然不在,仍然是两双鞋,仍然是说着听不懂的话的日本房东,只好照原路又走回来。这烦闷的一天结束在安静的雨声中,然后是彻夜的失眠,只有看小说打发寂寞的长夜。于是,感动于胡风翻译的《山灵——朝鲜台湾小说集》中的《声》,那个永远不会说话了却还要学日文的主人公……

好在这种状况很快就过去了,萧红逐渐适应了独处的生活,甚至开始享受单纯宁静的环境,沉下心来拼命地写作。8月30日,风雨大作,电灯忽明忽暗,萧红却埋头写作,创出了十多页的纪录。尽管如此,她内心仍然是不平静的,她觉得是因为萧军不在她身边。萧红的性格中有着极为柔弱的一面,她很难克服依恋萧军的习惯。她剖析自己说:"灵魂太细微的人也一定渺小,所以我并不崇敬我自己。我崇敬粗大的、宽宏的……"后来,萧军在回忆这段恋情的时候说:"由于我像对一个孩子似的对她'保护'惯了,而我很习惯以一个'保护者'自居,这使我感到光荣和骄傲!""我的灵魂比她当然要粗大、宽宏一些。她虽然'崇敬',但我以为她并不'爱'具有这样灵魂的人,相反的,她会感到它——这样灵魂——伤害到她灵魂的自尊,因此她可能还憎恨它,最终要逃离它……她曾骂过我是具有强盗一般灵魂的人!这确实伤害了我,如果没有类于这样的灵魂,恐怕她是不会得救的!"这段话说出了两萧关系的症结所在:萧军过分保护的倾向,伤害了萧红的自尊心,萧红过于敏感的性格也让萧军难以承受,但萧红又克服不了受萧军保护的惰性。于是,他们像两只小刺猬一样,分开觉得孤独,到了一起又要互相伤害。萧军对此是有自知之明的,他说:"我是一柄斧头,在人们需要使用我时,他们会称赞我;当用过以后,就要抛到一边,而且还要加上一句这样的诅咒:'这是多么蠢笨而野蛮的斧头啊!……'"

萧红努力写作，克服了贪睡的习惯。她每天都要熬到十二点或一点才睡觉，一大早又起来写作。她的身体情况略有好转，但是很快又有其他的病症发作了。9月2日痛经的旧病再次折磨她，从上午十点痛到下午两点，四个钟头里，浑身都在发抖，吃了四片洛定片也毫无作用。而且，一直不退烧。但萧红以发奋写作来对抗疾病和忘却烦恼，她在一个半月里写了三万字，这使她从忧郁中解脱出来。"一天二十四小时三顿饭，一觉，除此即是在椅子上坐着。但也快活。"

担心萧红的身体，萧军又写信让她到青岛来住一段时间，而后再决定去北京或回上海。萧红的回信一直很坚决："但我不是迟疑，我不回去的，既然来了，并且来的时候是打算住到一年，现在还是照着做，学校开学，我就要上学。"为了克服在异乡的文化隔膜，她一再地催促萧军给她寄一套唐诗来。"精神上的食粮太缺乏！所以也会有病！"萧红还为萧军做了一条小手帕，以慰相思之苦。但她的身体仍然不好，尽管饮食非常注意，胃痛每天还是要发作几次。对于萧军劝她回去的建议，她断然不予考虑。在9月9日写给萧军的信中，她说："我是不回去，来一次不容易，一定要日文学到可以看书的时候才回去，这里书真是多得很，住上一年，不用功也差不了。"

9月10日，萧红以荣子的名字，在专门为外国学生补习日文的东亚学校报了名，交了三个月的学费，又买了五六本课本，一共用了二十多元。萧红的弟弟张秀珂初来日本的时候，也在这所学校补习日文，萧红是知道的。学校是5日开学，萧红错过了，到

14 日才去上课。每天从十二点四十分起，连续四个钟头。萧军寄来了他在青岛的居室图，萧红也为他画了一张自己居室的半面图。

9 月 12 日早晨，日本刑事（警察）来找萧红，当时萧红还没起床，房东说要谈就在外面谈吧，他不肯，非要到萧红的房间里不可，说东说西地盘问萧红这个来自中国的著名抗日左翼女作家。由于日本刑事的骚扰，萧红的心情坏透了。身体也不见好，肚子疼到打止疼针也不行。她还是支撑着写作，十天写了五十七页稿纸。10 月，萧军离开青岛回了上海，萧红惦记着他的身体，嘱咐他买一件皮外套御寒。

萧红的健康状况一直不好，时时刻刻都被矛盾焦虑的情绪搅扰着。9 月 17 日，她在给萧军的信中说："我还很爱这里，假若可能我还要住一年。"这话显然是为了宽慰萧军。

萧红每天都要忍着胃痛到学校上半天课，每次去学校，都要乘坐高架电车，沿途要钻隧道，这让她觉得很有意思。有一次，她没有到站就下车了，走出火车站觉得不对，不知该往哪里走。好在她记住了自己的地址，就到处瞎走起来。许粤华在东京的时候，告诉过她，空中飞着的大气球是一家商店的广告，那商店离学校不远。萧红终于看见那个大气球了，就朝着它奔了过去，总算没有走丢。

萧红偶尔也会去看一场电影。有一次，她在电影里看见了北四川路和施高塔路，立即焦虑不安起来。她想起了鲁迅先生，他又病又老又要奔波。离开上海的时候，她和萧军相约，为了免去鲁迅先生复信的辛苦，减轻他的工作负担，两个人都不给鲁迅先生写信。但是，看到熟悉的景物，萧红又免不了触景生情。鲁迅也惦记着萧红，他10月5日写给茅盾的信中说："萧红一去以后，并未给我一信，通知地址；近闻已将回沪，然亦不知其详……"

10月17日，萧红给黄源写信说："我不回去了，我就在这里住下去了。"可见，她一度萌生的回国的念头又打消了。"每日花费在日语上要六七个钟头，这样读起来简直不得了，一年以后真是可以。但我不用功，若用起功来，时间差不多就没有了。"东亚学校的日语教得很多，要通通记住非整天的工夫不可。萧红不愿意把时间都用在日语上，她还要兼顾创作。10月19日，是日本的传统节日秋季皇灵祭，学校放假。萧红的身体逐渐恢复，胃病已经好了大半，头疼的次数也渐渐减少。日本刑事跟了她一段时间，见她的生活非常简单，每天出入次数有限，也就不再理睬她了。这天，她心情不错，到街上买了一套毛线洋装和草褥子。回家以后把草褥折起来当沙发，在圆桌上摆上一瓶红色的酒，酒瓶下面是金酒杯，还在房间里挂起了一张小画片。萧红的情绪刚稳定了一点儿，一个更大的悲痛又向她袭来。这一天，1936年10月19日，早晨五时二十五分，鲁迅先生与世长辞了。

萧军10月13日到了上海，14日他带着自己新出版的小说集《江上》和萧红的《商市街》去看望鲁迅先生，还给鲁迅先生带了一袋从青岛带来的小米。有一个寿山石的笔架，忘了带来，打算下次带上。他没有想到，这一别竟成了永诀。10月19日早晨，萧军正在霞飞路的寓所里酣睡，一阵粗暴的打门声把他震醒。他从床上跳起来，打开门，看见黄源夫妇哭着站在门口，用命令的口气对他说："快穿好衣服——"萧军有些吃惊地反问："什么事？""周先生过去了！"黄源哭出了声，话也说不下去了。萧军不愿意接受这个事实，愤然地说："你胡说！"黄源说："这事我能骗你吗？"萧军像当头挨了一闷棍，眼前直冒金花，马上就要倒下，勉强挣扎着，难以抑制地恶心起来，直想呕吐。他顾不上梳洗，胡乱穿上衣服，随着他们跑下楼梯……像做梦一样到了大陆新村鲁迅先生的寓所，跑上二楼，径直疾步走到停着鲁迅先生遗体的床前，顾不了屋里还有什么人，就跪倒下去，双手扶着鲁迅先生骨瘦如柴的双腿，竟平生第一次放声大哭起来。当天下午，鲁迅先生的遗体被转移到胶州路万国殡仪馆，停于二楼。由胡风、黄源、许粤华、周文和萧军等值夜守灵。次日上午，鲁迅先生的遗体移到楼下礼堂，有花圈数个，伴于遗体四周。萧军是治丧办事处的成员。20日，签名瞻仰遗容的一共有四千四百六十二人，还有四十六个团体。21日下午三时入殓，22日下午一时五十分举行"启灵祭"。鹿地亘、胡风、巴金、黄源、黎烈文、孟十还、靳以、张天翼、吴朗西、陈白尘、萧乾、聂绀弩、欧阳山、周文、曹白、萧军等亲扶灵柩上车。原来拟定的时间是一时三十分上海民众举行献旗礼，两时整队出发，三时三十分到达公墓，四至五时安葬。结果延迟到两时三十分才启程，到达公墓已经近四时三十分了。欧阳山、蒋牧良等人，交替擎举着"鲁迅先生葬仪"的特大横幅，接着是挽联队、花圈队、挽歌队、遗像、灵车、家属车、执绋者、徒步送殡者、送殡汽车队伍走到租界区的时候，两边站满了荷枪实弹的印度巡捕。走到红桥路的时候,又站着黑衣白裹腿的中国警察。送葬的队伍很安静,唱着低哑而阴沉的送葬歌,并没有发生任何骚乱。到达墓地以后,奏过哀乐,由蔡元培、沈钧儒、宋庆龄、内山完造、章乃器、邹韬奋诸人作了关于鲁迅先生安葬的演说。然后由萧军代表治丧办事处同仁及鲁迅生前支持的《译文》《作家》《中流》《文季》四个杂志社同仁作了简短的致辞。

萧军说:"我代表《译文》《作家》《中流》《文季》四个刊物和治丧办事处全体同仁,向诸位说几句话。鲁迅先生他不应该死,他还没有到应该死的年龄,他自己也不想死,他不想用死来'逃避'自己的责任。他要活,他要活到最后一滴血,为中国整个民族和人民,为世界上被压迫的大众,争解放、争平等……可是他的敌人却要他死,不准他活,接连不断地压迫他!现在他死了,装在棺材里了……这是他的敌人胜利了吗?不错,他们并没有胜利,鲁迅先生的死正是为他们点起了送葬的火把!鲁迅先生的死是一把刀——一把饥饿的刀,深深地插进了我们的胸槽,我们要用自己和敌人的血将它喂饱,我们要复仇和前进!"

演说之后,群众悲痛地唱起了《安息歌》,然后由上海民众代表献上一面旗子,上面是七君子之一的沈钧儒书写的"民族魂"三个黑色的大字,覆盖在鲁迅先生的棺木上。最后是抬灵的诸人,将棺木放入墓穴。

萧红并不知道鲁迅先生的死讯。20日,在报纸上看见有"鲁迅"和"偲",她翻了字典,没有找到"偲"这个字,文章里又有"逝世"这样的字眼,到底是谁逝世了呢?她的心跳起来,慌里慌张地冒雨跑回家。打开门,可是无论如何也进不去。女房东正在瓦斯炉旁切一根萝卜,她抓住白色的围裙,像鸽子似的笑起来:"伞……伞……"萧红这才明白,进不了门是因为伞没有合上。21日早晨,她到了一家熟悉的饭馆,在一份什么报上又看到了"逝世"的字眼,再看下去,又看到了"损失"和"陨星"之类的。她一下难过起来,饭吃了一半,就回到家里。她赶快乘了电车,去找唯一的熟人。那位朋友正在走廊上刷一双鞋,看见萧红,吃惊地说:"啊,你来得这样早!"萧红说明了来意,那位朋友不相信。她好久不看报了,翻阅了最新报纸,又查了查日文字典,说那个"偲"字是"印象"的意思,一定是有人去了上海,访问了鲁迅先生,回来写的。萧红问她:"那么为什么文章中有'逝世'?"她又想起那文章上好像说,鲁迅的房子有枪弹穿过,而安静的鲁迅,竟又在摇椅上摇着。鲁迅是被枪打死的?她在电影上看到过日本水兵被杀事件的报道,北四川路又是戒严,又是搬家,鲁迅先生就住在北四川路。那位朋友却说,"逝世"是从鲁迅的口中听到的过去的事情,自然不用惊慌,安静地坐在摇椅上又有什么稀奇。她送萧红出来的时候还说:"你这个人啊,不要神经质了,他最近在《作家》《中流》上都写了文章,可见他的身体在复原了……"

一直到22日,日本靖国神社开庙会时,她才知道鲁迅先生真的逝世了,这使她悲恸欲绝。她在给萧军的信中说:"前些日子我还买了一本画册打算送给L,但现在这画只能留着自己来看了。"

一天,她在学校上课,一个金鱼眼睛的人,在黑板上写:鲁迅先生大骂徐懋庸引起了文坛的一场风波……茅盾起来讲和……鬈发的小个子教员问道："鲁迅这个人，你觉得怎么样？"萧红很害怕，以为他是在问自己，结果发现他是在问别人。一个喜欢作旧体诗，三十多岁却长得像五十多岁的学生站起来说："我说……先生……鲁迅，这个人没有什么……没有什么了不起的，他的文章就是一个骂，而且人格也不好，尖酸刻薄。"听了他的话，萧红很气愤，恨不得用手把他黄色的小歪鼻子扭正过来。一个大个子、戴着四角帽子的"满洲国"留学生说："是反对'满洲国'的吗？"那个日本教员抬了抬肩膀笑了一下："嗯！"过了几天，日华学会召开鲁迅先生追悼会。班里有四十几个人，去追悼鲁迅先生的，除了萧红，只有一位小姐。她回来的时候，全班都笑她，她脸红了，打开门，用脚尖向前走着……这种冷漠而戏谑的反应，和萧红悲痛的心情形成强烈的反差。

10月24日，萧红给萧军写了一封信：

军：

关于周先生的死，二十一日的报上，我就渺渺茫茫知道一点，但我不相信自己是对的，我跑去问了那唯一的熟人，她说："你是不懂日本文的，你看错了。"我很希望我是看错，所以很安心的回来了，虽然去的时候是流着眼泪。

昨夜，我是不能不哭了。我看到一张中国报上清清楚楚地登着他的照片，而且是那么痛苦的一刻。可惜我的哭声不能和你们的哭声混在一道。

现在他已经是离开我们五天了,不知现在睡到那里去了?虽然在三个月前向他告别的时候,他是坐在藤椅上,而且说:"每到码头,就有验病的上来,不要怕,中国人就专会吓唬中国人,茶房就会说:'验病的来了! 来啦! ……'"

我等着你的来信。

可怕的是许女士的悲痛,想个法子,好好安慰着她,最好是使她不要安静下来,多多的和她来往。过了这一个最难忍的痛苦的初期,以后总是比开头容易平伏下来。还有那孩子,我真不能够想象了。我想一步踏了回来,这想象的时间,在一个完全孤独的人是多么可怕!

最后你替我去送一个花圈或是什么。

告诉许女士:看在孩子的面上,不要太多哭。

红

十月二十四日

这封信后来刊载在《中流》半月刊纪念鲁迅先生的专号上,加了一个题目《海外的悲悼》。编者加了按语:"这是萧红女士在日本得到鲁迅先生逝世的消息后,写给她的恋人田军的信。因为路远,我们来不及叫她给《中流》专号写稿,便将这信发表了,好让她的哭声和我们的哭声混在一起。"

鲁迅去世的噩耗使萧红又焦躁起来,10月29日她给萧军写信说:"这几天,火上得不小,嘴唇全烧破。其实一个人的死是必然的,但知道那道理是道理,情感上就总不行。我们刚到上海的时候，另外不认识更多的一个人了。在冷清的亭子间里读他的信，只有他，安慰着两个漂泊的灵魂……写到这里鼻子就酸了。"她克制着巨大的悲痛，继续艰苦地创作，开始写一个2万字的小说，计划在12月5日完成。她还让萧军给她寄一百元钱，作为路费准备着，这样心里踏实一点。10月29日，她在信里向萧军报告自己的写作计划。放弃写作童话之后，她打算先写一个2万字的，再写一个10万字的，准备年底完成，这当是《呼兰河传》最初的构思。邻居家不时响着筝的声音，引起了她的悲伤，总想哭，可又不知道哭什么，是乡愁吧，没有家乡的愁……

　　鲁迅先生逝世之后，许广平先生怕触景伤情，不愿再住在大陆新村的房子里了，萧军就在自己住的法租界霞飞坊里，为她找了一幢三层楼的房子。萧军当时正代她跑印刷厂，取送《且介亭杂文》1、2、3辑的校样，以及编辑《鲁迅纪念集》等工作，所以每天都和她见面。他便把许广平的情况，一一告诉了在东京的萧红。萧红和许广平的感情一直很好，她很关心许广平，11月2日，她在写给萧军的信中说："许女士也是命苦的人，小时候就死了母亲，她读书的时候，也是勉强挣扎着读的，她为人家做过家庭教师，还在课余替人家抄写过什么纸张，她被传染了猩红热的时候是在朋友的父亲家里养好的。这可见她过去的孤零，可是现在又孤零了。孩子还小，还不懂得母亲。既然住得很近，你可替我多跑两趟。别的朋友也可约同他们常到她家玩，L没有完成的事业，我们是接受下来了，但他的爱人，留给谁了呢？"

　　11月2日，萧红去听了郁达夫的讲演，虽然买了票，但也和没有买票一样，没有得到座位，被挤在门口，不过也还不觉得讨厌。她在东亚学校上的是短期班，12月23日第一期就要结束了。萧红觉得这样正式的强化学习耗时太多，冲击了写作，两个月中几乎没有写什么。她的日文学得很努力，每天上四个小时的课，"自己以为日语懂了一些，但找本书一读还是什么也不知道，大概再有俩月许是将就着可以读了吧？但愿是这样"。

10月，萧军发表了短篇小说《为了爱的缘故》和长篇小说《第三代》，他把这些书寄给萧红，萧红看了以后，很振奋。她知道《为了爱的缘故》是一篇以她和萧军在哈尔滨的生活为素材的实录性作品，从中可以看到自己的形象，也可以看到往日萧军对她真挚的爱。萧红觉得自己更理解萧军了，人也开朗了许多。她在11月6日写给萧军的信中说："在那《爱……》的文章里面，芹简直和幽灵差不多，读了使自己感到战栗，因为自己也不认识自己了。我想我们的吵嘴之类，也都是因为那样的根源——就是为一个人的打算，还是为多数人打算。从此，我可就不愿再那样妨害你了。你有你的自由。"这话有轻微的嘲讽，也有分手的打算。而且，在这封信里，她还提到，给萧军买的手套暂时不寄出，因为还要给黄源买一副。她对黄源的称呼一路由"源先生"到"黄"到直呼其名的"河清"了，渐渐又简化为"清"，而对许粤华则逐渐客气起来，由"华"到"许君"，还要萧军代为问候。11月24日的信中，她已经把黄源视作可以交心的朋友了。她告诉萧军，现在她会随时记下一些短句，但是不寄给萧军，而是要寄给黄源。理由是"因为你一看非成了'寂寂寞寞'不可，生人看看，或许有点新的趣味"。还有一句暗示性的话，"不怪说，做了太太就愚蠢了，从此看来，大半是愚蠢了"。两萧之间潜伏了新的危机，萧红还要经历新的创痛。

有不少刊物要萧军向萧红约稿，撰写回忆鲁迅先生的文章。萧红还没有从这个噩耗中平静下来，接受这个事实对她来说是残酷的。11月9日，她写信给萧军说："关于回忆L一类的文章，一时写不出来，不是文章难作，倒是情绪方面难处理。本来是活人，强要说他死了！这么想就非常难过。"许广平每次见到萧军都要问及萧红的情况，萧军把这些问候转告萧红，萧红在给他的信里写道："许，她还关心别人？她自己就够使人关心的了。"

萧红的纪实散文集《商市街》出版之后，受到广泛好评。萧军写信告诉她这些消息，这使她很高兴。她的精神也振作起来，摆脱了忧郁和悲痛。她买了三张画，东墙上一张，北墙上两张，把居室布置了起来。一张是一男一女在长廊上相会，廊口处站着一个弹琴的女人。另一张是关于战争的，上面有打碎花瓶的小屋，喝了酒的军人穿着绿裤子跳舞。她最喜欢的是第三张，一个小孩靠着软枕睡在檐下的椅子上，旁边是她的母亲和扛着大镰刀的父亲。还有方块石头的廊道，远处微红的晚天、茅草的屋檐、开着的格窗……看见画上的女孩，萧红就好像看见了自己的童年。

她想着鲁迅先生未完的事业，恨不能立即找到胡风、聂绀弩、黄源等人，商量出版鲁迅全集的事情。她想中国人集中国人的文章总比日本人集方便。日本鲁迅全集就要出版了，这让萧红佩服。

萧红仍然感到寂寞，夜里经常被头痛和噩梦扰醒。天气冷了，她买了火盆，借了房东的锅烧了点菜，一个人吃了起来，觉得落寞得不是滋味，又把房东的孩子唤来一起吃。她经历了几次地震，有一次持续震了两三分钟，房子咯咯地响，表在墙上摆动。天还没有亮，她打开灯又被震灭了。她迷迷瞪瞪地穿着短衣服跑下楼去，房东也起来了，他们好像是要逃走的样子。隔壁的老太婆以为萧红还在屋里，便大声叫她，却没有人应。等到她看见萧红在楼下的时候，便和大家一起大笑起来。

　　萧红已经好久不吸烟了，可是这几天烟忽然又挂在了嘴上。她的胃口也好了起来，很能吃，连面包皮也是喜欢的。点心之类的她不敢买，买了就放不住。也许是因为日本的饭菜没有油水，所以她特别想吃东西。早饭一角钱，晚饭两角钱，中午两片面包一瓶牛奶。越能吃，萧红越节制，胃病反而好了。她打算买一双冰鞋，冬天的时候去滑冰。她还打算随时买一些旧画，一方面留着带回国去，一方面可以围着火炉看一看，排遣寂寞。她觉得自己和蛹一样，被圈在茧里了。自由、舒适、平静、安闲，经济上一点儿也不紧张，这真是黄金时代，不过是在笼子里过的。她对自己的平安显然有些不习惯，又爱这平安，又怕这平安。

　　11月24日，萧红买了五角钱一张的票，准备从第二天开始，去听一个日本人关于政治的讲演。她一直想给许广平先生写信，但始终没有写，不知道说什么好，她怕的是想安慰她，却又勾起了她的悲伤。她在这一天的信里，请萧军见到鲁迅先生家那两个老用人时，代她向她们问好。萧军在回信中告诉她，他在鲁迅逝世周月的时候,到万国公墓的鲁迅墓前,把新出版的《作家》《译文》《中流》各焚烧了一本。萧红觉得他这是"洋迷信""洋乡愚",然后又伤心地想着,把写好的原稿也烧去让鲁迅先生改改,回头再发表吧!"烧刊物虽愚蠢,但感情是深刻的。"

萧红的头痛病又犯了,心情也暗淡下来,连新著出版她也提不起兴味,她的第一部散文与短篇小说合集《桥》在巴金主办的文化生活出版社出版了。值得欣慰的是她的日文进步很快,一本《文学案内》翻来翻去,已经能读懂大半了。她还保持着对绘画的兴趣,梦想着将来到法国去研究画。在这封信里,她又督促萧军去买个软枕头。

当时有人要把她的《生死场》选几段译为外文,萧军在信里问她选译哪几段合适。萧红于12月5日回信,征求萧军的意见,是"发誓"那段还是最后一段。她准备在三两天内,完成别人约写的五六百字的自传。黄源给她写信,说萧军这一段时间喝酒很多,大概是为了报复她的抽烟。在这封信里萧红写道:"你不能和一个草叶来分胜负,真的,我孤独的和一个草叶似的了。我们刚到上海时,那滋味你是忘记了,而我又在开头尝着。"

12月12日,萧红为萧军编的刊物《报告》写了小传《永远的憧憬与追求》,回忆自己童年和祖父在一起的情景,"每每在大雪中的黄昏,围着暖炉,围着祖父,听祖父念着诗篇,看着祖父读着诗篇时微红的嘴唇",还有祖父经常说的话,"快快长吧! 长大就好了"。她对自己的外部经历所涉不多,对心路叙事则婉曲悠长:"20岁那年,我就逃出了父亲的家庭。直到现在还是过着流浪的生活。""'长大'是'长大'了,而没有'好'。"这样伤情的自述,可见其情感确实荒凉到了极点。

这一天,发生了震惊中外的大事变,历史又一次急转弯。东北军、西北军联合起来,在张学良、杨虎城的带领下,对蒋介石进行"兵谏",拒绝剿共,要求联合全国各党派团结抗日。当天是星期天,萧红住在友人沈女士的家里。第二天早晨,天还没亮,她就读到了报纸,这样一个大变动,使她惊惶了一天。

12 月 13 日,萧红又开始头痛,她感到深切的痛苦。她的身体很不好,既没有钱医治,她自己也不放在心上。沈女士来看她,发现她的面孔是肿胀的,苍白得没有血色。萧红的头痛病已经四五年了,药不知吃了多少。疼起来的时候,她就想赶忙把它治好,疼痛一过,又觉得不必了。因为头痛不至于死,她便在病痛中煎熬着。她甚至自责:"现在有钱了,连这样小痛也不得了起来,不是连吃饭的钱也刚刚不成问题吗?"她宽慰自己:"人们都说我身体不好,其实我的身体是很好的,若换一个人,给他四五年间不断的头痛,我想不知道他身体还好不好?所以我相信我自己是健康的。"对于萧军让她回国的建议,她断然回绝了:"我没有迟疑过,我一直没有回去的意思,那不过偶然说着玩的。至于有一次真想回去,那是外来的原因,而不是我自己的。"尽管遭受着疼痛和孤独的双重折磨,她还是惦记着别人:"周先生的画片,我是连看也不愿意看的,看了就难过。海婴想爸爸不想?"对于萧军的生活,她也无微不至地关心着,提醒他不要在夜里吃东西,还要设法给自己添一床被子。

张秀珂终于忍受不了亡国奴的屈辱，中断学业，在这个冬天回到了呼兰家中。父亲张选三自然还是严令不许他和姐姐萧红来往。张秀珂宁可"做一个家庭不要的人"，也要去找姐姐。继母梁亚兰竟然瞒着丈夫，同意张秀珂秘密出逃去找萧红。张秀珂走的时候，继母梁亚兰怕他受冻，让他穿上父亲的皮大衣，还把兜里的钱全掏给他，一直把他送上官道。梁亚兰这样反常的举措，怕是另有隐衷。当时，张秀珂已满二十岁，张选三常年在外，而梁亚兰所生的孩子尚全都年幼，必然面临一个"长子主政"的问题。张秀珂出走，这个问题自然就不存在了。

张秀珂从秦皇岛上船，藏在货物中间，偷渡到了上海，找到了萧军。萧军为他在附近租了一间亭子间，让他到上海各地看一看。因为张秀珂喜欢语言学，萧军还介绍他到世界语协会去学习世界语。

张秀珂给萧红写信，谈到对前途的想法，希望找一点儿事做。萧红深知在上海是很难找到事做的，怕他的生活成问题。建议他如果不愿意再到日本来，可以到北平去读书，毕竟张秀珂没有断掉与家庭的联系，还可以得到家里的经济支持。萧红也不赞成张秀珂再到日本留学，在 12 月 15 日的长信里，她详细地谈了自己对日本的看法："这里短时期住则可，把日语学学，长了是熬不住的，若留学，这里我也不赞成，日本比我们中国还病态，还干枯，这里没有健康的灵魂，不是生活。中国人的灵魂在全世界说起来，就是病态的灵魂，到了日本，日本比我们更病态。既是中国人，就更不应该来到日本留学，他们人民的生活，一点自由也没有，一天到晚，连一点声音也听不到，所有的住宅都像空着，而且没有住人的样子。一天到晚歌声是没有的，哭声笑声也都没有。夜里从窗子往外看去，家屋就都黑了，灯光也都被关在板窗里面。日本人民的生活真是可怜，只有工作，工作得和鬼一样，所以他们的生活完全是阴森的。中国人有一种民族的病态，我们想改正它还来不及，再到这个地方和日本学习，这是一种病态再加上一种病态。我说的不是日本没有可学的，所差的只是他的不健康处也正是我们的不健康处，为了健康起见，好处也只得丢开了。"

萧红的日文已经大有长进，可以听懂很多话了，连找房子办交涉的事也差不多行了。东亚学校里，教师在课堂上基本说日语。比起初到日本的时候，现在萧红的日子要好过多了。她终于从最初的困难中坚持了下来，逐渐适应了在日本的生活。

新年就要到了，萧红感受到了日本的节日气氛，但走在街上却不舒服起来。别人都欢欢乐乐，只有她举目无亲。"所谓趣味，则就必有我，倘若无我，那就一切无所谓了。""每逢佳节倍思亲"，萧红思念着祖国的亲人，期待着他们的来信。12月18日，她给萧军写信说："新年了，没有别的所要的，只是希望寄几本小说来……《复活》《骑马而去的妇人》，还有别的我也想不出来，总之在这期中，哪怕有多少书也要读完的。可惜要读的时候，书反而没有了。"这封信中，她对萧军的态度客气了起来："我不知你寄书有什么不方便处没有？若不便，那就不敢劳驾了。"

12月末，萧红又写信给萧军："你亦人也，吾亦人也，你则健康，我则多病，常兴健牛与病驴之感，故每暗中惭愧。"萧军和萧红的身体情况对比鲜明,萧军健壮、孔武有力,萧红则病弱。正如萧军所说:"健牛和病驴,如果是共同拉一辆车,在行程中和结果,总要有所牺牲的,不是拖垮了病驴,就是要累死健牛!很难两全的。若不然,就是牛走牛的路,驴走驴的路……"萧军当时还很年轻,很难体会到萧红病弱的痛苦。他到了老年,才反省说:"由于自己是健康的人,强壮的人,对于体弱的人,有病的人……的痛苦是难于体会得如何深刻的。所谓'关心'也仅仅是理性上的,以至'礼貌'上的关心,很快就会忘掉的。"加上他粗暴的性格,常常无意识地伤害了萧红而不自知,使敏感而自尊的萧红感到屈辱。有一次,萧军和萧红争吵起来,萧红口头上争不过萧军,气极了就扑过去抓坐在床沿上的萧军。萧军一闪身,萧红扑空了,竟趴在了床上,萧军趁机在她的大腿上狠狠地拍了两掌。这对于萧军只是率性而为的小事一桩,对于萧红则近于凌虐,是不堪忍受的。性格的这种反差,也是二人最终分手的原因之一。

1937年1月1日,萧红的邻居家着了一场大火。好在萧红住在沈女士的家里,没有受到惊吓。2日,她收到了萧军和张秀珂的信。张秀珂在信中谈到对萧军的印象,觉得"喜欢且可爱"。同时还发现,萧军饮酒以后脸很红,"好像为了一件感情所激动"。

此时的萧军,已坠入爱河而难以自拔。1978年9月19日,萧军在注释萧红书简的时候,坦然写道:"那是她在日本期间,由于某种偶然的际遇,我曾和某君有过一段短时期的感情的纠葛——所谓'恋爱'——但是我和对方全都清楚意识到,为了道义上的考虑,彼此没有结合的可能。为了要结束这种'无结果'的恋爱,我们彼此同意促使萧红由日本马上回来。这种'结束'也并不能说彼此没有痛苦。"这里的某君就是许粤华,而萧红对她称呼的变化,对萧军的客气,都是出于一个女人的自尊。直到萧军决定结束和许粤华的恋情,萧红才正式和他谈起这个问题,并且改变原来在日本待一年的计划,回到上海。她显然早就知道了这件事,所有和她通信的人都会以不同的方式向她透露。她在东京时,和她有信件往来的人不少,黄源、孟十还都为编务写信给她,白朗、袁淑奇是她在哈尔滨时的密友,再加上新近到达上海的弟弟张秀珂,"为了一件感情所激动"就是最直接的暗示。萧红这一段时间的发烧、头痛、上火,也不仅仅是因为鲁迅的逝世。而且,其间萧红一度自己动手布置房间,自己烧菜,请了邻居的孩子一起吃饭,等等,都是因为她之于萧军由妻子到恋人继而客气如朋友的身份转换,她早已做好了分手的准备。但是,萧军却以召回萧红来结束那一段"没有结果的恋爱",萧红的奔逃又一次失败了。

萧军是哪天写信让萧红回上海的,已经无从考证了,总之,1937年元旦过后,很快她就启程回国了。

从11月开始,萧红陆续写了不少短句,整理之后,以"沙粒"为总题,发表在1937年3月15日《文丛》第一卷第一期,共计34首,记述了她当时的心理感受与精神挣扎:

沙粒

一

七月里长起来的野菜，
八月里开花了；
我伤感它们的命运，
我赞叹它们的勇敢。

七

从前是和孤独来斗争，
而现在是体验着这孤独，
一样的孤独，
两样的滋味。

八

本也想静静的生活，
本也想静静的工作，
但被寂寞燃烧得发狂的时候，
烟,吃吧!

成长

酒,喝吧!
谁人没有心胸过于狭小的时候!

一一

今后将不再流泪了,
不是我心中没有悲哀,
而是这狂妄的人间迷惘了我了。

一六

人在孤独的时候,
反而不愿意看到孤独的东西。

二〇

理想的白马骑不得,
梦中的爱人爱不得。

二五

失掉了爱的心板,
相同失掉了星子的天空。

二六

当悲哀，
反而忘记了悲哀，
那才是最悲哀的时候。

二七

此刻若问我什么最可怕？
我说：
泛滥了的情感最可怕。

三二

只要那是真诚的，
那怕就带着点罪恶，
我也接受了。

三四

什么最痛苦，
说不出的痛苦最痛苦。

从这些诗句可以看出，萧红知道萧军与许粤华之间如野菜开花一样迅速升温的恋情之后，内心很是痛苦。这一次，已经不是《苦杯》中的哀怨，而是悲哀到忘记了悲哀、痛苦到麻木的无言。一边是自己的爱侣，一边是刚刚分别的亲密朋友，她自然无话可说，只有钝痛像沙粒那样塞在心里。

萧红陷入了悲观厌世的精神低谷，但她是坚强的，她挣扎着要从这种情绪中解脱出来：

四

世界那么广大！
而我却把自己的天地布置得这样狭小！

一三

我的胸中积满了沙石，
因此我所向往着的：
只是旷野，高天和飞鸟。

二九

海洋之大，

天地之广，

却恨各自的胸中狭小，

我将去了！

三三

我本一无所恋，

但又觉得到处皆有所恋，

这烦乱的情绪呀！

我咒诅着你，

好象咒诅着恶魔那么咒诅。

萧红在内心的矛盾挣扎中最终说服了自己，摆脱了哀伤悲凉的情绪，振作了起来。萧军真诚的忏悔，也阻断了萧红的奔逃之路，她还是退回到了自己那沙粒一样坚硬、枯竭的情感生活中。1月4日，她给萧军写了一封信，报了平安，并把张秀珂对他的观感，一并寄给他了。

1月9日，萧红乘车到横滨，搭上"秩父丸"号邮船，启程回上海。

萧红旅居日本期间，写作了《孤独的生活》《家族以外的人》《红的果园》《王四的故事》《永远的憧憬和追求》《沙粒》等诗歌、散文、小说。《孤独的生活》表现了她在东京寂寞孤独的生活感受。《家族以外的人》以她家的老仆人有二伯的生活为素材，表现了底层劳动者贫苦无告的生活。《红的果园》讲述了一对年轻的恋人，各自选择了自己的生活道路。女青年投身抗日以后，男主人公对往事的回想，对自己生活感到无聊和无所适从的感觉。萧红对他的心理描写是出色的，既细腻又准确，反映出她刻画人物的笔力。《王四的故事》讲述了张家的老管家，为地主东家忠心耿耿地干活，只要东家叫他一声四先生，他就觉得像是在自己家里一样，但他仍然不被主人信任。发大水的时候，主人重又叫他四先生，他立刻又有了被信任感。萧红从中刻画了底层劳动者自身的不觉悟与阿 Q 式的虚荣。

返回上海

　　回国的途中，萧红巧遇老友高原（即高永益）。西安事变之后，大批东北留学生回国。当时在日本留学的高原，也回国了。他在"秩父丸"号上，看见一个女子好像旧友廼莹，只是还不敢确认，而且他听说廼莹和一个叫三郎的日本人结婚了，深为她的堕落而愤怒。他又疑心她是外国人，不敢贸然搭话。他们同在一张餐桌就餐，他发现她用筷子，在船靠近上海汇山码头的前一天，他设法和她交谈。就在萧红吃完主食，开始喝汤的时候，高原急中生智，对邻座的人大声说："对面坐着的那位女士，很像我的一个朋友。"萧红抬起头来，对他说："是说你的朋友像我吗？"听到她说中国话，高原很高兴，立刻回答："你很像我的一个朋友。"萧红也立刻问道："你的朋友叫什么名字？"高原说："她叫张廼莹。"萧红一下子从座位上站起来，绕过饭桌，到了高原的面前，她握住高原的手，说出了他的名字："你是高永益！"两个人都喜不自禁地流出了眼泪。

　　他们去了高原的舱房，坐在长沙发上聊了起来。谈话中，高原知道了三郎就是萧军，萧红就是廼莹，他高兴极了，一下子从沙发上跳起来，向同房的朋友们介绍："她，是我的老朋友张廼莹,也就是咱们在东京很想找的那个萧红!"大家都为他们的巧遇高兴,纷纷表示祝贺。有一对新婚夫妇,把友人赠送给他们的糖果拿来,摆在椭圆形的小桌子上。萧红的舱房就在隔壁,她回去拿来一瓶白兰地酒和一盒樱花牌香烟。和萧红同住一室的从美国归来的华侨老人问她:"遇到亲人了?"萧红兴奋地回答:"嗯,遇到亲人了。"

萧红打开酒,斟满了酒杯,一饮而尽,然后和高原滔滔不绝地聊起来。他们说起徐淑娟,高原把徐淑娟写给他的信拿给萧红看。萧红知道高原也要到上海时,便说:"到了上海,咱们就一起去常熟看望小徐,常熟离上海并不算太远。以前咱们在北方,小徐在南方,如今我们在南方,小徐也不知到了哪方。人生总有悲欢离合……"说起鲁迅先生,萧红说鲁迅先生生病逝世时她正在东京,不承想,再也见不到他老人家了。她很悲恸,眼圈也红了起来。她讲了许多鲁迅先生的往事,鲁迅先生的为人和精神。萧红还谈起了萧军、许广平先生和海婴等在上海的亲人、朋友,流露出念念不忘的思念深情。

他们从早上说到晚上,午饭和晚饭几乎没怎么吃。夜色降临的时候,他们一起登上甲板,看海上夜色。萧红久久地凝视着远方的星空,突然愤怒地说:"亡国奴,我们还要做第二次的!"海风几乎冻僵了他们的手,高原帮萧红整了整围巾,将她瘦弱的身体紧紧地揽在身旁,一起走回舱里。萧红仍然冷得发抖,高原拿来一条毛毯,把他们的腿脚严严实实地包裹好,挤坐在沙发上。这使他们想起了冬天的哈尔滨,孩子们就是这样来抵挡严寒的。他们都笑了,好像一下又回到了顽童时代。夜已经很深了,高原虽然不会吸烟,但也帮着萧红把那盒香烟吸得一根不剩,二人彻夜不眠地聊着,直到第二天天亮。一位广东籍的同学开玩笑说:"你们整整谈了二十四个小习(时)!"他的口音引得萧红哈哈大笑。

高原帮萧红整理手提箱,发现萧红有一只像茶杯大小的很有趣的小木桶,这是她最喜爱的玩具。萧红知道高原很穷困,便把她手中剩余的不足二十元的日钞,全部留给了高原。还反复嘱咐他到了上海要注意的地方,特别叮嘱他注意小偷,别丢了钱包。

1月13日,"秩父丸"号到达上海汇山码头。对萧红来说,第一次来上海,这里是异乡,如今再一次来到上海,却成了归乡客。同样的地方,同样的风景,却再也找不回当时的心境了。所有的爱与伤愁,都散在时光的长河里,随着浪潮奔流到海。

萧红、萧军把家从北四川路搬到了吕班路,住进了一家由俄国人经营的家庭公寓。吕班路是一个很幽静的地方,行人很少,周围一片静寂。弄堂里一排西班牙式楼房,里面有些空房出租,房客大多是白俄人,许多是文化人,很多东北作家都居住在这里。

安顿下来以后,萧红就去拜谒鲁迅墓。阴沉的天气,如同萧红阴郁的心,沉甸甸的,却找不到一个发泄的出口。落叶簌簌地飘着,萧红和萧军一脸肃穆地走进万国公墓。在墓前,她看见了鲁迅的半身瓷像,看见了地面上许多已经枯萎的花束,看见了鲁迅家中那只灰蓝色的花瓶,瓶底已经丢失,四周长满了青草。她想象着，再过一些时日，墓草大概就会埋没了花瓶，恐怕连鲁迅的半身瓷像也要被埋到胸口了……

萧军上前清扫了一下墓基，萧红将手中的鲜花轻轻放在上面，然后，她对着鲁迅墓深深鞠了一躬，低下头，默默垂泪。

附近的石匠在凿着墓石，发出叮叮的空洞的声响……

离去时，萧红刚刚走了几步，又突然转身，奔到墓前，扑倒在地，放声痛哭起来……

一个多月后，3月8日这天，萧红写下一首拜墓的诗：

…………
我哭着你，
不是哭你，而是哭着正义。
你的死，总觉得是带走了正义，
虽然正义并不能被人带走。
…………

在纪念鲁迅的大量的文字中，多的是"国家""民族""大众"之类的大词，像"正义"这样一个伦理学的用语，大概只出现在萧红的诗里。对于鲁迅，她有着独特的理解，也有着独特的感受。"正义"是一个代表弱者的词，在这里，除了社会公正性的含义之外，恐怕还带有很强烈的私人色彩。对于她与萧军之间的矛盾，所有的朋友都跑到萧军那边去了，谁能支持她，谁能站出来说几句公道话？

回国以后,萧红的一头烫发又变成了平顺的短发,穿着也十分朴素,完全回到了从前的样子。但是,她在文坛的地位可跟从前大不相同了,许多刊物向她约稿,许多活动请她参加,显然,她和萧军已经进入名作家行列了。开始时,她努力振作,心情应当说是不坏的,在梅志看来,甚至比她刚到上海时心情还要好。有一次,她出席了一个新刊物的特邀撰稿人小宴会。会上,她说出自己的主张和想法,梅志才发现,她是那般热爱她的文学事业,而且那般渴望有大的作为。然而,这样情绪高昂的时间太短了。

萧红在回国之前所接到的有关萧军婚外恋的信息,是简单的,混乱的,不完全的,以她回来后的观察来看,并非那样一回事。她之所以放弃一连几个月矜持自守的姿态,从国外回来,心里大约想着,一来可以解除彼此的相思之苦,二来希望以一种退让、宽容的态度,换取萧军的爱、理解和尊重。在哈尔滨,"牵牛房"的那段日子,始终是她心里的一抹阳光。那时候爱是单纯的,如果能回到从前那般单纯的境地里去该有多好!可惜不但不能,相反,事情是愈来愈糟了。萧军太自负了,他根本就不把她放在眼里!

出于道义,或是利害方面的考虑,萧军那"无结果的恋爱"结束了,但许粤华怀了孩子,得做人工流产手术,萧军便忙着照顾她,无暇顾及萧红。文艺界的活动,他多是自己去应酬,编刊物也是以个人的名义进行。他们不常在一起,在马路上并排走的情景都很少。

这期间,他们经常闹矛盾。张秀珂曾回忆说,有一次他刚进屋,萧红就告诉他,方才他们争吵,萧军把电灯泡都打坏了。萧军马上抢过来说是碰坏的,并且分辩说自己是如何有理。他问萧红到底为什么,萧红反而支吾着不回答了。对于两人之间的冲突,萧红一直保持沉默, 即使对胞弟也不愿说出真相, 甚至加以掩饰,不愿埋怨对方。所以,张秀珂说,他当时是支持萧军,不赞成萧红的。直到十年后,他才知道他们闹矛盾,并不能只怪萧红。

冲突开始逐渐极端,强者使用暴力,弱者做心理抵抗,以此维持表面上的平静。

一个日本作家来到上海, 特别想见见许广平和一些进步作家。在一家小咖啡馆,聚集了萧军、萧红,还有另外几位,他们都见证了萧军家庭暴力的事实。

萧红的右眼青紫了很大一块,引起了大家的注意。

"怎么啦,碰伤了眼睛?"

"好险呀,幸好没伤到眼球,痛不痛啊?"

"眼睛可得小心呀!"

"我自己不小心,昨天跌伤了。"萧红平淡地回答,又补充道,"夜里看不见,没关系……"

"什么跌伤的,别不要脸了!"萧军在一旁得意地说,"我昨天喝了酒,借着点酒劲就打了她一拳,把她的眼睛打青了!"

萧军一边说话, 一边仍然挥着紧握的拳头, 大家都不敢说话。

"别听他瞎说,不是故意打的,他喝醉了……"萧红说着,凑近梅志,轻声说道,"他喝多了酒要发病的。"

"不要为我辩护……我喝我的酒……"

萧红的眼睛里立刻盈满了泪水……

时间仿佛倒退到了一年以前，萧红又开始一个人往许广平那里跑。鲁迅去世以后，许广平就搬家了。到了许广平的新家，敏感的萧红总是有一种物是人非的落寞感。

她去了，又是一坐半天。她的痛苦，只能向许广平一个人倾诉，许广平就像母亲一样，安慰她，让她在跟前慢慢地舔自己的伤口。有时遇到梅志来，也并不避忌，她找不到可靠的亲友了。为了她的事，许广平和梅志私下商量过，萧军是不好去规劝的，只能劝萧红，希望她珍惜身体。

萧红知道，许广平自己的哀戚还没有平复，她不好太过打搅。她尽量地让自己沉浸在写作中，以忘却一切苦痛。遇到心情特别不好的时候，就从屋子里溜出来，幽灵一般地在荒凉的大街上游荡……

在骆宾基的《萧红小传》里，记录着一个动人的片段，是萧红在病中向他讲述的。

萧红往往写作到深夜，每到就寝前，窗外都会传来卖唱的胡琴声。这凄楚的琴声，使她对人间的不幸起了共鸣，益增伤感。她打开窗子，看见卖唱的盲人走近窗下。为盲人领路的衣衫褴褛的女孩子发现了她，立刻在窗下停住，这时盲人拉着胡琴唱起了《道情》。萧红听不懂唱词，却为他们的身世感动。这盲人是女孩的祖父吗？还是两个天涯沦落人在人生途中偶然的结合？突然琴声停止了，她于是从桌上迅速收集起所有的铜板，投到街上。为了不抛散,她还用纸紧紧裹住那些铜板。

从此,老年的盲人和领路的女孩子,每夜都到她的窗下,凄切地唱着。萧红同样每夜都用心聆听胡琴的苦诉,并且投下白天早已准备好的小洋角子和铜板。

有一天,她回来晚了,错过了胡琴声。

她回到楼上,发现出门时忘记关灯了,心想,他们一定在窗下唱了许久。当他们一无所获地离开时,该是多么失落和悲伤呢?她打开窗子,久久怅望,然而,胡琴声是永远地错过了……

鲁迅逝世时,许粤华同胡风、黄源、周文、萧军等一起值夜守灵,从她以雨田的笔名发表的纪念鲁迅的文章看,她对鲁迅有着很深刻的理解。在日本,萧红感受过她对学习和工作的投入和热情,对自己也有过生活上的关爱,因此,萧红不会因为萧军与许粤华短暂的恋爱关系而影响她对许粤华的敬重之情,也没有中断彼此间的来往。

一天,萧红到黄源家去,正好遇见萧军在同黄源、许粤华夫妇说话。但是,萧红一出现,他们的谈话就突然停止了。萧红向许粤华招呼道:"这时候到公园里去走走多好呀!"见许粤华躺在床上,窗子敞开着,她说:"你这样不冷吗?"说着,要把大衣给她披上,黄源说:"请你不要管!"萧红立刻从三个人沉默而僵持的神色上察觉出其间的不愉快是什么了。她悻悻地退了出来,她想:这和我有什么关系呢?明明是萧军的错,怎么拿我出气呢!可是,我们之中谁和太太们的友谊不是建立在丈夫是朋友的基础之上呢?谁不是一旦和朋友决裂,就连同与他太太的友谊一起摈弃了呢？甚至不管那太太有着怎样纯洁而美好的心灵，同样要遭到摈弃。这时，萧红再明显不过地看清了她自己以及所有女人，作为男人的附属物而存在的事实。

在日本时，她还认为，萧军的婚外恋只是因为两人之间的"空隙"在作祟，当她填补了这空隙，那恋情的阴影就会随之消失。对于她和萧军的爱，她本来还有些自信，总以为不会轻易被分裂。她不是那种庸俗的女人，总是用力拉拽着男人的衣角，或者拒绝别的女人在男人身边出现。她要独立地展示自己，希望自己选择的男人也同样选择她，而且无悔于这种选择。现在，幻想破灭了。萧红终于发现，萧军没有悔意，他不但不爱她，甚至连起码的尊重也没有，她的反抗意识迫切要求赋予它外在的形式了。

西美尔比较两性的时候说，女人是更倾向于献身的生物，但是，一个女人最完整的献身，也无法抹去那隐蔽在她灵魂里的自我归属感。对萧红来说，如果她的献身不能够获得萧军对她的尊重，那么，她宁可从不相融的家庭里分裂出来。但是，她知道，她的行动不可能找到支持者，她在反抗萧军的同时，必须反抗社会。

一般而言，弱者的反抗是消极的、低姿态的，萧红还拿不出公开决裂的勇气，作为反抗的一种自助形式，她选择了逃避。

在报纸上，萧红注意到吕班路附近一所私立画院的招生广告。她打电话过去："你们那里收寄宿学生吗？还有床位吗？"在得到肯定的答复之后，她试探着来到画院。接待她的是一位犹太画家，说是可以随时报名。她从画院出来，在路上遇见了萧军，萧军没有理她,她也没有向他打招呼,就径直回家了。

当时,她并没有说,也许,思想上还没有完全准备好。就在这天晚上,她躺在床上,听见了萧军和他的友人的谈话——

萧军说:"她的散文有什么好呢?"

他的朋友说:"结构也并不坚实。"

这轻慢的口气,使萧红深受刺激。她觉得,萧军明明白白地在与他的朋友连成一气,和她对立。她突然走了出来,打断了他们餐后的快意闲谈。

"你没有睡着呀!"

"没有。"她和婉地说,目光却是冷峻的。

她心里想,我每天像家庭主妇一样操劳,你却是到吃饭的时候过来一坐,有时还悠然地喝上两杯,背后竟然还和朋友一起鄙薄我……

夜深以后,当萧军和朋友都各自睡去,萧红悄悄走下床来。她打开提箱,发现只有十二元法币,便给萧军留下一半,随后又备好所需的衣物,黎明到来时,悄然走出家门。

萧红到画院的第三天,就被萧军的两个朋友找到了。"你原来是有丈夫的呀!"画院的主持者说,"那么,你丈夫不允许,我们是不收的。"萧红像俘虏一样被带了回来,她的奔逃又一次失败了。

萧红的离家出走,非但没有引起朋友们的同情,反而招来了不少非议。为了排遣内心的苦闷,她决定到北京去住一段时间。萧军为了弥补对萧红的歉意,也同意她外出散散心,他决定让萧红当"先遣部队"，先到北平去，自己随后就到。萧红想动员张秀珂和她同去，张秀珂因为向着萧军而回绝了她的请求，还说北平乌烟瘴气的，汉奸日寇横行，有什么去头！萧红只好又独自上路了。

北平之行

　　1937 年 4 月 23 日夜,萧军与张秀珂送萧红登上了北上的火车。萧红向着少女时代的梦想之城进发,开始了一次怀旧的逃避之旅。列车启动,目送萧红渐渐远去,萧军心里百感交集,有歉疚也有惜别的感伤。他和张秀珂一起吃了排骨面,然后一个人回到空荡荡的房子,陷入一片孤寂的恐惧。他在当晚的日记中写道:"她走了!送她回来,我看着那空旷的床,我要哭,但是没有泪。我知道,世界上只有她才是真正爱我的人,但是她走了……"可见,萧军也是非常害怕失去萧红这唯一真爱的。

　　萧红睡了一个好觉,当她有心情给萧军写信的时候,火车已经过了黄河了。火车剧烈地摇晃着,沿途尽是被砍断的秃树和白色的鹅鸭。西安事变已接近尾声,沿途有一些从西安回来的东北军,马在铁道旁吃草,马的脊背成了一条线,好像鱼的脊背一样。萧红心绪烦乱,只吃了一个苹果,抽了两三支烟。萧红看见火车经过两片梨树林,梨树在朝雾中隐隐约约地发着白色。第三天的上午九点,车停在一个小站。萧红走下火车,坐在车站的候车室里。她透过窗户,看见平地上尽是坟墓,远处飞着乌鸦。火车重新开动,很多东北军从并行的铁道上被运过去,萧红看见了两三次。泥猴一样的士兵,和马一起冒着小雨。但不知为什么他们很欢喜,不停地闹着笑着。她看着车窗外的景致,心情逐渐轻松起来。车到山东济南一带的时候,萧红看见土地还保持着原来的颜色。有农民正在播种,有黑牛或白马在上面拉着犁杖。

到北平以后,她先到了迎贤公寓,觉得条件不好,就先到中央饭店住下,房租是一天两块钱。她去找萧军讲武堂时期的同学周香谷。周香谷住在他岳母家里,他岳母是有名的京剧票友恩晓峰,他妻子是一个京剧演员。周香谷是"老北京",可以帮萧红租房子。萧红坐着洋车跑到宣外找太平桥,却找不到。问了警察,说太平桥只在宣内,宣外另有个别的桥,究竟是什么桥,她也不知道。于是跑到宣内太平桥,25号是找到了,但没有姓周的,姓什么的也没有,只有一家粮米铺。萧红又去了她的旧居二龙路西巷小院,那里已经改成一家公寓了。她又去找一个姓胡的旧日同学,门房说胡小姐已经不在了,意思是出嫁。北平的尘土几乎把她的眼睛迷住了,她真是懊丧,落寞的滋味浮上心头。她又跑到李荆山(即李忆之)七年前做事的汇文中学,这次找到了。门房告诉她,李荆山仍然在这所学校做事,家就在学校旁边,这令萧红难以相信。她跑到李荆山家,看到他儿女已经一大群了。于是又知道了李洁吾的情况,他也有一个小孩了。在李荆山的带领下,她又去找李洁吾。

李洁吾大学毕业以后,在孔德小学任教。他的母亲带着他的两个年幼的妹妹和为他相中的未婚妻,来到北平投奔他。李洁吾年幼丧父,为了一个"孝"字,不愿伤害母亲受尽苦难的心,便同那位姑娘结了婚,婚后生了一个女孩。萧红跟着李荆山到了李洁吾家,她穿着一件黑色的大衣,李洁吾还没有认出她来,她就紧紧握住他的手说:"洁吾,还认识吗?找到你可真不容易啊!"又回头对李荆山说:"真是感谢你,忆之哥!不先找到你,我就无法见到洁吾了。"李洁吾也惊叫起来:"啊!廼莹,是你!你从哪儿来呀?"说着两个人牵着手走进院子。进了屋,萧红脱掉大衣,扑进李洁吾的怀里,和他拥抱在一起。李洁吾吓了一跳,急忙让他们坐下,招呼厨房里的妻子过来认识认识远方来的客人。从萧红一进院门,所有的举动,李洁吾的妻子都看在眼里,竟产生了误会。李洁吾给她们彼此介绍的时候,她的态度很冷淡,萧红敏感的自尊心也受到了伤害。李洁吾的妻子做了面条,几个人吃过晚饭,聊了一会儿分别之后的情况。对于萧红的事情,他们知道的不少,多数是从报纸上看来的,也有一些是传言。九时许的时候,李洁吾把她送出了胡同,约好明天再见。李洁吾还答应为她找合适的旅馆,第二天给她消息。

萧红走了以后,李洁吾受到了妻子的诘问。她问李洁吾和萧红是怎么认识的,为什么从来没有跟她讲过……但是无论李洁吾怎么说,她也不相信!第二天上午,萧红又来到李家。她穿了一套深天蓝色的毛织西装衣裙,用一根丝带束着头发,看上去像日本人。吃午饭的时候,萧红讲述了她几年来的生活情况,特别讲到和鲁迅先生的交往,以及鲁迅先生和许广平先生对她的照顾……李洁吾说:"鲁迅先生对你太好了,就像慈父一样。"萧红立刻纠正他说:"不对,应当说像祖父一样……"李洁吾问起萧军的为人，萧红说："他为人是挺好的，我也很尊敬他，很爱他。只是他当过兵，脾气太暴躁，有时真受不了。"

李洁吾为萧红在灯市口联系了一家叫北辰宫的旅馆，居住条件还好，价格也合适。不过旅馆当时没有空房间，萧红不能立即搬进去，要等房客走了，腾出房子，才能入住。4月25日，萧红提出要搬到李洁吾家来住。李洁吾本来就有这个意思，但顾虑到萧红的生活习惯，怕家里条件简陋，没敢开口，现在萧红主动提出来了，他欣然同意。李洁吾和妻子一同把萧红接到家里，安顿在东边那间空房内。屋里只有一张床，一张三屉桌。萧红拿出一张萧军的大照片，端正地摆在桌子上。李洁吾一直关注着萧红和萧军的生活情况，想象着萧军的长相，现在看了照片，断定他是一个有魄力的厉害人物，这使萧红很高兴。闲谈中，萧红了解到他们夫妇也各有各的痛苦。这对萧红又是一个刺激："我真奇怪，谁家都是这样，这真是发疯的社会，可笑的是我竟成了老大哥一样给他们说道理。"李洁吾的妻子对萧红仍然心怀疑虑，第三天清早，说要到朋友家去，把孩子丢下就走了。李洁吾要到学校去教课，带着孩子是不行的，只好请萧红照顾一下，等他上完课再赶回家来。萧红一边给李洁吾看孩子，一边给萧军写信，让他寄几本《生死场》和《八月的乡村》来，送给要好的朋友。

4月26日，李洁吾得到旅馆有空房的消息，就帮萧红搬了进去。旅馆的门厅里，挂着一块很醒目的匾，上面只有一个字——"家"，每月租金二十四元。萧红对房间不甚满意，只打算住上五六天，找到合适的民房就搬出去。5月3日上午，她又去找萧军的同学周香谷,这次到了宣武门外的达智桥,25号也找到了,竟然也是一个粮米铺,没有任何住家。中午在东安市场吃了午饭,睡了一个好觉之后,就看瞿秋白的《海上述林》,看出了趣味。只是心情又和在东京时差不多了,是孤独的安宁。这一天的信里,她劝阻萧军喝酒,说喝多了酒会得肝气病。并且诉说自己的寂寥,"北平虽然吃的好,但一个人吃起来不是滋味,于是也就马马虎虎了"。她期待萧军的来信,让他代问弟弟和朋友好。她还打算工作起来,"工作起来,就一切充实了"。

萧军很快就回信了,他在信中情意绵绵地诉说相思之苦。除了必须应对的工作之外,他简直像个孤魂野鬼。他有时到鹿地亘那里坐一坐,有时到许广平那里看一看。实在寂寞难耐的时候,就去看电影。萧红离开他远行了,黄源因雨田而与他疏远了,由于永远失去了拜见鲁迅的机会,以及见解上的一些分歧,他和罗烽等哈尔滨时期的东北作家朋友,一度陷于绝交的境地。这个自信的东北硬汉,真的孤单落寞,连工作的心境都没有了。4月30日,他在罗烽家吃的晚饭。这天,萧军一进门,罗烽就紧紧握住了他的手,萧军认为这是和解的表示。那天吃的是春饼,一起吃饭的还有唐豪、金人和白薇。白薇计划到北京看病,问他萧红的地址,他当时还不知道……旧日的朋友边吃边聊,一直到十二点钟才散去。萧军在小雨中,自叹自唱地走回家,他在回信里写下:

昨夜,我是唱着归来
——孤独地踏着小雨的大街。

一遍，一遍，又一遍，……

全是那一个曲调：

"我心残缺！"

……我想哭的！

可是夜深了，怕惊扰了别人，

所以还是唱着归来：

"我心残缺！……"

不愿爱过我的人儿薄幸，

却自怨自己的痴情！

　　如此煽情，萧红哪里消受得了。出轨带给萧军自己的痛苦似乎比带给萧红的还要多，他简直像一个陷入绝境孤苦无告的孩子。张秀珂每天到他那里坐一坐，谈的多是关于出路。袁淑奇来看他，看到了萧红到北平后写给他的第一封信，她也正陷入与黄田的情感危机中。5月2日，萧军在电车上又见到了袁淑奇，她和黄田与罗烽的母亲一起，从兆丰公园游玩归来，老太太不日就要去汉口了。到最后，接纳萧军这个可怜男人的，仍然是东北的乡亲。在这封信里，萧军告诉萧红他已经安宁多了，让萧红放心。他说他正在抗拒酒的诱惑，烟也只偶尔吸一支。建议萧红给张秀珂和袁淑奇写信，这些都是最惦念她的人。他还要萧红夏天和他一起去青岛。

　　萧红的信他是6日收到的。他为许广平介绍了一家印刷所，把鲁迅的《且介亭文集》拿去付印。他从许广平家出来，因为有雨,而唯一一次坐车回家,为了不让雨水打湿衣服和鞋子。萧红走了以后,出入检查信箱成了他下意识的习惯。他有预感,萧红的信会在家里等着他,到家以后,果然看见了这封信。他立即提笔给萧红写回信,向她通报自己和朋友们的消息。黄田加入了一个剧团,并且获得了一个角色,饰演果戈里《钦差大臣》中的商会会长,他自己很满意。金人搬去和黄田一家同住了,就是舒群刚到上海时住的那个亭子间。5日的晚上,萧军就是在他们那里吃的面条。罗烽的母亲去了汉口,白朗辞职了,舒群去了北平。张秀珂有一个机会去九江,但萧军不支持他去,萧军觉得不想留在上海,去北平也好。他告诉萧红自己已经从烦乱的情绪中解脱出来了,有了工作的欲望,并且沉浸在《安娜·卡列尼娜》的阅读中,他被迷惑住了,觉得自己就是渥伦斯基,只是没有他那样漂亮。他把自我镇定和心理治疗的经验告诉萧红,并且鼓励萧红把自己的情绪变化记录下来。萧军在报上看到文章,说女人每天"看天"一小时,一个星期就会变得婴儿似的美丽,建议萧红也试试看。他计划着7月10日以前离开上海,到时候就能和萧红见面了。他在学足尖舞,两个月就能毕业,花了十五元的学费,准备学成以后,再教给萧红。他还让萧红租一间比较好的房子,请一个用人,如果有合适的房子可以签一年或半年的合同,多租两间也没关系,因为冬天他是准备也在北平过的。

写完这封信之后,萧军在当晚的日记中写道:"我不适于做一个丈夫,却应该永久做个情人。"他计划写一篇小说《夫妻》,"以自己和萧红以及周遭凡有妻子的朋友们做题材,解剖她们,发现她们的病解，我觉得这是必要的"。可见，萧军并不认为自己出轨是多大的错误，只是觉得自己作为丈夫是不称职的，字里行间都是对女性的不以为意。

萧红也很受伤，她在5月4日的信里向他倾诉：

我虽写信并不写什么痛苦的字眼，说话也尽是欢乐的话语，但我的心就象被浸在毒汁里那么黑暗，浸得久了，或者我的心会被淹死的，我知道这是不对的，我时时在批判着自己，但这是感情，我批判不了。我知道炎暑是并不长久的，过了炎暑大概就可以来了秋凉。但明明是知道，明明又做不到。正在口渴的那一刻，觉得口渴那个真理，就是世界上顶高的真理。

…………

痛苦的人生啊！服毒的人生啊！

我常常怀疑自己或者我怕是忍耐不住了吧？我的神经或者比丝线还细了吧？

我是多么替自己避免着这种想头，但还有比正在经历着的还更真切的吗？我现在就正在经历着。

我哭，我也是不能哭。不允许我哭，失掉了哭的自由了。我不知为什么把自己弄得这样，连精神都给自己上了枷锁了。

这回的心情还不比去日本的心情，什么能救我呀！上帝！什么能救了我呀！我一定要用那只曾经把我建设起来的那只手把自己来打碎吗？

在这封信里，萧红认为张秀珂既然能够去九江，还是去九江的好，她觉得自己的生活还没有安定，与其让张秀珂也跟着跑来跑去，还不如让他去江西安定一段时间。或者到冬天，萧军来北平安定下来之后，再让张秀珂来。此外，就是让萧军给她各寄一本精装的《生死场》和《八月的乡村》。

舒群年初就来了抗日运动高涨的北平，住在北京大学宿舍里。正陷在情感危机中的袁淑奇同病相怜，担忧萧红的处境，托舒群去看望她。萧红每收到一封萧军的来信，就要哭一次。她每天都要到李洁吾家，但待不了多长时间就走。这天，舒群到李洁吾家找她。他们原本是故人，相见之下非常高兴。舒群请萧红和李洁吾的太太一起去逛北海，三个人玩得很高兴。

萧红的心情仍然是烦乱的，她在5月9日写给萧军的信中说："我想我这是走的败路。"她说起自己的写作，并没有写长篇的计划。对于萧军的辜负，她用尖刻的嘲讽发泄着自己的怨毒："但此时我并不过于自责'为了恋爱，而忘掉了人民，女人的性格啊！自私啊！'从前，我也这样想，可是现在我不了，因为我看见男子为了并不值得爱的女子，不但忘了人民，而且忘了性命。何况我还没有忘了性命，就是忘了性命也是值得呀！在人生的路上，总算有一个时期在我的脚迹旁边，也踏着他的脚迹。总算两个灵魂和两根琴弦似的互相调谐过。"最后这句话，萧红觉得有点儿特别高攀，所以写上以后又涂去了。关于看天变美人一说，萧红以一贯的幽默的口吻回复说，从小到大都喜欢看天，但是并没有变成美人，"若是真是，我又何能东西奔波呢？可见美人自有美人在"。

萧红买了笔墨，准备写大字。但是房子住得不方便，和别人一个院子。至于租房子签合同的事，她想等萧军来了再说。10日下午，萧红无聊至极，跑到北海坐了两个钟头。她被游人注视的眼光骚扰得很不自在，觉得做女人真是倒霉。11日，她读了卢梭的《忏悔录》，几乎快读完了，后知后觉地发现里面尽是女人的故事。她强打起精神，写了一张大字，又觉得写得不好。李洁吾家她也不愿意再去了，那是个沉闷的家庭。她觉得自己现在住的房子太贵，想租民房，又讨厌麻烦。她去吃饭，走出饭馆差点跌倒，不知为什么，像服了毒一般，回家睡了一觉才好了。

这一天，萧军去了许广平家，帮助抄录鲁迅的文稿。工作告一段落，两个人便闲谈起来。许广平说："萧红看你很苦恼，怕你犯原先那病。"萧军回答："只有她是这世界上最爱我和了解我的人。"许广平说："是的，她从来没有说过你的不好。"萧军回答："我们过去的历史太复杂了。"然后，他大致向许广平讲了他和萧红的恋爱经历，又说："我不想把这些事向谁说，这只能获得嘲讽和不理解。获得'性'是容易的，获得爱情是难的。我宁可做个失败的情人，占有她的灵魂，却不乐意做个胜利的丈夫……"许广平尽了长者的责任，劝萧军和萧红和好，但效果并不明显，萧军回去后，在日记中写道："我也常想到，吟或许和她的朋友相爱了，那时我将怎么办呢？那我可以和她断了一切关系，自己走路了。"看来，萧军对萧红在北平的生活还是持有疑虑，并且做好了各走各的路的打算。

萧红在北平期间，舒群经常来找她，很好地缓解和稳定了她的情绪。他们有时去中山公园散步,在"公理战胜"的白石牌坊下面谈论古今;有时去看美国明星嘉宝主演的好莱坞影片;有时去听富连成小班演唱的京戏;有时也去逛王府井大街、东安市场。他们还常常坐在环行电车上兜风,还去吃过东来顺的涮羊肉。每走到儿童服装店的橱窗前,萧红就踌躇不前,她在思念她那没有下落的孩子。5月11日,舒群约萧红去看戏,回来时太晚了,舒群寄宿的旅馆已经关门了,他只好在萧红房间的地板上睡一夜。萧红过惯了规律的生活,觉得很窘,彻夜失眠。第二天,他们一起去八达岭。他们坐火车穿越西郊风景区,先到青龙桥,在詹天佑的纪念像下面盘桓,瞻仰这位工程师的英姿。然后走过长长的山路,向着长城的顶峰爬去。他们走走停停,停停走走,一直爬上右手方向最高的那座烽火台。萧红感慨着长城的雄伟和壮观,接二连三地向舒群提出各种问题:这么伟大的长城是怎么修起来的?内外没有人烟,一块一块的巨石是怎么搬运上来的?她最感兴趣的是城墙边上的流水槽,上面雕刻着一个个精致的兽头,模样逼真。萧红素来喜欢美术,对兽头看了又看,不住地称赞。一直到夜里十一点钟,他们才疲乏不堪地各自回家。这次长城之行,萧红还得了一些小花,后来寄给萧军,并让他转送给淑奇一些。

5月8日,萧军终于收到了萧红4日写给他的痛苦不堪的信,知道了自己那没有结果的恋爱对她造成了多大的伤害,于是他便怀着歉疚的心情回信开导萧红——

…………

对无论什么痛苦，你总应该时时向它说："来吧！无论怎样多和重，我总要肩担起你来。"你应该像一个决斗的勇士似的，对待你的痛苦，不要畏惧它，不要在它面前软弱了自己，这是羞耻！人生最大的关头，就是死，一死便什么全解决了。可是我们要拿这"死的精神"活下去！便什么全变得平凡和泰然。只要你回头一想想，多少波涛全被我们冲过来了，同样，这眼前无论什么样的艰苦的波涛，也一样会冲过去，将来我们也是一样的带着蔑视和夸耀的微笑，回头看着它们……现在就是需要忍耐。要退一步想，假如现在把你关进监牢里，漫漫长夜，连呼吸全没了自由，那时你将怎样？是死呢？还是活下来？可是我见过多少人，他们从黑发转到白发，总是忍耐地活下来……因为我不想在这里说我的道理，那样你又要说我不了解你，教训你，你是自尊心很强烈的人。你又该说你的痛苦，全是我的赠与……现在反来教训你……但是我的痛苦，我又怎样解释呢？我只好说这是我"自作自受"，自家酿酒自家吃……我不想再推究这些原因。

前信我曾说过，你是这世界上真正认识我和真正爱我的人！也正为了这样，也是我自己痛苦的源泉，也是你的痛苦的源泉。可是我们不能够允许痛苦永远啮咬着我们，所以要寻求，试验……各种解决的法子。就在这寻求和解的途程中那是需要高度的忍耐，才能够获得一个补救的结果。否则，那一切全得破灭！你也许会说破灭倒比忍受强些，不过我是不这样想的，凡事总应该寻求一个解决的办法，这才是人的责任，所谓理性的动物。否则闭起眼睛想要不看一切，逃避一切……结果是被一切所征服，而把自己毁灭了。凡事不能用诗人的浪漫的感情来处理，这是一种低能的，软弱的表现！自尊心强烈的人是不这样的。

我是用诸种方法来试验着减轻我的痛苦，现在很成功了。我希望你不要"束手无策"，要做一个能操纵、解决、把握自己一切的人。不要无力！要寻找，忍耐的寻找力的源泉。

神经过度兴奋与轻躁，那是生活不下去的，要沉潜下自己的感情，准备对一切应战！

我的感情比你要危险得多，但是我总是想法处理它，虽然一时难忍受，可是慢慢我总是要把它们纳入轨道前进。

我在人生的历程上所遭的危害，总要比你多些，可是我是乐观的，随处利用各种环境增加我的力量，补充我自己的聪明。就是说，我有勇气和力量杀得进，也杀得出，这样，人生的环境所以总也屈服不了我。你有时也要笑我的愚笨，不合理……正因为这样，所以我才能顽强的生活着。

人常常检点自己的缺点是必要的，发展自己的长处也是必要的。人有缺点，我是赞成补救它，如果这个缺点，不真正就是那个人的长处的话。

一个医生尽说安慰话，对于一个病人是没有多大用的，至少他应该指示出病人应该治疗和遵守的具体的方法。最末我说一句，不要使自尊心病态化了，而对我所说的话引起了反感！

…………

萧军的这封信既诚恳地承认了自己的过失，也坦然地表达了他对萧红情感的看法,重修旧好的愿望是明显的。他建议萧红开始写印象记,大约是关于鲁迅的印象记。还建议她找机会运动运动,借以排遣寂寞。他让萧红转告李洁吾,不用再写信了,等到秋天或冬天,就能见到了。收到他的信以后,萧红的情绪有了好转,在 15 日的回信中,萧红说:"我很赞成你说的,我应该照做。"

长城之行,萧红深受震撼,她在 5 月 15 日写给萧军的信中说:"真伟大,那些山比海洋更能震惊人的灵魂。到日暮的时候起了大风,那风声好像海声一样,《吊古战场文》上所说:'风悲日曛,群山纠纷',就正是这种景况。"长城的宏伟和大自然的壮观,给萧红短暂的北平之行留下了深刻的印象,也使她从个人的痛苦情感中暂时得到了解脱。和舒群分别的时候,萧红为了感谢舒群对她的帮助,也为了纪念他们之间的友谊,她把鲁迅先生修改过的,写满了红色蝇头小字的《生死场》手稿,送给了舒群。

萧军原拟去北平,但因为忙着帮许广平先生印刷《且介亭文集》,还要编辑《鲁迅纪念集》,实在腾不出时间北上。他 5 月 12 日写信给萧红,告诉她:"我近几夜睡眠又不甚好,恐又要旧病复发。如你愿意,即请见信后,束装来沪。"他在 13 日的日记中写道:"昨晚吟有信来,语多哀怨,我即刻去信,要她回来。"萧军为什么突然决定不去北平了?原因已无法考证。晚年,他的解释是,"既然我一时不能到北平去,就决定要她回上海了。在那里像一颗飘飘荡荡的'游魂'似的,结果是不会好的。"似乎是因为萧红独自在北平他不放心,更根本的原因大概是唯恐失去萧红,因为萧红的独立性已经越来越强。而且,萧红现在的两个朋友都已经脱离了他的关系网，舒群与他关系并不好，李洁吾原本就不是他的故人，能够监护萧红的同学周香谷又没找到。他怀疑萧红会爱上她的朋友，主要是指李洁吾，但是他还是放不下萧红。"我很理解她好逞刚强的性格，主动是不愿回来的，只有我'请'或'命令'以至'骗'才能回来。"在这封信里，他既没有"请"，也没有"命令"，自然只是"骗"了。他已经戒了酒，烟抽得也不多，所谓"睡眠不好""恐旧病复发"云云，大约都是骗术了。在15日的日记中他写道："吟是一个不能创造自己生活环境的人，而自尊心很强，这样的人要痛苦一生。"萧军是太了解萧红的性子了，也太了解她对自己的爱。

萧红收到萧军的信后，立即准备回沪。李洁吾夫妇想留她再多住些日子，她婉言谢绝了。她说："不行啊，萧军近来身体不好，脾气也暴躁，时常夜里睡不好觉。"李洁吾不再挽留她，和妻子在东安市场附近的一家贵州饭馆里，请萧红吃了一顿尚好的告别饭，然后便送她回上海了。

临行的那天，李洁吾帮萧红收拾行李，东西装得太满，手提箱怎么也合不拢，李洁吾猛劲儿一拉，拉坏了提手，最后萧红只好取出一件薄蓝呢大衣、一个油画架子和一个长方形嵌装着西洋画的小镜框。临行前，萧红与李洁吾约定好，秋天她与萧军一起再到北平来。但是，1937年5月中旬离开北平以后，萧红再也没有回来，她与老友李洁吾，也就此永诀。

七月流火

男女之间关系紧张,分开一段时间反而有可能增加亲密度。总之,萧红返沪之后,同萧军的关系相对缓和了不少。5月间,她的短篇散文集《牛车上》出版,主要收录了她旅日期间的作品,这也使她得到不少精神上的慰藉。

1937年7月7日,民族革命战争掀开了新的一页。

8月12日晚,鹿地亘的夫人池田带了一只小猫来到萧红家,告诉他们日本即将开战的消息。第二天早晨,鹿地亘也来了。他证实了池田的话,用中国话夹着日本话,一边打手势,一边讲述他目击的日军开枪射杀中国平民的事实。他说:"日本这回坏啦,一定坏啦……"

次日,鹿地亘和池田搬到了许广平家。他们原来的住处不太方便,邻居知道他们是日本人,还有一个白俄邻居在法国捕房当巡捕,街上到处都在打间谍,他们的处境非常危险,随时有可能陷进去。他们搬走后,日本警察还来找过他们。

过了一天,萧红和萧军一起到许广平家看望他们。他们住在三楼,鹿地亘看上去开心得很,俨然是这家的主人。他请萧红抽烟,萧红看到他已经开始工作,一个黑色封面的大本子摊开在桌上,鹿地亘说他在写日记,萧红抬头看见池田也在旁边写东西。他们的这种状态,让萧红很是感佩,这种克制自己的力度很少有人能够做到。

又过了两天,萧红去看他们时,鹿地亘劝说她参加团体工作:"你们不认识救亡团体?我可以给你们介绍!""应该工作了,要快点投入工作,日本军阀快完了……"鹿地亘说他们在写文章,准备翻译成别国文字发表,如果有机会,他们还要到世界各国去宣传。

在萧红的眼里,他们好像变成了中国人。

两三天过后,萧红又去看他们,他们已经不在那儿了。许广平说,他们前一天下午出去以后就再没有回来,至于去哪里了也不知道。一连几天,萧红都在打听他们的下落,然而一点儿消息也没有。

一个月后,这天,萧红正在家里准备午饭,一个从前认识的人进来,告诉她,昨夜鹿地亘夫妇又回到了许广平家。萧红听了,正替他们高兴,但那人接下来的话,又不禁让她痛苦起来。鹿地亘夫妇在别人家里躲了一个月,那家人非要赶走他们不可,家里住着日本人,他们怕被当作汉奸看待。继续住在许广平家也不可行了,外界已经谣传她家是一个能容二三十人的特务机关,她又正做着抗日救亡的宣传工作,绝不能被日本暗探注意到。

"那么,住到哪里去呢?"

"就是这个问题呀!"来人说,"他们要你去送一封信,我来就是找你去送信的,你立刻到许广平家去吧。"

萧红是送信给一个德国医生，池田一个月前在他那里治过病，上海战事开始时，那个医生的太太曾对池田说，假若在别的地方住不方便，可以搬到她家去暂住。有一次，萧红陪池田去看医生，池田问他："你喜欢希特勒吗？"医生迟疑了一下，回答不喜欢，并且说他不能回德国了。池田据此判断医生是个好人，同时又受到过希特勒的迫害。萧红送完信，又带了医生的回信赶到许广平家，鹿地亘夫妇看了信，信上说他们可以随时过去。萧红松了一口气。

入夜，鹿地亘开始乔装打扮，穿西服，白裤子，黑上衣，非常可笑，像是卓别林的样子。萧红告诉他："你绝对不能说话，中国话也不要说，不开口最好，若忘记了说出日本字来，会有危险的。"

汽车穿过雨幕，颠簸着到了德国医生家。这是一幢三层的大楼，因为开电梯的人不在，大家又等不及，就提着东西从楼梯跑了上去。

医生在小客厅里接待鹿地亘夫妇："弄错啦！"

萧红感到很诧异，看看鹿地亘，看看池田，又看了看胖医生。

"弄错了，他以为是要来看病，所以说随时可来。"

"那么房子呢？"

"房子也没有。"池田摆了摆手。

萧红想，这可成问题了，许广平家是绝对不能再回去了，可是，此刻到哪里去找房子啊？

医生还不错，穿了雨衣替他们找房子去了。过了一会儿，大家心里起了恐慌：他说房子就在旁边，怎么去了这么长时间都没有回来？

池田担心箱子里的文章被发现，睁大了眼睛问："老医生不会去通知巡捕房吧？"

过了半个钟头，医生回来了，随即把他们带到他找到的房子里，是一家旅馆，茶房极多，说着各种不同的语言，嘈杂得很。但也没有法子，即使有危险，也只得暂时住下了。

帮忙向办理政府证明书的人说，再有三五天便可以替领到，可是到第七天还没有消息。他们被困在那房子里，简直像小鼠似的，寸步不能移动，也不敢大声说话。没有人敢去看望他们，只有萧红、萧军常做"不速之客"，萧红去得最多，这使在寂寞和恐惧中度日的鹿地亘夫妇非常感激。

一天，萧红到得比约定的时间迟了，池田不在，鹿地亘见到她，立即从桌上拿起一张白纸，在上面写："今天下午有巡捕在门外偷听，有英国巡捕（即印度巡捕）、中国巡捕，从一点钟起到五点钟才走。"萧红最感动的是，纸条上赫然写着："今天我决心被捕。"

萧红问他有什么打算，他说没有办法。那时候，他们已经断了经济来源，证明书还是没有消息。在租界里，日军是有追捕日本人或韩国人的自由的。当然，离开租界也不行，又要被中国人误认为是间谍。

萧红感到他们的生命就像系在一根线上那么脆弱，这天离开时，她决定把他们的日记、文章和诗包在一起，带回家里保存。

她对鹿地亘说："假使日本人把你们捉回去,说你们帮助了中国,也是拿不出证据的!"说完,她就要离开,赶快把这包致命的东西带走。

鹿地亘握着她的手问:"害怕吗?"

"不怕。"萧红就像说给立在狼洞里的孩子一样。

萧红去世以后,许广平在一篇追忆文章中特别提到萧红为鹿地亘夫妇所做的一切,把这称作"一件侠义行为"。她写道:"在大难临头之际,萧红先生置生死于度外地为朋友奔走,超乎利害之外的正义感弥漫在她的心头,在这里我们看到她并不软弱,而益见其坚韧不拔,是极端发扬中国固有道德,为朋友急难的弥足珍贵的精神。"

萧军晚年回顾他与萧红的关系时,断定萧红不会真正欣赏他这个"厉害"而"很有魄力"的人,也坦言自己"也并不喜欢她那样多愁善感、心高气傲、孤芳自赏、力薄体弱……的人",认为两个人的结合是"历史的错误"!他说:"我爱的是史湘云或尤三姐那样的人,不爱林黛玉,妙玉或薛宝钗……"萧红确实有着林黛玉般脆弱、善感的一面,但也有史湘云、尤三姐倔强、刚烈、侠义的另一面。她对鹿地亘夫妇的无畏救助,就不是一般的柔弱女子可以做到的。关键时刻,许广平看到了她身上发出的炫目光彩,然而她身边最亲密的萧军竟然看不见,他看到的只有阴暗。

萧红常常独奏她的忧伤小夜曲,萧军的说法也没有错,只是他不承认她能够像他一样演奏奏鸣曲或交响曲罢了。就在她为鹿地亘夫妇的事情积极奔走的时候,谁能想到她一个人也在暗地里烦躁、恶心、惊恐,并且想要哭泣呢?

她又失眠了!

前一天,她到朋友那里走了一趟,听到大家在诉说各自的心愿,都说如果打回满洲去,免不了先吃高粱米粥或咸豆,也有说自家地里的豆多么大、珍珠米多么饱满的,也有说如果真的打回老家去,三天两夜不吃饭,也要打着大旗往家跑,等等。受这种乡情的蛊惑,她想起了屋前的蒿草,后园里茄子开的紫色小花和爬上架的黄瓜,等等。

只要说到蒿草之类,萧军就要向她摆手摇头:"不,我们家,门前是两棵柳树,树荫交织着。再前面是菜园,过了菜园就是门。那金字塔形的山峰正对着我们家的门,那山梁就像蝙蝠的翅膀似的向村子的东西两方伸展开去。后园里黄瓜、茄子也种着,最好看的是牵牛花,爬遍了石头桥的缝隙,早晨带着露水开放……"

"我们家就不这样……"萧红常常打断他。

有时,他也不等萧红说完,就接着说,两个人各说各的,好像都不是为了说给对方听似的。

有一天,萧军买来一幅《东北富源图》,他把图挂在墙上,手指在他家乡一带的山脉上滑动:"这是大凌河……这是小凌河……哼……没有,这是个略图,不完全……"

"好哇!天天说凌河,哪儿有凌河呢!"萧红总想扫他的兴,有时候连她自己也不知道为什么。

"你不相信!我找给你看!"萧军立刻从书橱里把地图找出

来，指点着说，"这不就是大凌河……小凌河……小时候我就在凌河捉鱼，捉到了，拿到山上去，放在石头上用火烤着吃……这儿是沈家台，离我们家有两里路……"

第二天早晨，萧红刚张开眼睛，萧军就抓住她的手说："我想将来我回家的时候，先买两头驴，一头你骑着，一头我骑着……先到我姑姑家，再到我姐姐家……顺便也看看我舅舅去……我姐姐很爱我……她出嫁以后，每回来一次就哭一次，姐姐一哭，我也哭……有七八年没见了，都老了。"这一次萧红没有打断他，而是一边看地图，一边听着。

"买黑色的驴，挂着铃子，走起来嘟嘟嘟嘟响……"他越说越亢奋，形容铃声的时候，仿佛那铃子就在他的嘴里含着。

"我还要带你到沈家台赶集去。赶集的日子，热闹啊！驴身上挂着烧酒瓶……我们那边羊肉非常便宜……羊肉炖片粉……真是好味道！哎呀，多少年没吃那羊肉啦！"萧红看见他蹙着眉，额头上起了很多皱纹。

萧军把手从萧红的手上抽回去，放在自己的胸口，然后又反背着枕在头下，很快又抽出来，理了理自己的发梢……

萧红想：你们家对外来的所谓"媳妇"也一样吗？买驴子的买驴子，吃咸豆的吃咸豆，我呢？坐在驴子上，所去的是生疏的地方，躺着的也是别人的家乡……

"家乡"这个字眼，她总觉得不大亲切，但当别人说起来的时候，她又不免心慌了！实际上，在那块土地还没有被日军踏足之前，对她来说，所谓家已经等于没有了！她没有乡土，所有的女人都没有乡土,在这个世界上,女人永远是异乡人……

她还是失眠,一整晚睡不着,黎明之前,在高射炮的轰鸣声中,她听到一声鸡鸣,和家乡一样颤抖在原野上的鸡鸣……

战争的环境不容许一个人太多地耽溺在个人的伤感里,一个民族的灾难、不计其数的战士的死亡、为共同命运所凝聚的集体的斗争,无不激发着萧红的工作热情。纤细而低沉的弦乐,这时被淹没在一阵宏大而急骤的鼓角声里了。

金剑啸殉国的消息传来,萧红深感悲愤,随即写成悼亡诗《一粒土泥》,接着她又写下《天空的点缀》《火线外》二章——《窗边》和《小生命的战士》,都是燃烧的文字。在她看来,她最重要的工作是参与《鲁迅纪念集》的编辑。她希望尽力把新闻报道收集得更齐全些,校订更精准些,把属于自己的部分做得更完善些,不要留下遗憾。

上海战事发生以后,许多刊物都停刊了,胡风计划筹办一个新刊物,约请萧红、萧军等作家商谈,端木蕻良也在其中。关于刊名,胡风原拟为《抗战文艺》,萧红建议改为《七月》,既有象征意味,又有诗意,后来就这样确定了下来。

《七月》出版了三期,上海即将沦陷,胡风决定将刊物迁至武汉,他邀请其他同仁一同迁往那里,将刊物继续办下去。萧军和萧红最先撤离,9月28日,他们从上海西站乘火车出发……

情殇

两萧分手

　　民族革命大学没有校舍,只挂了一块牌子。在学校里,萧红和萧军担任文艺指导, 他们同其他教员和来自全国各地的学生一样,分散住在老乡家里。每天清早,全体师生被短促有力的军号声召集到一起,跑步,操练,唱《救国军歌》,展开各种训练。2月的天气是寒冷的,学校的气氛却是紧张而热烈的。

　　不久,丁玲带领着西北战地服务团从潼关来到临汾。还在上海的时候,萧红就给东北老乡高原说过,她很想参加抗战服务队之类的组织。而今,服务队来到身边了,而且丁玲就跟她住在一间屋子里,真是一种奇遇。可是,两人之间的谈话毕竟太少了。丁玲回忆起来,觉得非常遗憾,尤其后悔对萧红的生活方式的建议太少,使她离开了一个富有朝气的集体,过早地失去了健康,以至生命。

　　萧红给丁玲的第一印象是特别的——苍白的脸, 紧紧闭着嘴唇, 敏捷的动作和神经质的笑声, 还有自然而率真的说话方式。她说,萧红唤起了她的许多回忆。这意思大约是说,萧红身上保留了她未经残酷的斗争环境所改变的、自由的、个性的东西,保留了莎菲女士及其朋友们的那份纯真和勇气,保留了"五四"

新女性的许多时代性的特征。对此，丁玲一面欣赏、留恋，一面又有所否定。正如在一篇文章中，她一方面希望萧红能够到延安，平静地住上一段时间，全力于著作，另一方面又不满于客观环境的险恶，预言萧红即使活着，也会有各种污蔑在等着。她以女性的直觉，把萧红当作真实的同伴，虽然也不无矜持。她很奇怪，作为作家的萧红，为什么会那样少于世故，于是想，大概女人都容易保持纯洁和幻想，同时显得有些稚嫩和软弱。

关于丁玲，萧红后来约略对朋友说起，对她为革命斗争所熏陶的思想和生活表示吃惊和不习惯。革命是萧红所向往的，但又是怀有疑惧的，她害怕组织这种庞大而规整的实体，害怕压力和限制。这时候的丁玲，从作风到文字，都是偏于粗放的，而且正自觉不自觉地受着纪律的约束。她们都非常敏感，丁玲同样清楚两人之间在思想、性格、情感，尤其在生活方式方面的差距。在一起的时候，她们很亲近，彼此并不感觉有什么聊不来的地方。她们尽情地唱歌，每夜都谈到很晚才睡觉，平日里也不会因为不同意见或不同嗜好而争吵，只是相聚的时间太短了。

2月，日军攻陷太原，进逼临汾。民族革命大学决定撤离，招聘来的作家，可根据个人意愿，留下随校教职员工一起撤离，或者随丁玲的西北战地服务团去西安。

留守，还是离去？两萧这对一起跋涉过来的爱侣竟然有了不同的选择。这是不可思议的，究竟是一出小小的爱情实验剧，还是家庭破裂的征兆？萧军和萧红同时站在了岔路口。然而，他们在坚持各自的选择时，都不曾想到，命运在其间扮演了促狭鬼的角色,偷走了属于他们的全部时间,他们根本没有机会对决定做出修正。结局就是,等到他们再度相逢,已经变作陌路人。

萧军要留下来和学校师生一起打游击,萧红则想到"八路军办事处"之类的地方,能有一个较为安静的环境继续写作。一文一武,一动一静,的确相悖。

早在哈尔滨时代,萧军就想去打游击,到了上海,仍然有投笔从戎的想法。他是不安于做一个"作家"的,他始终向往着能干一番有声有色、轰轰烈烈的大事业。叶紫曾戏称他为"土匪",而他又当过年限不算短的兵,于是"兵气"和"匪气"混合到了一起,而且,这气息又与他先天的气质相契合。

萧红却是憎恶战争和流血的,说到萧军那装在红色牛皮套子里的短刀时,她便说:"对于它,我看了又看,我相信我自己绝不会拿着这短刀而赴前线。"在题作《火线外》的两篇短文中,有一篇写到一个兵士:怀中抱着孩子,腰间正好也佩着短刀。她说那刀子,总有点儿凶残的意味,但又同时注意到,他也爱那么小的孩子,于是援笔写道:"即使那兵士的短刀的环子碰击得再响亮一点,我也不能听到,只有想象着:那紧贴在兵士胸前的孩子的心跳和那兵士的心跳,是不是他们彼此能够听到?"显然,在她看来,战争与爱、生命和未来是有联系的。没有爱,战争是可诅咒的,为了爱而奔赴战争并牺牲自己的人,应该受到无限深沉的致敬。她在另一篇短文中,设想萧军和她一样,"战争是要战争的,而枪声是并不爱的"。然而,像萧军这样的血性男儿,怎么能不爱枪声呢?

毫无疑问，萧红是热爱写作的。她认为，在抗战的年头，对一个作家来说，或者说对她个人来说，能够从事的工作只有写作。她不赞同以牺牲的理想、独特的才能，以及全部的价值而融合到集体的事业之中。在任何时代，社会上都不应该只有一类角色，重要的是选择好适合自己的角色并胜任它。对于萧军，她同样认为，写作才最能体现他的价值，他应该是一个作家，而不是一个游击队员。在民族大义、救亡图存的社会背景下，在潮水般行动的群众面前，她坚持保留一个知识分子的独立性。

　　萧军当然希望萧红能跟他一起留下来。当时，他们的关系趋于缓和，虽然萧军认为萧红个性倔强，没有"妻性"，不合适做他的妻子，但也并不想二人就此诀别，何况萧红这时已经怀孕了。但是，萧红去意已决，而他似乎也没有挽留，大约这才符合他的"爱便爱，不爱便丢开"的"爱之原则"。事实上，他并没有留在临汾，也没有打游击，倒是听从丁玲的劝说，跑到五台去了。应该说，他执意要留下，很大的原因恐怕正在于萧红。他借这个机会考验萧红，也可以说是给两人的关系加了一个赌注，把主动权完全交给了萧红——如果萧红放弃离开，选择和他在一起，那么还可以继续爱下去；如果此去就同端木蕻良在一起了，那么，所谓的"爱"就宣告完结了，他也可以毫无挂碍地把她丢开了。

　　这时萧军的内心里是极端嫉恨端木蕻良的，所以，他急于了结此间的纠缠，用他的话说，就是要看个"水落石出"。在这个问题上，萧红比萧军单纯和率性得多，她大约不知道萧军心里还有那么多复杂的想法。她从没有想过要离开萧军，所以她苦苦劝说、哀求："三郎,我知道我的生命不会太久了,我不愿生活上再使自己吃苦,再忍受各种折磨了……"然而萧军始终不为所动。

一天,萧红突然让端木蕻良和萧军一起留下来打游击。她说萧军太鲁莽,她不放心。端木蕻良还没有表态,萧军就大声说:"我谁也不用陪,我身体好,到哪儿也不怕!"

萧红生气地说:"那么,你就决定一意孤行了?"

萧军也气愤地说:"你管不着!"说完就掉头走开了,把萧红撇在那里。聂绀弩走过来对萧红说:"萧军就是炮筒子脾气!"萧红一声不吭地随着聂绀弩走开了。

萧军要去打游击,既是多年的浪漫主义理想,此时此刻又带有赌气的性质。1978 年 9 月 10 日,萧军在注释萧红书简的时候,写下了这样一段话:"坦率地说,尽管我从事文艺写作已经有几十年的历史,在起始是由于偶然的情况,但我却一直'不安心'也'不甘心'……似乎觉得这并非是我应干的终生'职业',做一个作家也不是我终生的目的。而觉得自己并非是一个适于做这类工作的人或这类'材料'。我就这样矛盾了几十年……"但他这样断然撇下萧红,也是在向端木蕻良示威,在表达对端木蕻良和萧红之间关系的极度不满。萧红让端木蕻良陪萧军去打游击,可见她与萧军情尚未了,且和端木之间的关系是清白的。

离开临汾的前一天晚上,萧红和萧军彻夜争吵。萧红说萧军总是这样不听别人的劝告,不该固执的也固执,简直是英雄主义、逞强主义。萧军去打游击不会比一个真正的游击队员价值更大,万一牺牲了,以他的年龄和生活经验,还有文学上的才能,是时代的巨大损失。萧军要留在临汾看个水落石出，而且他认为人都一样，生命的价值也是一样的，谁又该去死呢？萧红说他忘了各尽所能，也忘了自己的岗位。萧军说还是各走各的路吧，万一我死了……但是他坚信自己不会死，如果再见面，乐意在一起就在一起，不乐意在一起就永远分开。萧红只好回答："好的。"这件事彻底没有了回旋余地，两萧蓄意已久的离异，终于爆发为无法调和的冲突。

　　几年前萧军就想去打游击，只是放不下重病的萧红。在上海，他心里已经有了摆脱萧红的打算，只是在等萧红开口，他不想破坏自己道义的形象。而萧红却一味痴情，完全没有感受到萧军对自己的厌烦。萧军频频外遇，严重地伤害了萧红的自尊心，乃至感情。当萧军说分开的时候，萧红的态度是平静的，她早已伤透了心，而且她也不是几年前那个幼稚单纯、孤独无助的萧红了，现在她的身边有端木蕻良和许多朋友，加上独自东渡日本的经验，她已有足够的勇气和能力，摆脱对萧军的依赖。从本质上说，萧红与萧军的结合是偶然的，分手是必然的。表面上看是一次抉择的冲突，实际上他们的感情早已完结。萧军爱的是史湘云或尤三姐那样的人，而不爱林黛玉、妙玉或薛宝钗。1978年9月26日，萧军重申了自己关于爱情的原则："我对两性间关系原则是这样：如果我还爱着她，而对方不再爱我，或不需要我了，我一定请她爱她所要爱的去，绝不加以纠缠和阻拦；如果我不爱她了，不需要她了，她就可以去爱她所爱的去……不管此后她把自己的身体和灵魂交给'天使'或'魔鬼'，这完全是她自己的事了。""鲁迅先生说过,女人只有母性、女儿性,而没有'妻性'。所谓'妻性'完全是后天的,社会制度造成的(大意如此)。""萧红就是没有'妻性'的人,我从来没向她要求过这一'妻性'。"

第二天,萧红就和丁玲等一行人坐火车去运城。天气寒冷,萧军旧情难断,专程赶到车站送萧红,也和丁玲、聂绀弩、塞克、端木蕻良等友人告别。萧红倚在窗口,萧军就近买了两个梨子趁她不提防递进她手里。萧红并不吃梨,茫然地接过去,她看着萧军,眼泪充满了眼眶。两个人依依惜别,彼此心里都知道,这是永久的分手了。萧军离开武汉的时候,在大智门火车站对胡风、梅志说,这次去临汾,如果弄得不好,将来做事就困难了。所以这次他留下来的公开理由就是:"……学校已经成立了一个'艺术系'了……这是好的啊!我们的人,怎能一个不留在这里呢?这是说不过去的。我们来的目的,不就是要在'这个时期'工作吗?"不明就里的端木蕻良和聂绀弩都劝他们,但是这些话在两萧听来,都像是风凉话。端木蕻良笑着对萧红说:"你真是太关心他了……"聂绀弩也对萧红说:"他比我们强壮……打游击也可以打,跑也跑得比我们快……他应该留在这里……"萧红反唇相讥:"你们也并不软弱啊!为什么不留一个在这里?"端木蕻良仍然用玩笑的口气说:"哪里……我们怎能比起萧军呢……战争正是他'建功立业'的时候啦……却是我们这类人吃瘪头的年头喽……"萧军对端木蕻良已经厌恶透顶:"他说话总是一只鸭子似的带点贫薄味地响彻着。这声音和那凹根的小鼻子,抽束起来的袋口似的薄嘴唇,青青的脸色……完全是调配的。近来我已经几多天没有和他交谈，我厌恶这个总企图把自己弄得像个有学问的'大作家'似的人，也总喜欢把自己的幸福建筑在别人的脖子上的人——我不独憎恶他，也憎恶所有类似这样的可怜的东西们。"萧红还做着最后的努力，劝说萧军和大家一起去运城，这里已经不仅是因为二人的爱情，还有曾经有过的生死与共的患难友情。萧军哪里听得进她的劝告："不要紧的啦！我不是经过很多次应该死的关头全没有死吗？我自信我是死不了的……"

萧军不忍看萧红苍白疲惫的脸色和悲伤的神色，急忙离开，找到丁玲。丁玲问他："你决定要留在这里？将来怎样呢？"并且告诉他，根据可靠消息，临汾情况不太好。"你还是随她一同走吧，省得萧红不放心……"萧军托丁玲照顾萧红，丁玲说："你已经说过好几遍了。"她无法理解他们的争吵和难舍难分。萧军回忆起头天夜里和萧红的争吵，心里感到微微的悲凉。他的内心是矛盾的，尽管他不愿意为了和萧红的爱情而放弃自己的人生抉择，但心里毕竟还是惦记着萧红的，加上他一贯为保护人而感到光荣和骄傲的习惯，他由衷地为萧红担心——送她去运城吧！让她自己走，她会因为过度牵挂我，永久也得不到安宁……聂绀弩和其余人她是不大能说得来的，那个端木蕻良，他比我还要憎恶……他很快又平静下来，劝说自己——还是让她自己去吧，我是应该留在这里的……惯了就好了……经过反复的思想斗争，萧军决定接受丁玲的建议，去五台。丁玲的劝说使他放弃了打游击的想法，因为他既没有群众基础，也不熟悉地形。到五台投身军旅，萧军抗日的激情有了寄托，萧红也可以放心，另外还可以为将来的创作积累素材。

火车要开的时候,萧军和聂绀弩在月台上踱了好一会儿。萧军觉得临汾是守不住的,乱七八糟的民大也不值得留恋,建议他们和丁玲一起过河到延安。他告诉了聂绀弩去五台的计划,并嘱咐他不要告诉萧红。他对聂绀弩说:"萧红和你最好,你要照顾她,她在处世方面简直什么也不懂,很容易吃亏上当的。"聂绀弩关心他和萧红的关系,萧军回答:"她单纯、倔强、有才能,我爱她。但她不是妻子,尤其不是我的!"聂绀弩这才意识到,他们之间有彻底分手的打算,无疑吃了一惊。萧军说:"别大惊小怪!我说过,我爱她,就是说我可以迁就。不过这是痛苦的,她也会痛苦,但是如果她不先说和我分手,我们就永远是夫妇,我绝不先抛弃她!"这有点儿像是托孤,又像等待时机金蝉脱壳的宣言。而端木蕻良则认为,萧军的潜在计划是促成聂绀弩和萧红的结合。萧红的感觉又一次被忽略了,多少有些像包袱一样,等待着被转手。

深夜九点,火车开始喘息,萧军、萧红仍情意绵绵。"你回去吧……再晚就不能进城门了。"萧红揩着眼睛,催促萧军下车。萧军镇静地说:"不忙……等车开动了我再走……"萧红脸色苍白地说:"那何必呢……还是早一点进城吧……"萧红的声音冷冷的,无疑,她已经意识到这是和萧军永远地分手了。"那么……我就回去了……"萧军举起右手,准备告别。他是否有足够的思想准备,意识到这是和萧红的永诀呢?显然没有。当丁玲组织她的团员为他唱送别歌的时候,当聂绀弩、端木蕻良起身和他挥手告别的时候，当大家高喊着"萧军万岁"的时候，当一切都在他的视线中慢慢模糊的时候，他惦记的仍然是"红还是倚坐在那个窗口吗"，真所谓"剪不断，理还乱"。

萧红走了，没有带走萧军的任何东西。后来，萧军把《第三代》的部分底稿、合订的《第三代》，还有一些材料和十几封信，打成一个小包，捎给已经在运城的丁玲。同时捎往运城的还有一双萧红的小红靴子和一封信，他在信里写道："这双小靴子不是你爱的吗？为什么单单把它遗落了呢？总是这样不沉静啊，我大约随学校去，也许去五台……再见了！"

到达运城之后，萧红原打算去延安，2月24日，她给老友高原写了一封信——

原兄：

…………

一月二十六日你发的这信，那正是我们准备离开汉口到临汾来的时候。二十七日我和军还有别的一些朋友从汉口出发，走了十天，来到临汾，这信，当然不能在汉口读到。差一点这信没有丢失，转到临汾的民大本校，而后本院，而后一个没有署名的人把你的信给我寄来了。以后不要再用迺莹那个名字了，你要知道那个名字并不出名。在学校几乎是丢了，一个同学，打开信读了一遍才知是我的，于是他写信来，也把这信转给我。我现在又来到了运城，因为现在我是在民大教书了。运城是民大第三分校。这回是我一个人来的。从这里也许到延安去，没有工作，是去那里看看。二月底从运城出发，大概三月五日左右到延安。假若你去时，那是好的，若不去时，比你不来信还难过。好像我和秀珂在东京所闹的故事同样。若能见到就以谈天替代看书了，若不能见到，我这里是连刊物的毛也没有的。因为乱跑，什么也没有了。看到这信，请你赶快来一个回信。假若月底我不出发就能读到了。若出发也有人替我收信。

祝好！

萧红

二月二十四日

可是，萧红的计划搁浅了。当时，黄河两岸的渡口都被胡宗南的军队把守着，没有证明就无法通过。丁玲的西北战地服务团有集体证明，多带几个人过河也没有问题。3月1日，萧红跟随丁玲的西北战地服务团，由风陵渡过黄河，到达陕西潼关。西北战地服务团本拟直奔延安，但是丁玲接到总部命令，不必回延安，直接到西安，在国统区开展抗日宣传工作。

情结端木

　　萧红他们在潼关短暂停留之后，很快就又上路了，同行的还是聂绀弩、田间、端木蕻良等。在火车上，萧红不期而然地与塞克邂逅了。

　　塞克，本名陈凝秋，河北霸县（今河北省霸州市）人。1922年，年仅十六岁的塞克为反抗父亲的逼婚，毅然出走到了哈尔滨，开始在《晨光报》上发表诗文。1926年因文字触怒反动当局，入狱达4个月之久。1927年到了上海，进入田汉创办的上海南国艺术大学。年底，饰演田汉翻译的日本剧作家秋田雨雀的独幕剧《父归》中的父亲大获成功，轰动上海剧坛，从此开始话剧演出生涯。1928年10月出版第一本诗集《追求》。1935年在上海同吕骥、冼星海、张曙等组织建立中国歌曲作者协会，开展歌咏抗日救亡运动。当时，萧红也在上海，正以《生死场》的出版而名重一时，给塞克留下了"年轻而有才华，思想敏锐，很勇敢的中国女性"的美好印象。"七七"事变以后，塞克被选为中华全国戏剧界抗敌协会理事，组织救亡演剧第一队，到西北地区宣传演出，后在山西参加了西北战地服务团。如今，两人在烽火和硝烟中相见，自然格外激动，又说又笑，欢乐异常。

去西安的途中，火车窗外一片逃难的慌乱景象，大家的情绪不免低沉。丁玲提议作家和戏剧家们为西北战地服务团写一个剧本，到西安以后演出。他们一口答应下来，边讨论边凑情节，理出人物，分出场次，边说边由战地服务团的几个团员记录。这个剧反映的是一群逃难的老百姓，拿起武器抗击侵略者的故事，是一出"表现中国人民抗击日寇的话剧"。到西安以后，由塞克整理出剧本，取名《突击》，交给战地服务团日夜排练。3月16日，在日军频繁的轰炸声中，《突击》隆重公演，轰动整个西安。3天连演7场，场场观众爆满。中共副主席周恩来也观看了演出，并且在凯丰的陪同下，接见了丁玲、塞克、萧红和端木一行，还与他们合影留念。演出效果极好，鼓舞了军民的士气，也得到不菲的票房收入。丁玲用这些收入买了一台照相机，摄下了不少珍贵的历史瞬间。《突击》的剧本后来刊登在1938年4月1日出版的《七月》第12期上，署名为塞克、端木蕻良、萧红、聂绀弩。茅盾读了端木写的《公演特刊》之后，高度评价这个剧本，并以《突击》为题撰文，认为"编剧者、导演、演员都是真真实实生活在《突击》里的人，这是它最大的特色"。

到达西安以后，丁玲与西北战地服务团的人住在七贤庄的八路军办事处，萧红等作家则住在民族革命大学设在西安的招待所里，吃住条件都很好。《突击》上演的时候，曾有特务到招待所捣乱。作家们觉得吃住很好也没有大趣味，不如和战士们同甘共苦。为了他们的安全，也由于他们的强烈要求，有关方面安排他们搬到了七贤庄。八路军办事处的院子里住着很多伤残的士兵，一个残废的女兵引起了萧红的关注。萧红问别人，她也是战斗员吗？回答的人很是含糊，也许是战斗员，也许是救护员。当萧红再去看那腋下支着两根木棍，摆荡着一只空裤管的女人时，她已经被一堵墙遮住了，只能看见两根白色新木的棍儿，还有她两肩每走一步都不得安宁的姿势。她想着那女兵将来也是要做母亲的，假设她的孩子问她，妈妈，你为什么少了一条腿呢？她回答，是日本帝国主义给切断的。她认为"作为一个母亲，当孩子指向她的残缺点的时候，不管这残缺是光荣过，还是耻辱过，对于做母亲的都一齐会成为灼伤的"。她由此出发，不仅强烈地憎恨战争，而且憎恨所有野蛮的事物。连朋友对北方风沙的讴歌，都产生反感："由之于厌恶和恐惧，他们对于北方反而讴歌起来。"

在西安，萧红摆脱了情感的纠葛，心情是愉快而充实的。她和田间、聂绀弩、端木蕻良分住在八路军办事处所在的梁府街女子中学大院里，那是一处高台上的一排屋子。她经常和丁玲见面，丁玲的性格无疑感染了她。据丁玲回忆："……我们在西安驻足了一个春天，我们也痛饮过，我们也同度过风雨之夕，我们也互相倾诉，然而现在想起来，我们说得是如何的少啊！我们似乎从没有一次谈到过自己，尤其是我。然而我却以为也从没有一句话之中是失去了自己的，因为我们实在都太真实，太爱在朋友的面前赤裸自己的精神，因此我们又实在觉得是很亲近的。但我仍觉得我们是谈得太少的，因为，像这样的能无妨嫌，无拘束，无须要警惕着说话的对手是太少了啊！"

挣脱了萧军的情感陷阱之后，萧红需要倾诉。一天晚上，月色朦胧，萧红和聂绀弩在正北路上散步。萧红穿着酱色的旧棉袄，外披着黑色的小外套，毡帽歪在一边，夜风吹动帽外的长发。她一面走一面说，一面用手里的小竹棍儿敲那路边的电线杆子和街树。她的心里不平静，说话似乎心不在焉，走路也一跳一跳的，脸白得跟月色一样。他们谈了很久，也说了很多。聂绀弩感受到她内心的悲伤，鼓励她说："飞吧，萧红！你要像一只大鹏金翅鸟，飞得高，飞得远，在天空翱翔，自在，谁也捉不住你。你不是人间笼子里的食客，而且，你已经飞过了。"这是指她在哈尔滨的时候，回绝了堂弟要她回家的建议。

萧红说："你知道吗，我是个女性，女性的天空是低的，羽翼是稀薄的，而身边的累赘又是笨重的！而且多么讨厌啊，女性有着过多的自我牺牲精神。这不是勇敢，倒是懦弱，是在长期的无助的牺牲状态中养成的自甘牺牲的惰性。我知道，可是我还免不了想：我算什么呢？屈辱算什么呢？灾难算什么呢？甚至死算什么呢？我不明白，我究竟是一个人还是两个？是这样想的是我呢，还是那样想的是谁？不错，我要飞，但同时觉得……我会掉下来。"

接着，萧红坦率地讲了她和萧军的关系："我爱萧军，今天还爱，他是个优秀的小说家，在思想上又是同志，又一同在患难中挣扎过来的！可是做他的妻子却太痛苦了！我不知道你们男子为什么那么大的脾气，为什么要拿自己的妻子做出气包，为什么要对自己的妻子不忠实！忍受屈辱已经太久了。"

她还说到和萧军共同生活的一些实况，讲到了萧军和雨田恋爱的经过……对于这些，聂绀弩虽然一鳞半爪地早有耳闻，但从来也没有详细问过,听萧红说起,在他大半还是新闻。他想起萧军在临汾临别时的嘱托,当时,他还以为只有萧军蓄有离意,如今听到萧红诉说屈辱,才知道她跟萧军一样,临汾之别,大概彼此都明白是永诀了。

他们在马路上来回地走,随意地说。萧红说得多,聂绀弩说得少。最后,萧红说:"我有一件事要拜托你!"随即举起手里的小竹棍儿给聂绀弩看。那是一根 2 尺多长,二十几节的软棍儿,只有小指头那么粗。她说过,是她在杭州买的,带着已经一两年了。"今天,端木要我送给他,我答应他明天再说。明天,我打算放在箱子里,却对他说是送给你了。如果他问起,你就承认有这回事,行吗?"

聂绀弩不假思索地答应了她。这几天,端木似乎没有放松任何一个接近她的机会,莫非他在向她进攻吗?他想起了萧军的嘱托。他说:"飞吧,萧红!记住爱罗先珂童话里的几句话:'不要往下看,下面是奴隶的死所!'……"她似乎没有完全懂聂绀弩的意思,当然,也许是聂绀弩没有完全懂她的意思。

一次,在看西北战地服务团演出的时候,丁玲把萧红叫到外面,向她诉说自己的麻烦。她因为和西北战地服务团年轻的团员陈明热恋,而被人视为异端,反映到了延安总部。丁玲年纪大、名气大、职位又高,有关领导自然要加以过问,要她回延安"述职"。丁玲的苦恼萧红自然理解,因为端木嘴严,她便也告诉了端木。不知内情的聂绀弩跟着丁玲走了,他不明白早就打算去延安的萧红,为什么放弃这个机会。端木也谢绝了聂绀弩的邀请,放弃了去延安的打算。

临行的头一天傍晚,聂绀弩在马路上碰见了萧红。

"你吃过晚饭没有?"她问。

"没有。正想去吃。你呢?"

"我吃过了。但是我请客。"

"你又何必呢?"

进饭馆后,萧红为聂绀弩要了两个菜,都是他爱吃的,还要了酒。萧红不吃,也不喝,隔着桌子望着聂绀弩。

"萧红,一同去延安吧!"

"我不想去。"

"为什么?说不定会在那里碰见萧军。"

"不会的。以他的性情不会去延安,我猜想他到别的什么地方打游击去了。"

吃饭的时候,聂绀弩没有说话,萧红也不说话,只默默地望着,目不转睛地望着,好像在窥伺她久别的兄弟姐妹是不是还和旧时一样似的,在聂绀弩的记忆里,这是萧红最后一次含情地望着他。

"要是我有事对不住你,你肯原谅我吗?"出了馆子后,萧红问。

"你怎么会有事情对不住我呢?"聂绀弩觉得奇怪。

"我是说你肯吗?"

"你的事,没有我不肯原谅的。"

"那根小竹棍儿的事,端木没有问你吧?"

"没有。"

"刚才,我已经送给他了。"

"怎么送给他了?"聂绀弩感到一个不好的预兆,"你没有说已先送给我了吗?"

"说过。他晓得我说谎。"

沉默了一会儿,聂绀弩说:"那小棍儿只是一根小棍儿,它不象征着旁的什么吧?"

"你想到哪里去了!"她望着别处。

"你说过,你有自我牺牲的精神!"

"怎么说得上呢?那是在说萧军的时候。"

"萧军说你没有处世经验。"

"在要紧的事上我有!"

聂绀弩听见她的声音在发颤,他说:"萧红,你是《生死场》的作者,是《商市街》的作者,你要想到自己在文学上的地位,你要向上飞,飞得越高越远越好……"

第二天启程的时候,聂绀弩还在人群中向萧红做着飞的姿势,又用手指天空,她会心地笑着点头。

丁玲大致是在3月中旬去的延安,她走后不久,萧军去五台途中转道去延安的消息传到了西安。3月11日,萧军只身背着褡裢、手拄木棍,渡过黄河,从山西吉县步行七八天,于18日到达延安,受到毛泽东、周恩来等中共领导的接见和款待。此外,还传来另外一些消息,萧红都表现得很平静,西北战地服务团里的人由此判断他们已经分手了。

萧红和端木蕻良接触得更多了,常常主动找端木谈创作,谈她想写的题材,对写作的看法。也谈她的身世,她的祖父,她的有二伯。西安的名胜古迹很多,端木最爱去的是碑林,尤其爱在《大唐三藏教圣序碑》前观赏琢磨。这是唐代和尚怀仁从王羲之遗墨中集字书写而成的,内容是唐太宗为玄奘法师译佛经作的序文,和太子李治作的记,还有玄奘写的谢表和心经,所以统称《三藏圣教序碑》。端木蕻良从小喜欢王羲之的字,这回要欣赏个够。萧红知道了,也和端木蕻良一起去,还要端木蕻良给他讲解,因为她也很喜欢书法。两个人常常乐而忘返,误了吃饭的时间,就在街上吃小吃。萧红特别爱吃凉皮,而且爱放很多醋,端木蕻良还以怀孕来和她打趣儿。端木不知道,萧红真的怀孕了。

　　常和端木蕻良、萧红一起的,还有塞克、王力等人,他们喜欢在一起聊天,无拘无束地谈论问题。

　　当时,为了《突击》的发表和稿费问题,萧红还执笔给胡风写了一封信:

胡兄:

　　我一直没有写稿,同时也没有写信给你。这一遭的北方的出行,在别人都是好的,在我就坏了。前些天萧军没有消息的时候,又加上我大概是有了孩子。那时候端木说:"不愿意丢掉的那一点,现在丢了;不愿意多的那一点,现在多了。"

　　现在萧军到延安了,聂也去了,我和端木尚留在西安,因为车子问题。

在西北战地服务团，我和端木和老聂、塞克共同创作了一个三幕剧《突击》，并且上演过，现在想要发表，我觉得《七月》最合适，不知道你看《七月》担负得了不？并且关于稿费请电传汇来，等急用，是因为不知道什么时候要到别处去。

屠小姐好！

小朋友好！

萧红　端木　三月三十日

塞克附笔问候

屠小姐是梅志，小朋友是他们的儿子晓谷。这封信坦然透露了她与萧军分手以及她怀孕的消息。而和端木蕻良的关系，也显示出是可以交心的朋友性质。对于没有去延安的解释是交通问题，显然是在共产党员朋友面前虚言遮掩。她最烦恼的是身体的变化，想打掉腹内的胎儿，但在战时的西安找不到一家像样的医院，丁玲走后，她连个可以倾诉商量的人都没有。既无法可施，便听之任之，沉浸在对文化艺术的鉴赏中，在和朋友们欢乐交往中排遣烦恼。

聂绀弩和丁玲去了延安半个月，回来时多了一个萧军。萧军在延安住了半个月左右，一直等待去五台的机会。可是五台革命根据地已经陷入和日寇的激烈交锋，战事吃紧，交通受阻，他去打游击的计划难以成行。丁玲和聂绀弩劝他与其无限期地等待，不如和他们一起回西安参加西北战地服务团的工作。聂绀弩已经觉察到萧红与端木蕻良之间的亲密关系了，而他又没有可能改变这个状态,当初在临汾分别的时候,萧军有"托妻"之嘱,现在只有萧军具有"拯救"萧红的能力,所以他也极力劝说萧军回西安。

他们走进院子,一个战地服务团的团员喊:"主任回来了!"萧红和端木一同从屋里出来,一看见萧军,两个人都愣住了。端木上来和萧军拥抱,聂绀弩觉得他的神情中含着畏惧、惭愧、"啊,这下可糟了"等复杂的含义。聂绀弩刚走进自己的房间,端木连忙赶过来,拿起刷子给他刷衣服上的尘土。他低着头,聂绀弩听见他说:"辛苦了!如果闹出什么事,你要帮忙!"聂绀弩知道,比看见一切还要清楚地知道:那大鹏金翅鸟,被她的自我牺牲精神所累,从天空,一个筋斗,栽到"奴隶的死所"上了!

萧军正洗着头脸上的尘土,萧红走过去,微笑着对他说:"三郎,我们永远分开吧!"这是不给萧军回旋的余地了,他只能说:"好。"萧红走了出去,态度决绝。这是在临汾约定好的,再见面了,愿意在一起就在一起,如果不愿意在一起,就永远分开,也符合萧军的态度——如果萧红不主动说分手,他绝不主动提分手。"我们的永远的'诀别'就是这样平凡而了当的,并没有什么废话和纠纷地确定下来了。"

端木蕻良回到自己的屋子,萧红跟了进来。端木蕻良看见她一副精神低落的样子,便问道:"你不舒服吗?"萧红还没有回答,萧军就大踏步地走了进来,他粗声粗气地对萧红和端木蕻良说:"萧红,你和端木结婚吧!我和丁玲结婚!"萧军说完,还在屋里的破风琴上按了几下,发出一片杂乱的声音。萧红和端木蕻良都被这突如其来的风暴惊呆了，待缓过神来，萧红生气地说："你这是什么话？你和谁结婚我管不着，我和谁结婚要你来下命令吗？"端木蕻良也很生气地说："你也太狂妄了！你把我们当成什么人了？"萧军怒气冲冲地说："我成全你们不好吗？"然后，又冲着端木蕻良说："瞧瞧你那德行！"端木也怒冲冲地站起来说："你想干什么？你怎么随便侮辱人！"萧军说："我就是要好好教训教训你这小子！"萧红看萧军的架势是要打架，急忙走上去推着萧军说："走！走！咱们有话到外面说去！"连推带拽地把萧军拉了出去。

端木蕻良和萧红虽然性情相投，但当时还没有到恋爱的程度。端木蕻良从小在女性无微不至的关怀下成长起来，他把萧红对他的关心看作理所当然的。他还没有考虑结婚的问题，特别是在战争期间。他痛苦地思来想去，不知是应该退出来，还是应该参与这件事情。端木蕻良很气愤，他想：萧红有独立的人格，我也有独立的人格，我们有我们自己的自由和想法，还要你萧军来教吗？而且，萧红难道是一件东西吗？就这样甩给我。还是我端木蕻良找不着老婆，要你来成全这件事？这是对我们人格上的侮辱。至于我和萧红结不结婚，跟你完全无关，萧红想找任何人都可以。

当时两萧谈了什么，已经无从知晓。可能是关于孩子的问题吧，两萧结婚3年一直没有孩子，萧军又特别喜爱孩子……现在，他知道自己要做父亲了，即使萧红要永远离他而去，他也希望能留下这个孩子。如果她不愿意要他的孩子，可以由他抚养。可是萧红离心已定，不愿意再接受他的好意，也不愿意把孩子给他。"端木蕻良听到萧红屋里有萧军和她争吵的声音,时而大,时而小,他们之间的火山爆发了。第二天,端木看见萧红的眼睛明显是哭过的,而萧军仍是一副满不在乎的样子。这一天,萧红没有到端木蕻良的屋里来,见到端木也没有打招呼。端木蕻良也没有和萧红打招呼,独自闷在屋里。"

萧军一直寻求和萧红单独谈谈的机会,萧红警告他:"若是你还尊重我,那么你对端木要尊重。我只有这一句话,别的不要谈了。"萧红匆匆离开,去了丁玲的房间。然而萧军还是有些话要说,即使就此告别。当他约她外出的时候,萧红说,到外面散步也可以,只是"不能只单独的我们两个人"。只要她去,那么必定要约端木陪同,她是不给他单独的谈话机会了。"那么你把那些给我保存的信件拿来吧!"萧军说。"在那边的房间里,我去拿。"他们两人走进了隔壁的房间。当时战地服务团的团员们都注意到了,他们在院落里悄悄站着,远远地注视着,希望这次谈话结束,能看到两张愉快而幸福的面孔,破镜重圆是所有人的美好期待。

就在这个夜晚,两个人爆发了激烈的争吵,大概已经明确要离婚了,要把东西分开。端木蕻良在隔壁听到他们主要是为了信件争吵,萧军把萧红的信分到自己那边。萧红说,信件是她的,已经分开了,应该拿回来。最后大概是萧军依仗体力把萧红的信拿走了。萧军恋物癖式地抢夺萧红的信件,可见是不情愿与萧红分手的,想借此挽回两人的关系。但是这种行为在萧红看来,则近于要挟,她大声喊叫:"你把信拿来,拿来!你拿去也没用,你公布于世也没用!"事已至此,端木蕻良觉得出于道义,他要站在萧红这一边。对他来说,这是一个不眠之夜,他辗转反侧,考虑再三。他还没有结过婚,萧红的年龄又比他大,身体又不好,还怀了萧军的孩子。但是他们的感情并没有被这些因素所影响,他想要和萧红结婚。这以后,他们就经常在一起,关系也明确了。

开始萧军也并不理会他们,大约以为萧红只是在赌气或者报复他。他仍然寻找单独和萧红沟通的机会,但萧红与端木形影不离,时而便出现"三人行"的场面。有一天夜深人静,月亮还没有升起,三个人前后在路上散步,沉默地各自走着。到了莲湖公园的门前,萧红建议:"我们到公园里去走走,好吗?"萧军反对:"这样晚了,到里面去走什么!"萧红坚持:"我要去。"萧军说:"要去,你一个人去。"萧红不肯,要端木蕻良和她一起去。萧军阻拦住端木蕻良:"你不能去!"萧红一个人愤愤地走进了两旁有树木的公园。夜色是幽暗的,四周分外寂静。她想,他以为我一个人害怕吗?她决然地向着林荫深处走着。突然她发觉背后远远地传来了萧军的脚步声,她立刻躲到一棵树后,悄悄地听着。那有力的脚步匆促地来了。"悄吟!"萧军呼唤。萧红默不作声,等萧军走过,她就轻轻沿着来路独自回去了。在公园门外,她和端木蕻良一起走了,萧军最终没有获得两个人单独会晤的机会。

过了几天,萧军又突然向萧红提出复婚。不知萧军为什么突然如此,可能是因为萧红怀了他的孩子,也可能是因为他知道了丁玲和陈明的恋情,或者他向丁玲求婚被拒了。不管出于什么原因,他的这一行为使萧红和端木蕻良更生气了,萧红当然不干,觉得受到了侮辱。你宣布离婚,把我像东西一样给了端木,现在又要复婚,天下哪儿有这样的事？萧红对端木说,这种人市侩一样,绝对不能同他生活在一起。萧红言辞决绝地回复了萧军,萧军仍不甘心,经常在萧红和端木外出吃饭的时候,拎着一根棒子,跟在他们身后一两百米的距离,这让萧红和端木觉得更加不堪。中国男人集体无意识中的"夺妻之恨",终于冲破现代文化薄薄的浮土,爆发为难以抑制的冲天怒气,但是彻底了断还需要现代文明的约束。

一天晚上,端木蕻良正在屋里睡觉,萧军一脚踢开他的房门闯进来说:"端木你起来,我们去决斗！"端木蕻良看他这是找别扭,便问道:"到哪儿决斗？"萧军说到城外。端木蕻良说:"决斗要找证人。"萧军说:"不需要,就咱们两个。"传统和现代发生了抵牾,只有折中了。端木蕻良一边磨磨蹭蹭地穿衣服,一边说走吧。萧军说话的声音很大,被隔壁房间的萧红听到了,她赶过来说:"萧军,你不要耍野蛮,这是八路军办事处所在地,不是其他地方,你这套还是收起来吧！我的性格你是知道的,你要是把端木弄死了,我也把你弄死,这点你该相信我！我说话你是知道的,是算数的,你最好忍耐些。"萧军了解萧红的性格,也由此知道她已经铁了心了,不会复合了,遂作罢。

4月下旬,萧军和塞克、音乐家王洛宾一起,离开了让他感到挫败的西安,去了新疆,准备投身那里的抗日救亡运动。当时的新疆王盛世才出于政治目的和苏联交好,以左翼的面目招徕人才,抗拒东西方各种势力的侵入,不少文化人涌向那里。4月28日,他们到达兰州,由于交通受阻,滞留了下来。萧军在那里结识了王德芬,于6月2日至4日在《民国日报》上刊登了订婚启事。二人结婚后养育了八个孩子,终生厮守在一起。

为了摆脱萧军的纠缠,萧红和端木决定跟萧军的去向反着来,如果他向北,他们就向南。最初,他们打算去延安。4月,臧云远等人创办的《自由中国》创刊号上,还刊登了萧红、端木前往延安的消息。后来,他们听说萧军北上了,以为他去了延安,就放弃了这个打算。这使丁玲十分遗憾:"那时候很希望她能来延安,平静地住一段时间,致力于著作。抗战后方的劳累奔波,似乎使她不知在什么地方安排生活,她或许比较适于幽美平静的环境,延安虽不够作为一个写作的百年长计之处,然在抗战中,的确可以使一个人少顾虑日常琐碎,而策划于较远大的。并且这里有一种朝气,或者会使她能更健康些。但萧红却南去了,至今我还很后悔那时我对于她生活方式所参与的意见是太少了。这或许由于我们相交太浅,和我的生活方式离她太远的缘故,但徒劳的热情虽然常常于事无补,然而个人仍可得到一种安心。"萧红没有接受丁玲的建议,她放弃了去延安的打算。

在《突击》剧本完成之后,萧红和端木就急于回武汉。此时,恰好池田来信了,叫萧红去武汉。自从上海分别之后,她们就没有再见过面。鹿地亘和池田是从广州到达武汉的,郭沫若主持的政治部第三厅给了鹿地亘一个设计委员的名义,分给他一座小房子,还配备了两个警卫员,夫妇俩主要从事反战宣传和翻译的工作。池田的主要任务是给日本战俘宣传讲话、照相、录像。池田在信中说:"我在这儿可成明星了。但朋友太少,你赶快来吧,要不我简直寂寞死了。"这样一来,萧红和端木就决定回武汉了。

　　1938 年 4 月下旬,萧红和端木乘火车返回武汉。西北战地服务团的团员和他们一一告别。田间为萧红和端木分别写了送别的诗,后来收录于他自己的诗集《呈在大风砂里奔走的岗卫们》,这本诗集由丁玲作序,编入"西北战地服务团丛书"公开出版。

　　田间写给萧红的诗饱含深情:

　　中国的女人都在哭泣。

　　在生死场上哭泣,在火边哭泣,在刀口哭泣,

　　在厨房哭泣,在汲井边哭泣。

　　呵,让你的活跃的血液,

　　从这战斗的春天的路上,

　　呼唤姐妹,提携姐妹,

　　——告诉她们,从悲哀的家庭里,

　　站出来——到客堂吃饭,上火线演说,去战地打靶……

　　中国的女人不能长久哭泣。

　　1938 年 5 月 14 日,全国文协的刊物《抗战文艺》一卷四号上刊发了一则消息:"萧军、萧红、端木蕻良、聂绀弩、艾青、田间等,前于 11 月间离汉赴临汾民大任课。临汾失陷后,萧军已与塞克同赴兰州,田间入丁玲西北战地服务团,艾青、聂绀弩先后返汉,端木蕻良和萧红亦于日前到汉。"

前往武汉

　　到了武汉之后，萧红和端木蕻良一起到小金龙巷找蒋锡金，希望解决端木蕻良的居住问题。蒋锡金问起萧军的去向，他们说萧军到兰州去了，蒋锡金便没有细问下去。蒋锡金说，这房子还租着，不过已经有3个月没有付房租了，眼下这租客怕是也拿不出这笔钱。现在只要端木能付一个月的租金，就可以住进去。端木说他能付，蒋锡金就把房间的钥匙给他了。接着，蒋锡金问，萧红怎么办？回答说是住到池田那里去。

　　过了一段时间，蒋锡金回来取些衣物，取完东西，和端木略谈了一会儿，正打算离去，听得里间有个女声叫他，问他为什么不进去。他一听是萧红的声音，就推门进去了。端木蕻良留在外屋，没有跟进去。

　　萧红躺在床上，盖着被子，睁大了眼睛，脸色苍白，好像有些害怕的模样。

　　蒋锡金明白了，这是萧红要公开她与端木蕻良的关系。萧红拍拍床沿，让蒋锡金坐下，她说她怀孕了，要他帮助找一位医生做人工流产。

　　又是一个令人惊讶的消息，蒋锡金得知这个孩子已经5个月了,就告诉萧红,5个月的孩子流产会有生命危险,况且,是萧军的更应该生下来,这是一条小生命!

萧红流泪了,说她一个人要维持生活都很困难,再带一个孩子,会把自己完全毁掉的。她抽泣着,这样的痛苦实在难以承受。

蒋锡金安慰萧红,让她不要太担忧,孩子生下来总有法子养,这么多朋友不会看着她不管的,可以托人抚养,也可以送给别人,还是好好生下来吧。

爱是沉重的负担,孩子更是萧红担不起的责任。她曾经眼睁睁地看着自己的孩子像个物件一样被送走,那是从她身上生生剥离的一块肉啊,无论当初她看似怎样决绝,真正的痛楚,只有她自己明白。这样的噩梦,她不想重演一场,孩子生与不生,带给她的始终是痛,那么,她只希望这种痛早点结束。

她到胡风家,告诉胡风和梅志,她跟萧军分开了,现在同端木蕻良在一起。胡风没有讶异,没有惋惜,也没有祝福,只是很平静地说:"作为一个女人,你在精神上受了屈辱,你有权这样做。我们做朋友的,为你能摆脱精神上的痛苦感到高兴。但是,又何必这样快呢?冷静点不是更好吗?"

池田见到梅志,提到萧红,她说:"我请她住在我家,一间很好的房子,她也愿意。谁知晚上窗外有人一叫,她就跳窗逃走了。"

梅志不常去看萧红,她不愿意,小金龙巷那间曾经热闹一时的房子如今已经是另一番景象了,她一直耿耿于怀。梅志的态度,敏感的萧红怎么能不知道?多数时候是萧红到她的住处闲谈,偶尔她会和萧红一同去蛇山散散步。

"是因为我对自己的生活处理得不好吗?"有一次,萧红突然这样发问。

"那是你自己的事。"

"那么,你为什么用那种眼神看我?"

"什么眼神?"

"那种不坦直的、大有含义的眼神。"

这就是萧红,直言不讳。

梅志微微一愣,竟不知道该怎样回答。

"其实,我是不爱回顾的。"萧红说,"你是晓得的,人不能总在一种方式里生活,现在我痛苦的,是我的病……"

萧红说的"病",指的是怀孕。她听说梅志和房东太太一起去找医生打胎,也跟着去了,结果因为医生要价太高,只好沮丧地离开了医院。

萧红想要尽快摆脱这个孩子,因为这个孩子会让她无时无刻不想起萧军,而她同萧军的故事太多,每一次回忆对她来说,都是一次深深的触痛。

没过多久,日军分成五路包围了武汉,大灾难降临了这座城市。国民政府发出"保卫大武汉"的口号,然而政要们却带头迁往重庆,工厂企业、机关团体也纷纷西迁,文化人也陆续离开。命运的手再一次推向萧红,她又一次地要面对漂泊,离开武汉,去往生命的下一站。

危难之际,萧红和端木蕻良在今后的去向问题上也发生过一些摩擦。

端木蕻良一直有着做一名战地记者的梦想，在武汉时开始与某家名报社接洽，想只身去前线。这种想法，实际上与萧军半年前打游击的决定并无不同，是与两人共同建造文学事业的契约相违背的，萧红感到非常失望。

有一天，天空阴沉沉地下着小雨。张梅林从武昌乘船过江，在舱口里，发现萧红披着斗篷一个人坐在那里。

"怎么，你一个人啊？"

"一个人不能过江吗？"萧红开始和他谈天。等到知道他和罗烽将要订票入川的时候，她突然精神焕发地说："那我们一起走，好吗？"

"你一个人吗？"

"一个人。"她说，"我到哪里去不都是一个人吗？"

"这事要和端木商量商量。"

"为什么要和端木商量呢？"萧红睁大眼睛说。

她立刻感到了作为一个女人的从属性。她觉得，她与端木是同居的关系，这是一种自由的对等的关系，当端木执意要当他的记者时，她完全有权利自己安排自己。可是，连梅林这样的老朋友也不承认她的个人权利，他仍然站在端木那边！"心地正直的朋友呵！"她不禁在心里呼喊起来。这正直是多么可怜啊！

给萧红以最大打击的，还不是名分上的从属性，等船票到手之后，端木蕻良要求梅林让他上船，说是萧红不走了，要留一段日子另外等船。就这样，他把船票据为己有，和梅林、罗烽一同入蜀了。骆宾基把端木蕻良的做法，直截了当地称作"遗弃"。

萧红坦然地担负起两个男人先后留给她的重轭。日军开始进攻武汉，大轰炸使萧红感到恐惧。轰炸的第二天，她带上铺盖卷和小提箱，雇了人力车径直来到汉口三教街中华全国文艺界抗敌协会。她找到蒋锡金，说要搬到这里来住。

蒋锡金问："端木呢？"

"去重庆了。"

"怎么不带你走？"同样的男性台词。

"为什么我要他带？"

蒋锡金觉得她说得也对，没有理由非让他带不可，于是让她坐下，给她分析文协的住房情况：楼下的两间住的是《大公报》社长兼主笔赵惜梦一家，楼上的两间由孔罗荪租用，另有一间做文协对外联络的场所，根本没法子住。

"我住定了！"萧红的口气简直不容商量，"我睡走廊的地板上，去买张席子就行。"

蒋锡金说："席子倒有，可是那是人来人往的通道，你睡不稳的，别人行走也不方便。"

萧红不管这些，向蒋锡金要了席子，打开铺盖卷，铺好就立刻躺下。她实在太累了。

萧红就这样住了下来。

平时，萧红总是在地铺上躺着。一天，老朋友高原来找她，她便坐在席子上跟他聊天。

高原是为了寻找自己的组织关系联系人，才从延安到武汉来的。武汉的夏天特别炎热,高原看见她的床铺空空的,没有帐子,只边上摆着一盘尚未燃尽的蚊香。聊天中知道,萧红已经囊空如洗,高原便把自己仅有的五元钱给了她,生活艰难,她也就毫不客气地收下了。她穷困到如此地步,使高原很吃惊。又谈到端木蕻良,萧红取出她和端木蕻良的合影给高原看。高原觉察到,她的神情很不自然,好像并不热心谈到端木蕻良。

对于萧红同萧军分手一事,高原是有怨言的。他批评萧红在处理自己的生活问题时太轻率,不注意政治影响,不考虑后果,犯了不可挽回的严重错误,诸如此类。萧红听了很反感,说高原到延安学会了几句政治术语,回来就训人。

前不久,因为舒群执意劝说她去延安,她同舒群争吵了一个晚上。她说她不懂政治,在党派斗争问题上总是同情弱者,又说她崇拜的政治家只有一个孙中山。不知是不是因为萧军,总之,她好像不喜欢延安了。

毕竟是老朋友,高原还是会经常去看她,朋友间无所顾忌地交谈,无论如何对她来说都是好的。

一天,几个人喊着蒋锡金的名字上楼,要蒋锡金请他们饮冰。蒋锡金说:"我没有钱,你们请客我便去。"最后他们说还是大家凑吧。萧红从地铺上一骨碌爬起来,说:"我有钱,我请。"

一群人高高兴兴地来到胡同口一家新开的饮冰室,萧红说大家可以随便要,最后要了饮冰、冰激凌和啤酒,一共用了两元多钱。萧红从手提包里拿出高原给她的那张五元的钞票付账,女侍者给她找零,她挥了挥手说不要了,女侍者连连称谢。

出了饮冰室,大家一哄而散,各自走了。

蒋锡金埋怨萧红太阔气了,不该这样大手大脚地乱花钱。萧红说,反正这是她最后的钱了,留着也没用,不如花个痛快。蒋锡金批评她说,这太没有道理,现在兵荒马乱,武汉还不知道能保几天。她说,反正留下两元多钱也没有大用,你们有办法我也总会有办法的。蒋锡金说,仗一旦打起来,最紧张的时候我可能在武昌,江上的交通要是断了,我还能顾得上你吗?她说,到了这步田地,发愁也没用,反正那两元多钱也靠不住!

这样一来,蒋锡金就不能不为她发愁了。

他到生活书店,向曹谷冰借了一百元,又到读书生活社,向黄洛峰借了五十元。他说明是代萧红借的,由她用稿子还,如果她不还,他就替她用稿子还。他把钱拿回来交给萧红,说明钱的来历,让她好好保存着供逃难用,不许再乱请客!萧红苦笑着收下了。

蒋锡金还是放心不下,又去找冯乃超,说萧红这样留在武汉不行,应当想法子把她送走。冯乃超表示同意,说他的夫人李声韵过几天去重庆,可以让她们结伴同行。

萧红是孤寂的,可是,她现在已经能够把灰色的心情隐藏起来,不露痕迹了。在众人面前,她的状态很好,不会有人怀疑她内心苦涩。

敌机频繁轰炸,文协的人大都已经内迁,空置下来的房子成了留在汉口的朋友们的聚会场所,有时还煮点咖啡。但是越到后来人越少,原来的客厅,便又成了朋友们的临时宿舍。

开始时,生活还算有秩序,有一个女仆负责烧饭和日常的杂事,所以在这个临时"收容所"里生活还算舒适。可是没过几天,客人中有人丢了一笔巨款,最大的嫌疑人是女仆,等找到证据证明是她偷的,她已经逃掉了。于是,这个小小的集体便失去了秩序。

船票难买,萧红和李声韵没有走掉,只好暂时住下来。萧红不肯住在客厅里,她独自在过道里打地铺。

没有人烧饭,大家便要提前安排好每顿饭,往往吃午饭的时候,就要计划晚餐了。住在这里的很多人是不赶回来吃饭的,要解决吃饭问题的便只有孔罗荪、萧红和李声韵三人。锦江的砂锅豆腐,冠生园的什锦窝饭,都是他们物美价廉的选择。遇到精神好的时候,萧红便去买牛肉、包菜、土豆和番茄,烧一锅汤,配着面包吃,这是他们能享用到的最丰盛、最富有风味的午餐了。

饭后往往是闲谈,萧红独自吸着烟,非常健谈。话中谈到许多计划,她的眼神中透着渴望与哀愁,她说:"人需要为着一种理想而生活。即使是日常生活中很琐细的小事, 也应该是有理想的。"烟雾中映着一张历经沧桑的脸,她的爱,她的梦,在消亡中挣扎。

李声韵默默笑着听她说,孔罗荪则建议她谈一谈最小的理想。

萧红说:"我提议,我们到重庆以后,开一间文艺咖啡室,你们赞成吧?"

三个人都笑了起来,而后,萧红又严肃起来。

"这是正经事,不是开玩笑。"萧红一本正经地说道,"作家生活太苦,需要有调剂。我们的文艺咖啡室一定要有最漂亮、最舒适的设备,比方说灯光、壁饰、座位、台布、桌上的摆设、使用的器皿等。而且,所有服务的人都是具有美的标准的。我们还要选择最好的音乐,使客人得到休息。哦,总之,这是一个可以使作家放松的地方。"

语罢,她轻轻吸了一口烟,又深深地吐了出去。

"这不会成为一间世外桃源吧?"

"也可以这样说。"萧红肯定地回答,"要知道,桃源不必一定要同现实隔离开来……"

她的生命依旧燃烧着希望的火焰,即使爱坠落,即使灵魂被孤苦沦陷,她心中的渴望之火也不曾幻灭。

大家都笑了,然而,那笑声转瞬就被淹没在了这座混乱的城市里,淹没在了这个时代匆匆的脚步声中。

逃往重庆

不久之后，船票终于买到了，萧红和李声韵一起离开了汉口。船到宜昌，李声韵突然病倒了，被《武汉日报》副刊编辑段公爽送进了医院。现在又剩下萧红孤零零一个人了，仿佛是命运的捉弄，蓄意让她尝尽孤独的滋味。她无助地走着，独自去找船，像是个流浪者，然而回想这半生的遭遇，又何尝不是一场漫长的流浪之旅呢？她渴望找一处安心之所，却一次次在命运的驱使下辗转漂泊。生命中不断有人出现，又在下一个路口分开。每一次告别，都带给她深深的痛楚。他们匆匆来去，都是过客。

孤独是萧红生命中最真实的样子，就算是此刻腹中的胎儿，一块带着生命的肉，也将在不久后从她的身体里生生剥离。

萧红吃力地向前走着，她在码头上被纵横的缆绳绊倒了。她挣扎着爬起，却一次又一次滑到。她隐隐感觉到腹中的胎儿在挣扎，似乎是在给她力量。然而，几番挣扎后，她还是瘫软在了地上。

后来，她这样向骆宾基诉说当时的心境：我躺在那里，四周没有什么人，我感到一种从来没有过的平静。我望着天上寥落的星星，心想，天快要亮了吧。会有一个警察走过来的吧。警察走过来一定有许多人围着,那像什么呢,还是挣扎着起来吧!然而我没有力量,手也懒得动。算了吧!死掉又有什么呢?生命又算什么呢?死掉了也未见得世界上就缺少我一个人吧……

"然而就这样死掉,心里总有些不甘似的,总像我和世界还有一点什么牵连似的,我还有些东西没有拿出来。"说这话的时候,她的眼睛湿润了。

渐渐地,天亮了,她熬过了一个漫漫长夜。有船来了,她最终被人扶起,赶向人生的下一程:重庆。又是一个陌生的城市,还有那等待着她的陌生的未来。然而,此刻的萧红不得不向前方走去,她已经没有回头路了。

9月中旬,大约走了十天的水路,萧红艰难来到重庆朝天门码头。见到梅志,她说:"我总是一个人走路,以前在东北,到了上海后去日本,现在到重庆,都是我一个人走路,我好像命定要一个人走路似的……"

一段寂静的讲述,却字字透着沧桑,经历了太多苦痛折磨,她便也将生命看得越来越透彻——生与死,一线之间;苦于乐,一念之隔。

端木接到萧红的信,知道了船名船号,就按时去接萧红,却没有接到,第二天再去才接到。他叫了两乘滑竿,和萧红一起回到范士荣家。范太太热情地迎出来说:"曹太太一路上辛苦了,今天要再接不到,可要把曹先生急坏了。"萧红第一次听见人家叫她曹太太,不由惊愕了一下,随即就高兴地笑了,这意味着端木的亲友对她的承认。

情殇

稍事休息之后,萧红便开始写作。她靠稿费为生,又面临生产,需要筹措费用,加上职业性的写作习惯,她格外勤奋于笔耕。为了纪念鲁迅先生逝世两周年,10 月, 她赶写出了《鲁迅先生记》。1938 年 10 月起,国民党实行文化管制,成立了中央党部图书杂志审查委员会,在各省和大城市都设有类似机构。所有"图书杂志原稿"都要送审,"防止庞杂言论"。10 月中旬,萧红以临汾的见闻为素材创作了 4000 字的小说《孩子的讲演》,因为有"打倒日本帝国主义"等口号而受到阻挠,迟迟不能发表。月底,她又完成了 6000 字的《朦胧的期待》,借一个女仆之口,表达了抗战必胜的信心。

11 月,萧红进入临产期。重庆已经陷入了战时的混乱,本来就差的医疗条件,随着大批难民的涌入,更加困难。萧红知道端木在生活上没有什么能力,就说自己不如到江津白朗家去生产,那里有老人能帮助照应,免得在这儿"抓瞎"。端木到重庆之后,罗烽将白朗在江津的地址写给了他,并告诉端木,如果在重庆找不到落脚的地方,可去江津找他。白朗有生产和育儿经验,罗烽的母亲也和他们同住,可以帮助照看。他们写信问了一下,很快就得到了白朗的回信,他们欢迎萧红去。11 月初,萧红坐上轮船,到了白朗家。

据白朗回忆,萧红当时的心情很不好,她从不向白朗谈起她和萧军分开以后的生活和情绪,一切都隐藏在自己心里,对着一向推心置腹的故友也竟不肯吐露真情了, 似乎有不愿为人知的隐痛在折磨着她,不然,为什么连她的欢笑也总使人感到是一种忧郁的伪装呢？她变得暴躁易怒，有两三次，为了一点儿小事竟然破天荒地跟白朗发起了脾气，直到她恢复理智，发觉白朗不是报复的对象，才慢慢沉默下去。一次，她对白朗说："贫穷的生活我厌倦了，我将尽量去追求享乐。"这一切，在白朗看来都是反常的。连对白朗的婆婆、罗烽的母亲也克制不住地发脾气，这自然是老太太无法容忍的，弄得白朗也很难堪。白朗很奇怪，为什么萧红对一切都像是怀着报复的心理呢？她推测，也许萧红的新生活并不美满吧？那么，无疑和萧军的分开是她无可医治的创痛了。她不愿意讲，白朗也不愿意去触她的隐痛。所有旧日的朋友都以为与萧军的分手，是萧红痛苦的根源，一厢情愿地朝着这个方向揣测她的心理。其实，萧红此时可能患上了抑郁症，颠沛流离的困顿生活与连续写作的劳累，已经使她心力交瘁，她无力倾诉自己的感受，理智也无力约束情感了，而周围富于暗示性的目光和无意间的言谈，也会让敏感的她感到被曲解而烦躁不安。

萧红在白朗家住了20多天，静静等待孩子的出生。在这期间，她精心地为自己缝制了一件黑丝绒的旗袍。江津只有一家小医院，临产的时候，白朗把萧红送进了这家医院，整个医院只有她一个病人。不久，她顺利生下了一个男孩，又白又胖，前额很低，和萧军长得一模一样。头几天白朗去看的时候，那个孩子还好好的，过了3天再去，就说死了。医生要检查死亡原因，萧红的反应很冷淡，说死了就死了吧，这么小要养大也不容易。这个孩子的死无疑是萧红的又一个谜。那家医院很小，医疗档案也没有保留下来。多年以后，梅志在《爱的悲剧》一文中写道："就这样，

情殇

她结束了做母亲的责任和对孩子的爱。""这当然是萧红的不幸！但她绝对不是不愿意做母亲，她是爱孩子的。是谁剥夺了她做母亲的权利、爱自己孩子的权利？难道一个女作家还不能养活一个孩子吗？我无法理解。不过我对她在'爱'的这方面更看出了她的一些弱点。"

萧红一个人住在医院里，老说害怕，闹着要出院。但白朗的房东不让她住在家里，当地有一种迷信，认为未出满月的女人住在家里是不吉利的。要住的话，就要在地上铺满红布，这显然是一个刁难的借口。白朗没办法，只好买了船票，直接把萧红从医院送到了去重庆的船上。分别的时候，萧红说："莉，我愿你永远幸福。"白朗说："我也愿你永远幸福。""我吗？"萧红惊问着，接着是一声苦笑，"我会幸福吗？莉，未来已经摆在我的面前了，我将孤寂忧悒终生。"在所有人不解与猜疑的目光中，萧红是会感到孤寂忧悒的，但是，她又没有能力彻底脱离这个朋友圈子，时时还需要他们无私的帮助。就像她无法挣脱战乱的历史一样，情感的挣扎总是以失败告终。罗烽事先给端木写了信，告知他"生一子已殆"，还有萧红抵达重庆的航班日期。

萧红在江津生产期间，端木通过友人，在长江沙坪坝的对岸歌乐山云顶寺下找到了房子。那是乡村建设所创办的招待所，入秋以后，几乎没有人居住，又设有食堂，附近还有莲花池，山腰建有著名的歌乐山孤儿保育院，院长是王昆仑的夫人曹孟君。那里环境幽静，非常适宜静养，也适于写作。接到罗烽的信，端木就到码头去接萧红。两个人见面之后，再也没有提起过孩子的事情。

端木蕻良不想触动萧红的伤心事，萧红也不想让端木分担自己的烦恼，他们希望能了断过去的一切恩怨情仇，更轻松地开始生活与工作。

　　为求生计，端木蕻良每天早出晚归，下山先到北碚复旦大学上课，再去沙坪坝编辑《文摘战时旬刊》，在三地来回奔波。有时候赶不上回家的渡轮，就随便在什么地方挤一宿，人迅速地消瘦了。而轮渡又经常发生翻船事件，萧红听说了，就坚决不许端木再乘船，要他绕远路去坐汽车，这样耗费的时间就更多了。汽车票也很难买，晚了就买不到，临时找地方住也很难，端木只得更早出门，每每到很晚才回来，一度连他们的邻居、住在山坡下的音乐家季峰和沙梅夫妇都以为端木蕻良不在这里住了。萧红则独自在家写作，她拖着产后病弱的身体，应新华社之约，为纪念世界语创始人柴门霍夫的专刊，完成了散文《我之读世界语》。又把《记鲁迅先生》和《在东京》两篇文章改写成《鲁迅先生》，分一、二两篇发表在《新华日报》上。萧红喜欢孩子，特别是在失去两个孩子之后，天然的母性更加需要寄托。她对儿童教育有浓厚的兴趣，常常和曹孟君一起散步，谈论儿童教育的问题，还到保育院去参观过。保育院是国民党妇女指导委员会出资办的，早期住进来的孤儿是李宗仁从战区带出来的，第一夫人宋美龄常常带着一群记者来视察。后来渐渐没人管了，保育院资金拮据，孩子们和职工们的生活都很清苦。闲暇时候，端木蕻良和萧红经常去看孩子们，帮助做些力所能及的事情，成了不在编的职员。有一个叫林小二的孩子给他们留下了深刻的印象，萧红专门为他写了一篇散文《林小二》，端木蕻良以保育院为背景的长篇小说《新都花絮》中有一个叫小小的孩子，也是以他为原型。

　　12月22日，端木蕻良陪萧红到枇杷山的塔斯社重庆分社接受苏联大使馆文化参赞果罗夫的采访。果罗夫主要是想了解鲁迅的情况，特别是他和瞿秋白的关系，以及谁还比较了解鲁迅等问题，大概是为写作鲁迅传做准备。萧红向他讲述了她和鲁迅相识的过程，以及在鲁迅的支持下出版《生死场》的情况，回忆了她所知道的鲁迅与瞿秋白的友谊，还有其他左翼作家和鲁迅的来往。萧红建议他去采访的人，除了鲁迅的两个弟弟以外，多数和鲁迅有同乡关系，比如鲁迅的老朋友许寿裳、蔡元培，学生韦素园、孙伏园、许钦文兄妹，此外就是作家台静农，以及俄文翻译家曹靖华。1939年在鲁迅逝世三周年的集会上，他们再次会面。此后，果罗夫开始跟着萧红学习汉语，并在她的指点下读鲁迅的作品，比如《阿Q正传》之类。1939年10月，端木和萧红受到果罗夫的邀请，参加苏联驻华大使馆召开的纪念十月革命胜利的纪念会。出席会议期间，果罗夫表示要翻译他们的作品，希望得到允许并且协助翻译。他们高兴地答应下来，后来果罗夫翻译出版的《中国短篇小说》收录了萧红的《莲花池》，萧红的作品第一次为俄罗斯读者所了解。年底，果罗夫回国前还去拜访萧红并告别。果罗夫回国途经新疆，遇见了茅盾，还向他谈起对萧红和端木的印象。1940年3月28日，茅盾在给蒋锡金的信中写道："果罗夫过此时，曾与略谈，彼时端木与红姑尚未赴港，果于端木、红姑皆赞许。"

很快，池田只身来到重庆，住进了米花街 1 号的阴暗小胡同。她已有八九个月的身孕，鹿地亘四处奔波，忙于反战同盟的宣传工作。池田听说萧红也在重庆，格外高兴，邀请她到米花街 1 号同住。这让萧红很为难，端木的奔波劳累让她很担心，但池田是来中国支持抗战的外国友人，还和她有着不浅的交情，又眼看要分娩。她和端木商量，端木当然只好支持她去照顾池田。萧红从歌乐山搬到了重庆市里，端木也过起了歌乐山、北碚、沙坪坝、米花街四地跑的游击生活。

一次，她们在一家茶馆休息。因为怀孕而着装宽松随便的池田觉得别人看自己一定很奇怪。萧红和她开玩笑，让她自称从前线下来的伤兵。池田接着她的玩笑，指着自己的手腕说，是的，就说日本兵在这里刺了一个洞，而后一吹，就把我吹胖了。池田觉得，这话中国的老百姓是一定会相信的，因为一切坏事和怪事，日本人都做得出来。这使萧红回忆起弟弟的一次被"吹"的经历。萧红还小的时候，东北暴发了严重的鼠疫黑死病，她的一个弟弟被传染上了，天主教堂里的英国医生在他的肚子上切开了一个小口，插上针管，让凉水通过接在针管上的长皮管灌进他的肚子里，像"吹"气似的。后来弟弟死了，这个情节让萧红难以忘怀，她把它写进了《生死场》里"传染病"一节，连学医出身的鲁迅看了都觉得匪夷所思，说在医学上可没有这样的治疗法。池田认为那是外国人跑到中国来做实验，把中国人当成实验室里的动物，几百人用同样的方法治疗，然后统计出数据，多少人死掉，多少人康复，多少人无效，来证明设想。在他们自己的国家，这样随便的实验是不被允许的。池田的父亲是军医，在东北的时候，用德文写了很多日记。她为了学德文而读父亲的日记，发现里面写着"黑死病到满洲去试试，用各种药、各种方法试试"的句子。而且他在和朋友的闲谈中还说到，给中国人治病很容易，因为中国人很多都没有吃过外来药，所以一点儿药就什么病都可以治，给他们吃一些牙粉，头痛也好了，肚子痛也好了。萧红听着像是在听海外奇谈，其时她尚不知道，以"原木"为代号，拿中国人进行细菌实验的日军七三一部队，正在她的故乡哈尔滨摧残中国人。二人由此又说到报上登载日本兵吃人肉的消息，池田认为他们吃女人的肉是有可能的，因为女人肉白、很漂亮。一定是几个人开玩笑，说用火烤着吃一吃……因为他们今天活着，明天活不活着也不知道，什么时候回家也不知道，这是一种变态心理……萧红深信不疑，就像中国人相信外国医生比中国医生好一样。1939 年1 月9 日，她把这次闲谈写成文章《牙粉医病法》，也因为反日倾向明显而无法发表。

上海沦陷之后，绿川英子和丈夫刘仁流亡到了香港，1938 年才返回武汉。由郭沫若推荐，绿川英子在国民党中央宣传部国际宣传处的中央电台担任日语广播员。日军特务机关查出她的真实姓名，于1938 年11 月1 日在东京的《都新闻》上，刊登了她的照片，称之为"娇声卖国贼"，还给她的父亲写信，要他"引咎自杀"。武汉失陷之后，大约11 月底，他们随国民政府机关迁到重庆。他们也在为房子发愁，找房子的时候，遇到了刚刚在旅馆落脚的梅志。因为一时找不到住处，绿川英子就在米花街1 号的池田家短暂住了些日子,后来搬到了学田湾。

　　年底的时候,萧红在街上碰见了绿川英子。绿川英子看见萧红和往日一样闪烁着两只大眼睛,发出响亮的声音,可是她却从她身上看到一种不是相隔一年而是相隔数年的感觉。战乱中的人,总是变化大的,有隔世之感也是常态。她对萧红说:"你的名字漂亮,你的文章也漂亮,而你本人更漂亮。"萧红娴静地听着,用微笑作为初次和异国同性见面的酬答。其实到这时为止,萧红在绿川英子的心目中还只不过是现代社会中通常的"女作家"罢了,有优雅的文章和罗曼蒂克的生活。以女色出现在文坛,也随着女色的消失慢慢在文坛消失的短短的存在……不久,她搬到米花街1号,与池田、萧红同住,才逐渐改变了原来的看法。三个人情同姐妹,在互助中一起快乐地生活。汉口陷落以后,战事告一段落,她们生出远离前线的安闲感,白天在重庆的享乐生涯中度过,夜里又落在不与战争相关的闲谈中。在这些场景中,萧红是一个善于抽烟、善于喝酒、善于谈天、善于唱歌的不可缺少的角色。她常常为临盆期近不便自由外出的池田煮她拿手的牛肉,并且像亲姐妹一般关心池田,她们几乎无话不谈。绿川英子向池田讲起她在武昌码头看见端木蕻良和萧红的情景,蒙蒙的细雨中,大腹便便的萧红夹在濡湿的蚂蚁一样的逃难人群中,自己撑着伞,提着笨重的行李,步履艰难。而轻装的端木蕻良,则拿着手杖站在一边。萧红只得时不时用嫌恶而轻蔑的眼光,看看自己那日渐隆起的肚皮……池田不止一次地向绿川英子感叹:"进步作家的她,为什么在男性面前那么柔弱,一股脑儿地被男性支配呢？"

当时,池田夫妇、绿川英子夫妇都在重庆做反战同盟活动,经常邀请端木和萧红作对敌广播讲话,但他们俩很忙,常常抽不出时间去参加这些活动。萧红很爱打扮,身体复原以后,就要端木陪着她去买衣料。萧红拿着衣料去找池田和绿川英子,商量衣服的样式。一次,萧红一个人去找她们,直到天黑也没有回来。端木不放心,就去接她。一进门,就看见三位女士谈得正欢,桌上放着咖啡和零食。见端木来了,三人都很高兴。端木说时间不早了,要接萧红回去。她们立刻笑起来,开始和端木打趣。池田说:"分开这么一会儿就不行了?怪不得萧红这么漂亮呢,买这么多衣料打扮她。"绿川英子也笑着说:"萧红好不容易出来了,我们是不会放她回去的。"端木只是一个劲地傻笑。萧红很高兴,温情脉脉地看着端木说:"我今天不回去了,你也不要来接我,我们聊够了我会自己回去的。"池田说:"萧红在我们这儿,你就放心吧,没人能把她抢了去。"端木没办法,只好独自回去。过了几天,萧红回来了,身上穿着新旗袍,那是用端木蕻良为她买的一块黑丝绒裁制而成的,还镶上了茶金色的丝边。

萧红的身体尚在复原中,又有自己的事情要做,自然不可能扔下端木,长久地陪着她们闲谈,只是偶尔过来坐坐。绿川英子夫妇搬到学田湾后,她们就很少见面了。萧红搬下歌乐山后,她们几乎断了来往。抗战胜利以后,绿川英子随丈夫奔赴东北,在哈尔滨担任东北社会调查研究所研究员。后来全家搬到了佳木斯,她因人工流产手术感染,于 1947 年 1 月 10 日离世,享年三十五岁,也是让人扼腕叹息的憾事。

胡风携怀着孩子的梅志和小儿子,于 1938 年 12 月 1 日到达重庆,住在瓷器街永华旅馆一间七八平方米的小房子里,是朋友刘雪苇的同乡专门让出来给他们的。胡风为了生计,到复旦大学教日语和文艺理论,每周 6 节课,文学院院长伍蠡甫还为他设了一门创作课。此外,他还在国际宣传处以特派员的名义,从事一份工作。1939 年 1 月,日军开始轰炸重庆,计划连续轰炸 4 次,直到雾月来临,气象不允许飞行为止。1 月 25 日夜里两点,梅志开始阵痛,叫来滑竿抬着去了三四家医院,都人满为患。江苏医院的一位女医生说,你们赶快回旅馆去,我立即就来。回到住处,天已经大亮,医生也赶来了,十一点钟梅志生下一个女孩。医生刚将孩子洗干净,警报就响起来了,她连手都来不及擦,夹上包就跑了,只来得及留下一句话,说明天她会来复查的。

萧红听说了梅志生孩子的消息,就拿了一株一尺长的红梅花去看梅志。她穿着那身黑丝绒的旗袍,亭亭玉立地站在梅志面前,显得十分高贵清雅,脸色也像梅花一样白里透红。梅志觉得她真美,拉着她的手亲亲热热地说起话来。萧红坐在床边,看了看一团血红的小婴孩。胡风接过梅花,没找到地方插,就把它捆在梅志的床头,然后出去了。"你的孩子呢? 一定很大了吧?"梅志关心地问。"死了,生下来 3 天就死了!"萧红有点儿凄然地回答。梅志大吃一惊:"怎么会死呢? 是男孩还是女孩?""是男孩。唉! 死了也好,我怎么养得起呀……"停了一会儿,她又讲了自己在宜昌赶船跌倒爬不起来的事, 当时就希望能把孩子跌掉了,

"我实在养不起了,我一个人怎么把他养大……"梅志不知道说什么,就顺着她的话,说了一堆做女人、生孩子的难处,两个人都为做女人而叹息。梅志的儿子玩得满头大汗地进来,高兴地叫着萧姑姑。萧红说:"长高了,可是瘦了。"梅志仔细地望着她说:"你倒比过去胖了,精神也好,穿上这衣服可真漂亮。"萧红高兴地说:"是我自己做的,这衣料,这金线,还有这铜扣子,都是我在地摊上买的,这么一凑合倒成了一件上等的衣服了!"梅志心想原来她也是爱美的,也是很有审美的,过去只是没有时间,也没有心情打扮自己,现在可以自己动手精心打扮了。

这段时间,萧红经常去看望胡风夫妇,如果是她一个人去,她们就能谈得很好,如果是和端木蕻良一起去,就会变得无话可说。梅志觉得可能是自己不愿意说,萧红就也不敢随便说啥了。有一次,萧红顺路去看胡风夫妇,梅志看见萧红就想起了萧军从兰州寄来的信和照片,她不假思索地从抽屉里取出来给她看。萧红仔细地看着信,也看了照片,看了正面又看反面。反面写着:"这是兰州临行前一天我们在黄河边的'圣地'照的,那只狗也是我们的朋友……"萧红手里拿着照片一声不响,脸上也毫无表情,刚才的红潮早退了,脸上露出白里透青的颜色,像石雕似的呆坐着。梅志发慌了,后悔了,她"想不到萧红对萧军还有这么深的感情,看得出她心里是后悔、失望、伤心的。这张照片对她是个不小的打击,但又是必然要来的一个打击"。后来萧红像醒过来了似的,仍旧没有任何表示,只是说:"我走了,你同胡风说我来过了。"然后,萧红就逃也似的匆匆走了。

梅志这不经意的举动只当是朋友之间传递信息，而且她以为萧红不会在乎了，然而对萧红来说，这几乎是在揭她的伤疤，刚刚淡忘的屈辱痛苦又被照片唤回，平静的心态也被扰乱了。萧红虽然失去了孩子，但是和端木在一起的生活是幸福的，这样失态未必是出于对萧军的感情，即使有感情，以她的性格也会封存心底。萧红不愿意提起不堪回首的往事，自然只好逃也似的匆匆离去。回到家里，她和端木说起这件事，端木问："孩子多大了？"萧红淡淡地说："谁知道！"可见萧红对这件事是没有太大兴趣的，朋友的好意反而使她心情暗淡了，这大概就是后来她和这些朋友日益疏远的主要原因吧。

　　萧红和端木一直计划出一本以鲁迅命名的杂志，四处联络，但是由于颠沛流离的战乱生活一直没能实现。1939 年初，许广平给萧红写信，让她代为搜集重庆纪念鲁迅逝世两周年活动的新闻报道。萧红没能参加纪念活动，当时也就没有留意，现在她深感懊悔，当初未留心搜集，现在恐怕不能在短时间内找全。3 月 4 日，萧红在给许广平的信中，讲述了自己办杂志的计划。她觉得自己之前操之过急了，不应该赶时间，更不能放弃，要想办法收集稿子、找出版关系，设法弄办刊资金。她设想刊物的装帧要美观，因为鲁迅先生喜欢漂亮的书籍。稿子宁缺毋滥，所以不定期出刊，有钱有稿就出一本。容量要大，本头要厚，计划每期载长篇一个、短篇两三个，散文一篇，诗有好的就上一篇，没有好的就不上，要有研究文章和传记。她恳请许广平写写回忆录，因为年轻人对鲁迅先生知道得还是太少，希望多讲述一些鲁迅先生的生活细节。她还打算请鲁迅的老友茅盾和台静农等写文章，使更多的人能更好地了解鲁迅、学习鲁迅。并且提到她在重庆的朋友，说他们提起鲁迅的时候，都称呼以"导师"，就像"街上的车轮"和"檐前的滴水"一样，"这声音到处响着的"。当然，这个计划最终也夭折了，战争的环境使她无法正常实施自己的计划。

雾季一过，天气好起来，日军又开始执行大轰炸计划。5月3日、5月4日，连续两天，成群的日机，沿长江北岸向人烟最稠密、工商业最繁华的市区轰炸，投放了大量的燃烧弹，大火烧了两天两夜，死伤四千余人，十万人无家可归。萧红远在歌乐山而幸免于难。12日，她下山进城，眼看繁华市井已成瓦砾成堆的死城，废墟中还冒着烟，空气里混合着尸体腐烂和烧焦的气味。这天，又有四十余架日机来轰炸，她躲在中央公园的铁狮子附近逃过一劫。十三天后，铁狮子毁于日机的炸弹，几百名无辜者丧生。萧红义愤难平，写下了《轰炸前后》，发表在端木编辑的《文摘战时旬刊》上，控诉日本法西斯的野蛮行径。

飞往香港

　　1842 年,第一次鸦片战争清朝败给英国,与英国签订了丧权辱国的《南京条约》, 将香港岛连同邻近的鸭脷洲割让给英国。1860 年,清廷再败于英法联军,被逼签下《北京条约》,把九龙半岛南部,连同邻近的昂船洲一同割让给英国。1898 年,英国通过与清廷签订《展拓香港界址专条》及其他一系列租借条约,租借九龙半岛北部、新界和邻近的两百多个离岛,租期九十九年。至 20 世纪 30 年代末,香港已经被英国殖民近百年了。

　　1940 年 1 月 17 日,萧红和端木从重庆起飞,几个小时之后,飞机降落在九龙启德机场。香港悠闲安宁的和平生活景象,使萧红一下子从重庆那紧张局促的战争状态中松弛下来。亚热带的植物、闽粤方言的市声中夹杂着不伦不类的英语,都提示着她到达的是又一个异乡的英属殖民地。

　　到达香港后, 他们住在九龙尖沙咀金巴利道纳士佛台一间相当大的楼房里。房间朝南,前面直通一个大阳台,空气流通,对萧红的身体很有好处。房东是一位能说几句普通话的年轻小姐,家具都是现成的。他们刚安顿下来,戴望舒就来了。他们从来没有见过面,戴望舒自报家门:"我是戴望舒。"三人一见如故,一起出去吃饭。第二天一早,戴望舒又来接萧红和端木到他位于薄扶林道香港大学网球场对面山坡上的家——林泉居。那是一栋背山临海的三层楼房,屋旁有小溪,远处还有一线飞瀑。戴望舒的夫人穆丽娟和女儿朵朵都很热情,还邀请他们搬来一起住。萧红很喜欢这个地方,觉得很适宜写作,但是端木的腿犯了风湿病,上来要爬很长一段山路,不方便,他们就推辞了。

不久,孙寒冰来港办事,告诉端木大时代书店隔壁已经腾出了房子,希望他和萧红能搬过去,便于编辑"大时代丛书"。端木是这套丛书的主编,加上萧红不喜欢房东小姐,二人立刻就同意了。不久,端木和萧红搬到九龙尖沙咀金巴利道纳士佛台3号二楼,住进一间不到二十平方米的房间。对面是《经济杂志》主编许幸初的办公室,许幸初不常来上班,偶尔来处理一下事务。办公室里的电话可以用,有朋友来也可以在那里接待,就像他们的客厅一样。萧红请了一位保姆,按时来打扫卫生。他们的生活虽然仍不富裕,但基本上安定下来了。屋里一张大床,一张大写字台,两个人相对而坐,各自埋头写作。

香港文化界对他们非常热情。1月30日,叶灵凤主持的《立报》副刊《言林》就发布消息:"端木蕻良、萧红,昨日由内地来,暂寄九龙某处。"2月5日,中华全国文艺界抗敌协会香港分会由林焕平主持在大东酒家举行聚餐会,也邀请他们参加。萧红在席间做了报告,题目是《重庆文化粮食恐慌情况,希望留港文化人能加紧供应工作》。3月初,为纪念"三八"妇女节,香港的几个女校联合成立了劳军游艺会筹备委员会。3月3日晚上七时,该会在女子中学举行了座谈会,邀请廖梦醒和萧红参加,讨论了"女学生和三八妇女节"等话题。4月,萧红和端木以中华全国文协会员的身份登记加入香港文协。4月14日,出席文协换届大会,端木被选为理事。他们一下认识了不少新朋友,打开了社交局面。5月11日,他们一起到迁港的岭南大学参加"艺文社"师生主办的第一届文艺座谈会,萧红兴致勃勃地做了关于抗战文艺的发言,重申她在《七月》座谈会上的观点,强调战时生活的多样性。5月12日,萧红和端木蕻良一起出席黄自纪念音乐欣赏会,纪念著名音乐家黄自逝世两周年。后来,她还到香港文协举办的文艺讲习会为文学青年讲演。可见,萧红一到香港,就投身到抗日文化活动中去了,相当活跃。

尽管此时的萧红交友很多,但她又陷入了忧郁的心境,大概是由于写作和社会活动过于劳累,或者是由于初到香港,环境陌生,语言不通等,一时无法融入外界的生活。这一年春夏之交的时候,她写信给多年的挚友白朗:"……不知为什么,莉,我的心情永久是如此抑郁,这里的一切是多么恬静和幽美,有田,有漫山遍野的鲜花和婉转的鸟鸣,更有澎湃泛白的海潮,面对碧澄的海水,常会使人神醉,这一切不都是我以往所梦想的佳境吗?然而呵,如今我却只感到寂寞!在这里我没有交往,因为没有推心置腹的朋友。因此,常常使我想到你。莉,我将尽可能冬天回去。"

端木蕻良的社会活动很多,常常早晨出去,深夜才回来。因此,萧红经常是一个人在家写作。和广东保姆因语言不通,所以萧红常常感到孤寂。她和端木说,还不如回内地。端木也有回内地的意思,觉得香港缺少内地热气腾腾的抗日气氛,但是他们不知道应该到哪里去。5月27日,日军出动几十架飞机轰炸北碚,孙寒冰等百余人罹难,贾开基断了一条手臂。据说,日军误将复旦大学的新校舍当作军营了。消息传来,震动整个香港。萧红和端木都非常悲痛,更加强了回内地的念头。

6月24日,萧红给住在重庆大田湾养病的华岗写信说:"我们虽然住在香港,香港是比重庆舒服得多,房子、吃的都不坏,但是天天想回重庆,尤其是我,好像是离不开自己的国土的。香港的朋友不多,生活又贵。所好的是文章到底写出来了,只为了写文章还打算住一个期间。"萧红在这封信中还写道,她到了香港以后,身体不太好,写几天文章,就要病几天,大约是因为对气候不太适应。华岗很快回了信,说香港也非久留之地。到了1940年的下半年,形势更加严峻了,国际问题专家拼命讨论"日本南进乎?北进乎?",香港的空气也变得紧张起来。空气紧张的时候,萧红就给梅林写信,说她和端木正在购买回重庆的飞机票,希望梅林能先帮忙找房子。但是紧张的空气一过去,她就又延宕下来,以长篇小说《马伯乐》尚未完成和有病为理由继续留在香港。

除了环境的不适,和朋友的隔阂也让萧红心绪烦乱,闲话传到她的耳朵里,她很生气。7月28日,她在写给华岗的信中说:"关于胡风之乱语,他自己不去改正,似乎别人去谏一点意,他也要不以为然的,那就是他不是糊涂人,不是糊涂人说出来的话,还会不正确吗?他自己一定以为很正确。假若有人去解释,我怕连那去解释的人也要受到他心灵上的反感。那还是随他去吧!"

"想当年胡兄也受到过人家的诬陷,那时是还活着的周先生把那诬陷者给击退了。现在事情也不过三五年,他就出来用同样的手法对待他的同伙了。呜呼哀哉!"和胡风的矛盾使萧红感到很痛苦,他们是多年的朋友,现在却为了这些小事闹得不愉快。萧红由此感到社会的险恶,"世界是可怕的,但是以前还没有自身经历过,也不过从周先生的文章上看过,现在却不了,是实实在在来到自己的身上了。当我晓得了这事时,我坐立不安地度过了两个钟头,那心情是很痛苦的。过后一想,才觉得可笑,未免太小孩子气了。开初是因为我不能相信,纳闷,奇怪,想不明白。这样说似乎是后来想明白了的样子,可也并没有想明白,因为我也不想这些了。若是越想越不可解,岂不想出毛病来了吗? 你想替我解释,我是衷心地感激,但话不要说了"。

这段时间,萧红和华岗的联系最多。在所有旧日朋友都和她心存隔阂的时候,华岗成了她精神的支柱。华岗关心着萧红的身体和创作,萧红十分感动。萧红也关心着华岗的工作,写信托人到上海的一家书店找熟人代为考察他的《中华民族解放斗争史》一书的出版情况。"远在万里之外,故人仍为故人计",可见他们的友谊是深厚的。这一封信里,萧红还附上了《马伯乐》的第一章,请华岗看看主人公是否可笑,并请他读后转交给曹靖华先生。

萧红的写作非常勤奋,用端木的话来说,她"对创作有一种宗教感情"。4月10日,她发表了短篇《后花园》,是到港两个多月的时间,在安家、搬家和社会活动的间隙写成的。这部作品可以看作《呼兰河传》的姐妹篇,以东北农村乡土人物的命运为主线,在抒情诗一样的旋律中,展开主人公磨倌冯二成子一生"近乎没有戏的"悲剧故事。他暗恋着邻居的女儿,由于自卑而没有勇气说出来,眼睁睁地看着她出嫁,又默默地照顾着她的母亲赵老太太,直到她也搬走了。他陷入了原始的悲哀,痛哭了一场之后,追问起人生的意义,结论当然是没有的。他接受了寡妇老王的关照,和她结了婚,生了孩子。后来,老王死了,孩子也死了,后花园换了主人,冯二成子仍然年复一年平静地生活着。萧红以细腻的笔触,写出了乡土人生的悲凉。这里已经没有了她早期作品中的阶级压迫,也没有外来暴力的血腥屠戮,而是一种困惑而无望的忍耐,在日常生活的悲剧中追寻生命的意义。这篇小说发表在1940年4月15日至25日香港《大公报》副刊《文艺综合》与《学生界》上。

1940年,萧红共出版了3本书。3月,她的短篇小说集《旷野的呼喊》,由郑伯奇主编的《每月文库》出版,收录了她到重庆以后的小说新作。6月,《萧红散文》作为端木蕻良"大时代文艺丛书"的一种,由香港大时代书局出版,收录了她在上海和重庆时期的一些散文作品。7月,《回忆鲁迅先生》由重庆生活书店出版。端木也出版了多部作品,这样一来,他们的稿费收入就比较可观,经济条件的改善使萧红可以从容地写作长篇。她开始续写在重庆没有完成的长篇《马伯乐》,到六七月间第一部就脱稿了。《马伯乐》原来的名字叫《马先生》,后来端木蕻良建议她改用法国汉学家亨利·巴斯伯乐的中文名字"马伯乐"。巴斯伯乐曾出版专著,论述汉语言中没有语法概念和词性,引起了中国语言学家们的不满。萧红借用他的名字给自视甚高的主人公命名,也算是对迷恋西方文化而又一知半解的半吊子小知识分子的善意嘲讽。而且也套用了中国古代"伯乐相马"的寓言故事,主人公既是马又是伯乐,也是一种反讽,象征着他两边不靠的尴尬处境。小说原计划写三部,循着萧红自己逃亡的路线,第一部写从青岛到上海,第二部写从上海到武汉,第三部写从武汉到重庆,可以说是"四城记",隐含着萧红对现代文明大都市的观感。也以马伯乐的眼睛为游动的视点,写出战时社会的众生相,揭露嘲讽那些无耻的社会蠹虫和各种丑恶的角色。萧红的目光凝聚在马伯乐身上,从他充满洋奴气息的家庭开始,讥讽其父作为一个伪善的基督徒的种种恶行,犀利地揭示绅士阶级的虚伪。主人公马伯乐经常挂在嘴边的两句话是:"到那时可怎么办哪?""他妈的中国人。"他看不惯自己的父亲一味崇洋媚外,可自己则既崇洋又媚外。他讨厌妻子爱钱如命,可自己又一毛不拔。他试图开辟各种事业,譬如开书店,写小说,但都有始无终,一事无成,一味地逃避现实。尽管战争给他带来了威胁,但战争也成了他名正言顺逃避的理由。萧红幽默和讽刺的才能,在这篇小说中发挥得淋漓尽致。她出神入化地刻画了一个自私自利、怨天尤人,深陷悲观哲学中的"没用人"的形象,从中可以看到高尔基《没用人的一生》的影子,也可以看到对从鲁迅开始,正当创作高峰期的老舍、张天翼等作家讽刺文学的沿革。在中国现代的讽刺和幽默文学中,萧红的《马伯乐》也属上乘之作。但这部作品发表之后,并没有引起相应的关注,主要原因也是由于它偏离了抗战文学的主潮,也偏离了左翼文学关怀大众的宗旨。马伯乐由生活富裕的青岛逃到上海过悲惨的生活,又由上海逃到武汉,体现着他基本的处世哲学:"凡事总要留个退路。"在全民族抗战的火热时代,他除发发牢骚之外,只能苟全性命地奔逃。除此之外,萧红还讽刺了大城市里醉生梦死的诸色人等,那些阿谀奉承之徒,无聊且无耻的食客,各种各样卑鄙小人……这些人物都体现着溃败的社会中的腐朽势力,他们的滑稽可笑,反映了萧红对国民性的思考,以及她在民族危亡时刻内心沉郁的隐痛。所以,这虽然不是一部直接表现抗日的作品,却从一个侧面写出了中国的战时生活,归根到底是有益于民族精神的健全,有益于民族解放战争的胜利的。特别是当她写作这部作品的时候,正在阅读华岗的《中华民族解放斗争史》,认为"写得实在好","中国无有第二人也"。这也从一个角度说明她思考的深入,她把鲁迅对于国民性的思考揳入了反抗外来暴力的时代主题中,延续了五四精神。

《马伯乐》第一部写完之后,交重庆大时代书局出版,此时萧红还在写另一部长篇。7月28日,她在写给华岗的信中说:"在这一个月中,我打算写完一部长篇小说,内容是写我的一个同学,因为追求革命,而把恋爱牺牲了。那对方的男子,本也是革命者,就因为彼此都对革命起着过高的热情的浪潮,而彼此又都把握不了那革命,所以那悲剧在一开头就已经注定的了。但是一看起来他们在精神上是无时不在幸福之中。但是那种幸福就像薄纱一样,轻轻地就被风吹走了。结果是一个东,一个西,不通音信,男婚女嫁。在那默默的一年一月的时间里,有的时候,某一方面听到了传闻那哀感是仍会升起来的,不过不怎具体罢了。就像听到了海上的难船呼救似的,辽远,空阔,似有似无。同时那种惊惧的感情,我要把它写出来。假若人的心上可以放一块砖头的话,那么这块砖头再过十年去翻动它,那滋味就绝不相同于去翻动一块放在墙角的砖头。"萧红的这个写作计划没有实现,手稿也在她死后遗失了。这部长篇的创作灵感来自重庆,她曾经向端木透露过大致内容,提到华岗在一家饺子馆讲的"故事",实际上是华岗和葛琴的婚恋经历。华岗告诉端木与萧红,他和葛琴结婚以后,兴趣就转向了政治,葛琴的兴趣则在文学,经常为了一个问题争执不下,谁也说服不了对方。葛琴经常去找搞文艺理论的邵荃麟请教,久而久之产生了感情。等到华岗被捕出狱之后,他们俩已经像夫妻一样生活数年了。华岗是党报的主编,邵荃麟则是左翼文化运动的领导人之一,经常由于工作需要在会上碰头,华岗常因此陷入复杂的感情矛盾。但是,这部小说最终没有写完,她转而去赶写《呼兰河传》,边写边登,12 月 20 日完稿,从 9 月 1 日开始连载,到 12 月 27 日全部刊载完毕。

她为什么放下几近完成的长篇,去赶写刚开头的新著作? 也许是由于发表的困难,写革命者的生活,即使是在统一抗战的时代气氛中,也是遭忌的;也许是出于经济的考虑,要先写能够发表的《呼兰河传》;也许只是编辑的催促,新作已纳入了刊物的出版计划,必须按时交稿;也许是时间的问题,意想不到的新任务不断插进来,影响了原来的写作进度;也许是心境的变化,不断生出新的灵感，打乱了原来的计划。1940年前后，各地的外乡人纷纷涌入香港，引起物价高涨、住房紧张。整个香港充满思乡的浓郁情调，报纸杂志泛滥着各种乡音乡情。编辑趁势约稿，萧红构思多年，有部分内容已经成竹在胸，大概是《呼兰河传》边写边发的主客观原因。此后，她又写了《后花园》《小城三月》，都是以故乡为背景的作品，她还向端木蕻良讲述了她的十个短篇计划，连题目都拟好了，《还乡人》《采菱船》《珠子姐》等，就差写出来了，还有其他的中长篇计划，比如表现北大荒早期开拓者的《泥河传》，是她母亲的家族史。一直到生命垂危的时刻，她口述，由骆宾基执笔的《红玻璃的故事》，也是以乡土人物为主人公的。可见，正是这股"乡愁"激活了她浓郁的诗情，成了她创作灵感最充沛的源泉，形成了她的艺术世界中最炫目的部分。与之相对的则是包括《马伯乐》在内的以现代小知识分子为主人公的系列作品，比如失散了的革命者婚恋小说，还有计划中以哈尔滨学生运动为题材、表现"五四式的转折"的长篇《晚钟》，等等。

　　萧红开始续写《呼兰河传》的时候，一开始题目还没有定下来。端木对她说："你这部长篇应取你家乡的一条河作为名字，什么'泥河''土河'都不合适！"萧红想了一下说："我家是呼兰县，县里有条河，叫呼兰河。"萧红原来打算叫《呼兰河的女儿》，端木早年曾经看过一本外国名著叫《尼罗河传》，就说不如叫《呼兰河传》吧，"从你童年写起。就像呼兰河水一样涓涓流过，你跟着这涓涓流水成长……多美！"萧红也高兴地说："好！就叫《呼兰河传》！"这是一部在国家危难时期，背井离乡的作者对故乡一往情深的恋歌。萧红从 1936 年在日本时开始酝酿，1938 年从武汉开始写作，其间颠沛流离，一直没有大块的时间把它写完。到了香港，生活安定下来了，她才又接续起中断了好久的写作。她回忆起童年的种种往事：慈祥的祖父、贫穷的有二伯、悲惨的小团圆媳妇、生命力顽强的冯歪嘴子……众多的人物栩栩如生地涌进她的脑海。小县城里人们的善良、愚昧、自私、麻木、势利、迷信，以及沉滞、刻板、单调的古旧生活方式，都与她早已成熟的文艺思想相合拍，引起了她的愤慨和悲悯。她不分昼夜地写着，抒发着自己对故乡既爱又怨的复杂感情。这部小说带有明显的祭奠性质，祭奠了所有的亡灵，在与乡土故人的和解中也祭奠了她的童年。

促使萧红自愿放下写作计划的重要事件，是鲁迅诞辰六十周年的庆祝活动。鲁迅先生诞生于 1881 年 9 月 25 日，阴历的八月初三，到 1940 年虚岁正好六十，周岁五十九。按照中国人的传统风俗，以虚岁纪年，逢 9 为吉，是应该庆贺的大生日。当时民国政府已经废除了阴历，改用公元纪年。上海文艺界人士征得许广平同意，定在阳历 8 月 3 日各地一起举办隆重的纪念活动。倡议一发出，重庆、桂林、昆明、成都、延安、香港等地积极响应。在文协香港分会倡议下，中华全国漫画家协会香港分会、青年记者协会香港分会、华人政府文员协会、香港业余联谊社、中华全国木刻协会香港分会等救亡团体发起举行集会，以"国难方殷，正宜发扬鲁迅精神"为主旨，积极筹备纪念活动。《文艺阵地》4 卷 12 期登载报道："香港方面，自接得上海函约后，亦已由端木蕻良、杨刚及全国文艺界抗敌协会香港分会,进行推动,届时拟举行一盛大之群众纪念仪式。"萧红自然义不容辞,她在 6 月 24 日致华岗的信中,就提到为了纪念鲁迅诞辰六十周年,她打算写一篇文章,"题目尚未定"。她还询问华岗是否有文章,有的话请寄给《文艺阵地》。因为"上海方面要扩大纪念,很欢迎大家多把放在心里的理论和感情发挥出来"。7 月,她的《回忆鲁迅先生》顺利出版,这是一份重礼。南洋的洪丝丝知道萧红写了《回忆鲁迅先生》,就来信要她将稿子寄去,要在南洋出版。萧红觉得寄出的稿子应和内地发表的有所区别,很花心思地作了增删改动。端木蕻良在协调组织的繁忙活动中, 也赶写发表了《论鲁迅》《略论民族魂鲁迅》《论阿 Q》等近 9 万字的系列文章。戴望舒也尽心竭力,承担起办理登记、接洽会场等需与官方打交道的各项事宜。

　　杨刚是文协负责文艺宣传的理事, 也是地下党分管文艺宣传的负责人之一。她受文协委托,请萧红写一个关于鲁迅先生的剧本,通过舞台表演展示鲁迅先生的形象和生平。她来找萧红,对她说:"只有你见过鲁迅先生, 只有你才能形象地将鲁迅先生搬上舞台,你来写个剧本,我们排后演出纪念他。"萧红一口回绝,她认为用艺术形式表现鲁迅先生是极其严肃的事情,不能有丝毫歪曲,况且"鲁迅先生一生所涉至广,想用一个戏剧的形式来描写是很困难的一件事"。再说,她也没有写过戏剧,实在没有把握。杨刚又提到,端木在南开的时候搞过话剧运动,在《南开双周》上发表过剧本《斗争》,又发表了一系列关于鲁迅的论文,对鲁迅精神有比较深入的理解,而萧红对鲁迅的生活比较熟悉,两个人可以尝试合作一下。在杨刚的再三劝说下,萧红接受了这个任务。杨刚还建议由端木来饰演鲁迅,这次是被端木一口回绝了。端木猛然想起他在南开上中学的时候,曾经看过一位外国哑剧大师的表演,建议萧红用哑剧的形式来写鲁迅先生。这个构想受到了文协同仁的认同,端木用了两天时间,为萧红拟出提纲,接着两个人又互相讨论,补充完善后定稿。剧中人物众多,不适合舞台演出,丁聪和徐迟就改编了一下,搬上了舞台。

8月3日,在香港加路连山的孔教堂举行了内容相当丰富的鲁迅诞辰六十周年纪念晚会。由许地山致开会词后,萧红介绍了鲁迅先生的生平,内容"大部系根据先生自传,并参证先生对人所讲述者,加以个人之批评"。会上演出的节目很多,首先唱了纪念鲁迅先生的歌曲,第一句是:"欢呼今天8月3日革命人道主义诞生……"然后演出了田汉编剧的《阿Q正传》、鲁迅的剧作《过客》和哑剧《民族魂鲁迅》,鲁迅的角色由银行职员张宗祜担任。还演唱了香港何君谱曲的鲁迅诗:"惯于长夜过春时……"徐迟上台朗诵。"那天的会是不寻常的,不但团结了在港的各个救亡组织,而且在醉生梦死的高等华人之中,打了一针,使他们知道祖国在危急之秋,每个人都须做出贡献。自从这次会以后,为支援敌后根据地进行筹款工作,打下了坚实的基础。"

冯亦代在《哑剧的试演——〈民族魂鲁迅〉》中说:"香港文协在筹备庆祝鲁迅先生60岁诞辰时,就立意用一种最庄严的戏剧形式,将先生一生的奋斗史表现出来。哑剧的形式在中国似乎尚未见采用,但在西方演剧史上特别是宗教演剧方面,它却有过它的地位的。它以沉默、严肃、表情动作的直接简单取胜，最适宜于表现伟大端庄、垂为模范的人物。以它来再现鲁迅先生，似乎能传达先生的崇高以外，更予观众一种膜拜性的吸力，使先生生活史的楷模性更能凝定在我们后辈人的生活样式里面。因此，便决定把它实现了。"萧红费了几昼夜的工夫完成了一个严密周详的创作，可惜恪于文协的经济情况，人力与时间的局促，这剧本竟不能与观众见面。

10月19日，萧红又参加了鲁迅先生逝世四周年纪念会。她穿着黑丝绒的旗袍，朗诵了鲁迅的杂文，留给人的印象是"瘦瘦的，发音不高，但朗诵得疾徐顿挫有致"。10月21—31日，《民族魂鲁迅》以萧红的名义在《大公报》上连载。连载结束时，附了作者的话，为端木代笔："鲁迅先生一生所涉至广，想用一个戏剧的形式来描写，是很困难的，尤其用不能讲话的哑剧。所以这里我取冷处理的态度，是用鲁迅先生的冷静、沉淀，来和他周围世界的鬼祟跳嚣作个对比。"

1940年11月前后，端木和萧红结识了"国兴社"的社长胡愈之。10月，胡愈之从桂林前往新加坡就任由陈嘉庚主办的《南洋商报》的总编辑，途经香港的时候逗留了一段时间，帮助文协香港分会开展一些工作。他又介绍他们认识了东北民主运动活动家、东北抗敌协会会长周鲸文。周鲸文听说端木和萧红来到香港也很高兴，急于和他们见面。一天下午，萧红和端木到雪厂街10号交易所大楼拜访周鲸文，他们既是同乡，又是文化界人士，所以一见如故，非常亲切。周鲸文非常器重他们，和他们商议，由他出资筹办大型文学刊物《时代文学》。他和端木任主编,他只挂名,实际全由端木负责。他还计划筹建《时代妇女》杂志,请萧红任主编。周鲸文刚说完,萧红立刻就说她身体不好,干不了。周鲸文微笑着说:"什么事也不要你干,只要你挂一个名,具体事都由下面的人来干,甚至审稿也不用。"萧红是从不图虚名的,坚决不干。周鲸文只好婉转地说:"那就请萧红女士再考虑考虑吧。"接着就和端木商量起筹办《时代文学》的具体事宜。此后,他们常相来往,有时到酒楼饮茶,有时到周鲸文家做客。周鲸文在《时代批评》上,为萧红和端木提供了大量的版面。

周鲸文,号维鲁,辽宁锦县(今辽宁省锦州市)人,东北军将领张作相的外甥,曾就读于北京汇文中学、日本早稻田大学、美国密歇根大学、英国伦敦大学。1931年回国在哈尔滨主办《晨光晚报》,"九一八"事变后,利用报纸积极宣传抗日救国。嫩江"江桥抗战"爆发,曾代表哈尔滨文化界亲赴前线慰问抗日将士。1932年2月5日,哈尔滨沦陷后,日本侵略军疯狂迫害爱国人士,他逃到北平,此后,长期在平、津、沪等地联合东北救亡青年组织,从事抗日救国活动。"七七"抗战爆发后,他担任东北救亡总会会长,出版《自救》杂志,1936年任流亡东北大学的秘书长、代理校长等职务,在流亡的东北人中影响很大。1938年初,他到香港创办时代书店,出版《时代批评》。后为中国民主同盟的发起人之一,并且担任中央委员。他的舅舅张作相与张作霖是拜把子兄弟,皇姑屯事件之后,张作相尽力辅佐张学良,深得张学良的敬重,时人称之为"老叔辅帅"。周鲸文与张学良关系密切,经营着时代书店和其他商务,财力十分充裕。在他的支持下,《时代文学》于1941年6月1日创刊,周鲸文与端木蕻良担任主编,实际上是端木蕻良负责。《时代文学》共出版6期,最后以香港沦陷而告终。在接触中,周鲸文夫妇有一种印象,就是"端木对萧红不太关心"。"端木虽系男人,还像小孩子,没有大丈夫气。萧红虽系女人,性情坚强,倒有些男人气质"。而且"端木与萧红结合,也许操主动权的是萧红"。

1941年来临的时候,萧红的心情已经比较舒展了,文章发表得顺利,有了新的朋友,也逐渐适应了环境。她和端木自制了贺年片,寄给亲近的朋友。他们也收到朋友们寄来的自制贺年卡,其中就有许地山的。圣诞节前夕,萧红拎了一个大蛋糕去看望周鲸文,她走了一大截山路,又爬了一大截楼梯,累得气喘吁吁,进屋坐下好长时间才平息下来。1月24日,她写信给华岗说:"香港旧年很热闹,想去年来此时,刚来不久,现已一年了,不知何时可回重庆。""香港的天气正好,出外野游的人渐渐多起来。"带着这样的好心情,萧红又开始了《马伯乐》第二部的写作。

劳累致病

　　萧红的好心情并没维持多长时间，1月4—14日，爆发了"皖南事变"，国共两党的关系陷入极度紧张。萧红被这突发的事件震惊得够呛，因为她的弟弟张秀珂就在新四军里，上海一别姐弟俩已经近四年没有见面了，音信也断了有三年多。对弟弟的担心加上对沦陷故乡亲人的惦念，她的心情无比沉痛。她放下《马伯乐》续篇的写作，开始写一部以国难家仇为内容的小说，这就是小说《北中国》，4月13—29日在《星岛日报》连载。小说中耿大先生的儿子投身抗日音信全无，他因此而神经衰弱。当听到儿子在内战中牺牲的消息后，他陷入迷狂。为了他的安全，家人把他关在凉亭里，最终由于炭火烟气窒息而亡。这个父亲形象的原型显然是萧红的父亲张选三，故事的主干大概是起于萧红的一个噩梦。当时，她大概听到了一些有关张秀珂的谎信，也可能是从老家到香港的流亡者那里知道了一些流传的家事，由此带来了深度的焦虑。在党派斗争的曲折表达中，她也逐渐放下了和父亲的心理对抗，开始理解上一代人呵护晚辈的一片苦心。

　　连续写作很劳累，经常为赶稿子而熬夜，萧红的身体越来越不好，经常咳嗽、发烧。她在困苦的生活中煎熬惯了，并不把自己的病当回事,端木买来温度计,要萧红相信科学,但萧红说她的体温从来都是三十七摄氏度以上,她的体质不一样。端木没有办法说服她,就买了退烧和治咳嗽的药,萧红不肯吃,端木也拿她没有办法。

不久,史沫特莱突然来到九龙乐道8号看望端木和萧红。她看到萧红和端木的住房,十分惊讶:"你们这两位大作家,竟然住在这么小的一间房子里,太不可思议了……这怎么能生活?还创作作品……"她拉着萧红的手,仔细地打量她:"瘦了,比我见到你的时候瘦多了!不过,更美丽了!更美丽了……"端木向史沫特莱说起萧红的健康情况,以及她拒绝治疗的事。史沫特莱听了皱着眉头说:"这怎么可以?健康是最主要的,特别是战争时期,我这次回美国就是为了治病。"随即她讲了国际局势:战火不但不会很快地熄灭,还有扩大的趋势,香港也不是久留之地。她透露当时港英当局已在做三个月的战斗准备,同时悄悄地把英国妇女儿童撤往澳大利亚。她建议他们去南洋,那里回旋的余地大,也有益于萧红养病。她还说她可以为他们联系去新加坡。然后,她让萧红收拾一两件换洗衣服,随她一起去香港主教罗纳德·霍尔的玫瑰谷住些时候,说那里很宽敞,阳光、空气都好极了。萧红还在犹豫,最后在端木的劝说下跟着史沫特莱走了。史沫特莱利用自己的关系,为萧红联系了玛丽医院,收费可以优惠,希望萧红能全面地检查一下。她还亲自安排新加坡的朋友来港,与萧红他们见面,为他们撤退到南洋做准备。萧红在玫瑰谷继续写作《马伯乐》,不久,因为放心不下端木她又回到乐道8号的家中。

4月中，茅盾和夫人到了香港。萧红鼓动茅盾夫妇一起到新加坡去，但茅盾因为工作关系不能离开香港。由于找不到合适的同伴，萧红只好滞留在香港。

1941年5月，香港的美国总领事馆把史沫特莱列入若港岛战争爆发，必须第一批转移的美国公民，她已经被日本军事当局视为最危险的敌人。史沫特莱被迫放弃重返中国内地的打算，决定回美国去，向美国人民宣传中国人民艰苦卓绝的抗日战争。下旬，史沫特莱定了回美国的船票，到乐道8号来向端木和萧红告别。当时许多报刊都已经封杀史沫特莱，只有一家德国报纸《法兰克福报》愿意登她的文章。她留下了10个短篇小说，都是打印稿，端木后来在《时代文学》上发表了几篇。史沫特莱要了萧红和端木的作品，准备带到美国去翻译发表。萧红给了她一篇《马房之夜》，同时还拿出《生死场》的单行本，题签后交给史沫特莱，请她带回美国赠给辛克莱。史沫特莱答应一定带到，并留下自己的地址，希望互相通信、寄文章。临走的时候，她还叮嘱萧红去玛丽医院看病。不久，史沫特莱回到美国，将《马房之夜》介绍给斯诺的前妻海伦·福斯特。海伦·福斯特与人合作把它翻译成英文，发表在她主编的《亚细亚》月刊1941年9月上。辛克莱给萧红写了感谢信，并且寄来了她的近作《合作社》。海伦·福斯特也写来信，为《亚细亚》杂志向萧红和端木约稿。

1941年6月，胡风在周恩来的安排下，受组织派遣到达香港。听说萧红健康情况不佳，住在家里养病，就去看她。萧红比过去显得更瘦、更苍白了。她躺在床上很高兴地和胡风聊天，兴奋地说:"我们办一个大杂志吧?把我们的老朋友都找来写稿子,把萧军也找来。"她又说:"如果萧军知道我病着,我去信要他来,只要他能来,他一定会来看我帮助我的。"胡风很理解她怀旧的心情,但是不明白她为什么这样寂寞、孤独。他只能劝慰她,希望她好好保重身体,安心养病。他说她以后是能见到这些老朋友的,还有许多做不完的工作呢!看到病弱的萧红,胡风对端木蕻良的成见又升级了:"我不得不在心里叹息,某种陈腐势力的代表者把写出过'北方人民的对于生的坚强,对于死的挣扎','会给你们以坚强和挣扎的力气'的这个作者毁坏到了这个地步,使她的精神气质的'健全'——'明确和新鲜'都暗淡和发霉了。"其中胡风关于萧红对于萧军的转述,也和《北中国》一样,带有和解的性质。萧红的心境实在悲凉,大有"人之将死,其言也善"的平和,是生命行将消逝的征兆。

1941 年 6 月,萧红写了短篇小说《小城三月》,是以她童年的挚友作为原型的,在这部作品中,她放弃了对家庭的嫌恶态度,父亲是一个有维新思想的正面形象,家庭也是一个开放而民主的家庭。这更接近萧红家庭的实际情况,也反映出萧红对父辈的理解。主人公翠姨是个美丽善良而又脆弱的女孩,她暗恋着堂兄,又没有勇气反抗媒妁之言和父母之命,同时也觉得自己没有能力走进堂兄现代文明的生活世界,终于抑郁而死。这篇小说也是思乡之作,体现着萧红的启蒙主张,但写得更委婉,因而也更动人。她揭露的是几千年的封建婚姻制度,也关怀着那些在新与旧的文化夹缝中挣扎,而终于不能摆脱弃儿处境的文化边缘人。

萧红运用了《红楼梦》中"宝黛"爱情悲剧原型，从中可以看出，萧红古典文学的深厚修养。这篇小说写好后，她要端木为她画一幅插图。端木欣然同意，但他对小说里写的哈尔滨不熟悉，不知道从何下手。萧红告诉他，画一驾马车在大雪中飞奔就好，另外再画一幅书中女主人公翠姨站在松花江畔的场景，要有对岸的景色和近处的啤酒桶。端木按照她的意思画了出来，萧红接过端木手中的笔，题了《小城三月》，并且签了名。这篇小说发表在1941年7月1日香港《时代文学》第一卷第二期。

9月1日，她在香港《时代文学》第一卷第三期上，发表了《给流亡异地的东北同胞书》，号召东北同胞："为了失去土地上的高粱、谷子，努力吧；为了失去的土地，年老的母亲，努力吧；为了失去的地面上的痛心的一切记忆，努力吧！"这篇文章是以1938年同日发表的《寄东北流亡者》一文为基础，增加了一些内容重新发表的。

9月，萧红又写了《"九一八"致弟弟书》，以深厚的亲情回忆了和弟弟聚少离多的愁苦，但笔调却是清新健朗的，此时，她大概知道了张秀珂平安的消息。这封信发表在1941年9月26日桂林《大公报》文艺专栏里。这些文章都反映了萧红投身民族解放斗争的巨大热忱，反映了她和时代脉搏息息相通的战斗精神，以及郁闷的内心感受。她在香港时期，身体病弱，但创作很高产，是她短暂生涯中又一个作品丰收期。

10月5日，正逢中秋节，端木突然接到一个陌生人的电话，他说他叫骆宾基，是内地来的一个青年作家，到香港后找不到工作，现在困居在旅馆，请求端木给予帮助。端木看过他的小说《边陲线上》，又有东北同乡这一层关系，便问清旅馆的地址，上门去看他。骆宾基是皖南事变之后，从国内辗转逃出来的。到澳门已经没有旅费了，卖掉行李买了船票，于9月28日到达香港。但是他在香港举目无亲，身无分文，所以向端木求救。了解了他的情况，端木写了介绍信，让他到时代书店找林泉和张慕辛。端木还打电话给周鲸文，问是不是可以将骆宾基安置在时代书店的职工宿舍里。周鲸文同意了，张慕辛找到骆宾基，为他付了旅馆的房钱，帮他搬到了时代书店的宿舍。张慕辛还在《时代批评》上留出版面，发表了骆宾基的短篇小说《生活的意义》，这是一部描写南方军队士兵生活的作品。端木又问骆宾基是否还有稿子，可以在《时代文学》上发表，用稿费维持生活。骆宾基拿出一部长篇小说《人与土地》，端木撤下自己在《时代文学》五、六期合刊的长篇连载《大时代》，换上了骆宾基的小说。萧红还为这部小说设计了报头式的刊头画，又肥又大的高粱叶子，就像稠密的树林，对此，骆宾基很是感激。

骆宾基，原名张璞君，祖籍山东，生于吉林省珲春县。在哈尔滨时与萧红的胞弟张秀珂同过学，"九一八"事变后到关内读书。1934年夏到哈尔滨学俄语，打算到苏联留学。在那里他结识了金剑啸，又从金剑啸那儿听说萧红的《生死场》在上海出版了，鲁迅先生为这本书作了序。1936年他逃亡到了上海，参加了上海的抗日救亡运动，并开始文学创作。上海沦陷后，在浙东参加共产党，从事抗日文艺活动。

这一年的八九月间，萧红常失眠、咳嗽、发烧、头疼，她决定到玛丽医院去看看。端木打电话请袁大顿过来陪他们去玛丽医院看病，因为袁大顿是广东东莞人，可以当翻译。袁大顿很快就来了，叫了车，通过轮渡过了海，又坐车到玛丽医院，找到史沫特莱介绍的医生，顺利地看了病。那位医生态度很好，建议先住院检查一下，费用是遵照何鸣华主教嘱咐的优惠价收取的。袁大顿问了头等、二等、三等病房的价格，萧红和端木合计，既然是做检查，住不了几天，就决定住在三等病房。预交了部分住院费，领了住院证，萧红就住进了病房。《时代批评》的编辑张慕辛和时代书店的经理林泉听说萧红病了，于10月的某一天一起去看她。当时，萧红穿着一件金丝绒的旗袍，显得整齐修长，但面容看起来有些憔悴，行动比较迟缓。她笑着说："不是什么了不起的病，谢谢你们。"萧红忙着写作，很少到香港去，端木有事来看朋友，朋友拉他去喝茶，他总是说："出来很久了，家中只有萧红，要早点回去。"

萧红打算把《马伯乐》写成三部曲，但刚写到第二部，她就一病不起了。萧红和端木在香港发表了不少文章，但要用稿费来交住院费，还是远远不够的。端木不得不去找周鲸文，说了萧红需要住院检查的情况。周鲸文很爽快，他告诉端木，要萧红放心治病，一切费用由他负责。说着就开了支票，交给袁大顿，让他到医院补齐住院费用。端木和袁大顿来到医院，萧红高兴地说头痛好多了，还向端木介绍同病房的病友。袁大顿补齐住院费回到病房，摇着脑袋说："还优惠呢，一天的住院费就够老百姓一个月的伙食费了。"萧红担心地问:"很贵吗?"端木忙接过来说:"这你就别管了,周先生开了支票。"萧红说:"好吧,有财东做后台,我就住几天吧!"

经过全面检查,医院确诊萧红患了肺结核,就把她从普通病房搬到了隔离病房。萧红的病床摆放在玛丽医院四楼的前方走廊上,面对着大海,每天看着那起潮的海,那大块的万里长空,吸着旷野的新鲜空气,萧红的心境还是很愉快的。在寂寞中她把一本《圣经》看完了。每每见到袁大顿他们,她总嚷着太寂寞,要他们带新书给她看。但医生坚决不容许,袁大顿没办法,只得带给她一些画报。她笑着说袁大顿把她当小孩子对待。

萧红的肺结核很严重,X 光检查显示两片肺叶上都有空洞。医生主张打空气针治疗,萧红很害怕,但医生坚持这个治疗方案,说否则空洞不能愈合。端木拿不定主意,征询了周鲸文夫妇、于毅夫夫妇和夏衍的意见。他们都说肺部有空洞,打空气针是当时一种先进的治疗方法。于毅夫和周太太还到医院看望了萧红,劝她进行空气针治疗。萧红想通了,决定听医生的话。第一次打空气针之后,萧红痛苦地嚷嚷不如死了好。打空气针治疗之前,萧红虽然有病,但还走动如常人,还可以照常写作。一打空气针倒真成了病人了,体力不支,行动不便,咳嗽也加剧了。又过了一两天,便觉得不那么憋气了。第二次、第三次空气针治疗以后,就没有什么太大的反应了,咳嗽也减轻了,胃口也好了,萧红还嚷嚷着要吃罐头。10 月份的时候,萧红又可以创作了。她在医院里继续写《马伯乐》第二部,边写边在《时代文学》上连载,由袁大顿按时来取稿子。

　　端木定时去看萧红，她总是高兴地向他介绍周围病人的情况。有一次，宋庆龄来慰劳一位工人，萧红真想过去和她握握手。舞蹈家戴爱莲也在这个病区里住过一阵子，蒋光慈的夫人吴似鸿去看望戴爱莲，戴爱莲对她说："萧红在隔壁，你去看看她吗？"吴似鸿走进萧红的病房，看到"她似乎睡着了，一双大红皮拖鞋放在床边的地板上，房中只有她一个人，并没有见到去探望她的友人，寂寞的空气充满了全室。幸喜那房子是靠花园的，光线非常充足，但缺少人间的暖气，虽然是在南方的秋季"。吴似鸿站在门口迟疑着不想上前，因为萧红并不认识她，如果和她曾相识，有交情，还能等她醒来，和她轻轻谈几句，安慰她一番。但她们不过是一对陌生人，所以吴似鸿最终还是退了出来。吴似鸿在上海的时候，读过萧红的《生死场》，觉得萧红格调冷峻，不像一般女子那样充满柔丝和温情，一直很想见见她。有一天，她在拉都路看到萧红在买菜，手上提了一个小篮子，里面放了一块豆腐，正准备买其他菜。萧红上着一件黑色呢外套，下穿一条男式长裤子，梳着两条小辫子。不久吴似鸿到女作家白薇家做客，一进去就看见萧红正在和白薇说话，穿着短上衣，短裙子，边说边打手势，"脸上无温情，也见不到笑容，神情分着你我，好像她与外界保持了相当的距离"。她觉得萧红的身上有一股寒冷的气质。萧红说完话就告辞了，白薇对吴似鸿说："她很关心我，当我一个钱也没有的时候，她就送钱来给我用。"又说："多少人爱她啊！许多人都追求她，发疯似的追求她！"在香港商务印书馆，吴似鸿又看见过一次萧红,但直到这次在医院里看见她,还是没能和她说上一句话。许多年后想起来,吴似鸿还是感到深深的遗憾。

萧红在医院里结识了蒙古族著名记者、编辑家、艺术理论家萨空了的夫人金秉英。她们在电梯里相遇,听到彼此的北方口音,就交谈起来。金秉英和丈夫都爱好文学,又与端木相熟,端木还向萨空了约过稿子。此后,萧红便经常和金秉英一起闲聊。柳亚子的女儿柳无垢与端木蕻良是清华大学的同学,曾给宋庆龄当过秘书,英文很好。端木约她为《时代文学》翻译作品,由此认识了萧红。听说萧红生病住院了,她去探视过几次。萧红主要和她谈了"文坛的寂寞,国内青年的苦闷,文化工作者的岗位和怎样守住自己的岗位"。柳无忌最后一次去探望萧红的时候,萧红谈到自己在武汉小金龙巷被当局拘留的事件,依然是与当局实行白色恐怖有关的话题,她的精神状态还是不错的。

养和医院

没过多久,萧红在时代书店的职工宿舍再次病重,然而当时端木蕻良并没在她身边,萧红无法支撑的时候,是骆宾基将她送进了跑马地的养和医院。

入院不久,不见了十八天的端木蕻良又突然出现了!他向骆宾基表示歉意,并声称他会继续照料萧红。对此,骆宾基持支持态度,他太劳累了,实在需要回去睡一觉,之前走不开,现在端木蕻良回来了,算是找到可接替的人了。

萧红很敏感,她的一双大眼睛现出机警的神色,大声说:"端木,你出去!"

在与骆宾基的单独谈话中,萧红提出要求:"明天一早你要回来!不能离开太久!只一夜!"又说:"你可答应送我到许广平先生那里的,不会忘记吧?"

"当然。怎么会忘呢?"

"你答应我,明天一定赶回来。"

"答应。"

萧红接着问他,身上带着多少钱,知道只有五元港币,立刻从身上拿出一张百元港币,嘱咐他带在身边以备不时之用。

第二天,骆宾基来到养和医院时,医院已经诊断萧红为喉部肿瘤了,决定动手术摘除。萧红和端木蕻良都同意医生的方案,只等骆宾基的意见了。骆宾基毫无医学知识,除了同意,还能说出别的什么话来?萧红拿出一枚金戒指作为手术费。

手术过后,喉头接上了铜嘴呼吸管,这个装置会发出咝咝的声响,连说话也带有咝咝的杂声。这使萧红受到了很大的打击,情绪顿时低落下来。

晚上,萧红把端木蕻良打发走,对骆宾基遗嘱式地单独交代了《呼兰河传》和《马伯乐》两书的版权。稍后,骆宾基将相关内容向站在走廊上的端木蕻良作了转达。

他们一起走进病房,萧红平静地靠在病床上说:"人类的精神只有两种,一种是向上发展的,追求他的最高峰;一种是向下的,卑劣和自私……作家在世界上追求什么呢?若是没有大的善良,大的慷慨,譬如说,端木,我说这话你听着,若是你在街上碰见一个孤苦无告的讨饭的,袋里若是还有多余的铜板,就掷给他两个,不要想,给他又有什么用呢?他向你伸手了,就给他。你不要管有用没有用,你管他有用没有用做什么?凡事对自己并不受多大损失,对人若有些好处的就该去做。我们生活着不是做这世界上的获得者,我们要给予。"她又说:"我本来还想写些东西,可是我知道我就要离开你们了,留着那半部《红楼》给别人写去了……你们难过什么呢?人,谁有不死的呢?总有那么一天……生活得这样,身体又这样虚,死,算什么呢?我很坦然的。"萧红又安慰骆宾基说:"不要哭,你要好好地生活,我也是舍不得离开你们呀!"最后,萧红的眼睛润湿了,低声说:"这样死,我不甘心……"

端木蕻良站在床侧,也哭了起来。

1942年1月18日中午,萧红由骆宾基和端木蕻良陪同着,乘坐养和医院的红十字急救车,转入玛丽医院。医院给萧红做了检查,确诊为肺结核与恶性气管扩张。养和医院的误诊,致使萧红不能进食,只能靠注射葡萄糖维持生命。

下午两点,萧红在手术室换上了喉部的呼吸管。晚上,她在六楼的病房里平静地躺着,盖着白羊毛毯,不说一句话。到了夜里十二点,见骆宾基醒来,眼睛现出关切的神情,萧红微微笑着,做出要笔的手势。她在纸上写道:"我将与碧水蓝天永处,留得那半部《红楼》给别人写了。"当她写下最初九个字时,骆宾基对她说:"你不要这样想,为什么……"她挥手示意不要拦阻她的思路。又写:"半生尽遭白眼冷遇……身先死,不甘,不甘。"随后掷笔微笑。夜里三点吃了药,又吃了半个苹果。她只能通过喉口铜管呼吸,声带无力发音,但神色是恬静的。接着,她又要纸,写道:"这是你和我吃的最后一个苹果了!"

21日早晨,萧红可以发声说话了。她脸色红润,心情很愉快,而且吃了半个牛肉罐头。她说:"我完全好了似的,从来没有吃得这么多。"接下来,她招呼骆宾基:"坐下来抽支烟吧!没有火吗?"

骆宾基说不想抽烟,实际上是没有火。萧红说:"我给你想法子。"

"这些事你就不要操心了,你养你的病好了!"端木蕻良说。

萧红说:"等一会儿,塞斯特就来了。"她按了几下床头的电铃。

　　"整个医院都没有人了。"骆宾基说完就在大楼里到处找火柴,最后走出了医院的大门。他想在附近的村子,或是公路旁碰到的卖杂货的小摊上,买一盒火柴。这样想着,他就走到了香港市区。他想,现在日军已经占领香港二十六天了,为什么不借这个机会回九龙一趟呢?反正有端木蕻良在,而且萧红今天的状况又很好。为了取出他的小说稿子,他排队购买了船票,终于上船走了。

　　22 日黎明,骆宾基回到香港,捧着一大盒面包和罐头,走到玛丽医院。这时,大门已经换上了"大日本陆军战地医院"的牌子,一个日本未来士兵用刺刀拦住了他。经过交涉、搜身,才获准进去,上楼一看,病人已经不在了。

　　他赶紧到常去的书店宿舍,看到了端木蕻良的留条,告以萧红病危,等他来接。不久,端木蕻良来了。他告诉骆宾基,因为玛丽医院被转为军管了,只好临时转往红十字会设立的圣提士反临时病院。又说,萧红早上六时就昏过去了,一直不省人事,看来已经无法挽救了……

　　骆宾基冲进医院,只见萧红仰躺着,脸色惨白,合着眼睛,头发散乱地披在枕后,但牙齿还有光泽,嘴唇还比较红润,后来就逐渐转黄了,脸色逐渐灰暗,喉管开刀处时有泡沫涌出……

飞鸟落叶

十一点，萧红停止了呼吸。

"飞鸟的生涯是美丽的，落叶又为什么给风飘着呢？"

"我们为什么不是飞鸟呢？"

"为了要追求生活的力量，为了精神的美丽与安宁，为了所有的我的可怜的人，我得张开我的翅膀……"（萧红《亚丽》）

哲人乌纳穆诺说："如果是一条鱼，要想把鱼鳍变成翅膀，它将意味着死亡。"1942 年 1 月 22 日，一个美丽而孤独的灵魂凄惨地死去了……

浅水湾，一个凄美的名字，这里埋葬着一只鸟，一只长着鱼鳍的鸟。

天空如透明的面孔，风无方向地吹，鸟群栖息在另一个世界，阳光下，展开的羽翎像金币一样闪耀……

土堆，沙砾，芳草萋萋的洲渚。大海围绕着这一切，浪涛重重叠叠，无止无尽。吟游的海浪，日夜诵唱着浩大的英雄史诗。此间，有谁会在意一个关于鱼的飞翔的小小传奇？即使故事不曾为水族所遗忘，那梦想，那隐秘的灵魂、骨头、心跳，都已在讲述的悲剧的情节中失传。

参考书目:

萧红.萧红全集[M].哈尔滨:哈尔滨出版社,1991.

萧军.鲁迅给萧军萧红信简注释录[M].哈尔滨:黑龙江人民出版社,1981.

萧军.萧红书简辑存注释录[M].哈尔滨:黑龙江人民出版社,1981.

王观泉.怀念萧红[M].哈尔滨:黑龙江人民出版社,1981.

季红真.萧萧落红[M].北京:人民文学出版社,2001.

葛浩文.萧红新传[M].香港:三联书店,1989.

骆宾基.萧红小传[M].哈尔滨:北方文艺出版社,1987.

铁峰.萧红传[M].哈尔滨:北方文艺出版社,1993.

丁言昭.萧红传[M].南京:江苏文艺出版社,1993.

季红真.萧红传[M].北京:北京十月文艺出版社,2000.

黑龙江省社会科学院文学研究所.东北现代文学史料[M].沈阳:辽宁社会科学院文学研究所,1980.